国家社会科学基金青年项目(批准号

CHENGSHI SHEQU JIAOZHENG DUIXIANG
DE SHENFEN JUNHENG YU SHEHUI GONGZUO GANYU YANJIU

城市社区矫正对象的
身份均衡与社会工作干预研究

杨彩云 ■ 著

辽宁人民出版社

ⓒ 杨彩云　2022

图书在版编目（CIP）数据

城市社区矫正对象的身份均衡与社会工作干预研究／
杨彩云著. —沈阳：辽宁人民出版社，2022. 12
ISBN　978-7-205-10675-1

Ⅰ. ①城… Ⅱ. ①杨… Ⅲ. ①城市-社区-监督改造
-研究-中国　Ⅳ. ①D926. 74

中国版本图书馆 CIP 数据核字（2022）第 231307 号

出版发行：辽宁人民出版社
　　　　　地址：沈阳市和平区十一纬路 25 号　邮编：110003
　　　　　电话：024-23284321（邮　购）　024-23284324（发行部）
　　　　　传真：024-23284191（发行部）　024-23284304（办公室）
　　　　　http://www.lnpph.com.cn
印　　刷：辽宁新华印务有限公司
幅面尺寸：170mm×240mm
印　　张：18.5
字　　数：380 千字
出版时间：2022 年 12 月第 1 版
印刷时间：2022 年 12 月第 1 次印刷
责任编辑：郭　健　张婷婷
封面设计：琦　琦
版式设计：周　烜
责任校对：吴艳杰
书　　号：ISBN　978-7-205-10675-1

定　　价：85.00 元

前　言

在我国，《社区矫正法》规定社区矫正对象主要包括被宣告缓刑、判处管制、裁定假释和暂予监外执行这四类人员。社区矫正对象的身份具有显著的二重性：相对于一般民众，他们是受到刑事处罚的"服刑人员"；相对于监狱服刑人员，他们又是拥有更多自由的"社会成员"。这种双重身份给社区矫正对象带来较为明显的身份限定、身份困惑、身份紧张乃至身份冲突。这两重身份之间的张力和冲突导致了他们的身份认同危机和行为选择矛盾。

本研究基于结构化理论，通过对上海 13 个区的社区矫正对象进行普查，并对其中部分社区矫正对象、矫正社会工作者进行深度访谈以收集相关实证资料，展开对社区矫正对象的身份均衡与社会工作干预的研究。一方面，致力于剖析这一群体身份认同的表现形式、主要特点、发展过程和影响机制；另一方面，探索实现社区矫正对象身份均衡的社会工作干预路径与具体方法，以促进矫正实务和矫正社会工作的发展。

第一章是研究基础，主要是提出研究问题，阐述研究意义、核心概念、理论基础与研究思路、研究方法等。第二章是文献综述，对社区矫正对象身份认同的理论脉络、实务发展等进行系统分析，为本研究奠定文献基础。第三章是统计分析，基于调查数据具体分析社区矫正对象的群体特征，并对社区矫正对象的身份认同表现、不同类型对象的身份认同差异及与社会支持、歧视知觉、应对方式、生活满意度、自尊等主要变量的相关关系展开分析，从而对这一群体的身份认同有一个整体认识。第四章是刑罚空间转向，分析从监狱空间到社区空间转变对社区矫正对象身份认同的影响。之后的五至七章则从国家、市场、社会三个层面分析这一群体的身份认同。第五章聚焦社区矫正制度，剖析监督管理、教育矫正和适应性帮扶等制度安排如何影响社区矫正对象的身份认同。第六章聚焦市场环境中的就业行为，分析社区矫正对象中的正规就业、非正规就业、失业或不就业等群体的身份认同状况及其影响机制。第七章关注社会交往行为，分析延续性交往、拓展或收缩性交往、不交往的社区矫正对象的身份认同状况与作用机制。这之后的八至十一章主要探讨了对这一群体身份均衡的社会工作干预。第八章从总体上分析了社会工作干预社区矫正对象身份均衡的必要性和可行性，提出了干预的目标与策略，为具体的社会工作干预实践提供基础。第九章聚焦社区矫正对象制度遵从性提升的社会工作干预过程与方法，第十章聚焦其交往网络重构的社会工作干预实践，第十一章则关注这一群体职业发展能力提升的社会工作干预策略，以全面促进社区矫正对象身份的动态均衡。最后一章为结论与讨论，进一步总结本文的研究发现，探讨研究不足和研究展望，以促进社区矫正对象顺利回归社会。

总体而言，本研究的发现主要在如下几方面：首先，从人口学特征来看，本研究所指向的社区矫正对象中男性占绝大多数，青壮年居多，中等文化水平居多，缓刑较多，已婚较多，有工作较多，工资水平大多较低。他们在认罪服法意识、社交状况、心理矫治等方面均存在相应问题，其身份认同还有进一步提升的空间。其次，从监禁机构到社区空间的转移促进了社区矫正对象的身份转变，也带来了他们的身份迷失和认同张力。这主要体现在三个层面：在制度空间，社区矫正制度的运作实践与内在矛盾催生了社区矫正对象的身份焦虑；在市场空间，就业壁垒的存在加剧了社区矫正对象的身份困惑；在社会交往空间，社会交往的策略选择强化了社区矫正对象的身份紧张。再次，面对这些身份矛盾及其内在冲突，社区矫正对象在制度适应、劳动就业、社会交往中的行为选择困境进一步凸显。最后，以小组工作方法为主要依托，分别从小组工作介入认罪服法态度的改善、交往网络的重构、职业发展能力的提升等三个方面具体展开实践探索，以促进其身份均衡，即使之在遵守法律及矫正规定的前提下，在"服刑人员"和"社会成员"的双重身份之间维持一种动态均衡，弱化服刑人员的身份意识，以积极、健康的心态和行为参与社会生活，逐步实现社会融入，提升社区矫正的实际效果。

目　录

第一章 导 论

随着《中华人民共和国社区矫正法》的正式颁布与实施，有关社区矫正和社区矫正对象重新回归社会的研究日益成为学界与社会广泛关注的领域。本章将在全面分析研究背景的基础上，提出明确的研究问题，阐述研究的理论意义与现实意义，介绍本研究的具体思路和方法等。

第一节 研究背景与意义

一、研究背景

社区矫正（community correction）是一种非监禁性刑罚制度，即将符合法定条件的矫正对象置于社区环境中，在相关司法行政机关、社会团体及民间力量的共同作用下，矫正其犯罪心理和行为恶习，促使他们更好地适应和回归社会的刑罚执行制度。自 2003 年在我国试点、推广以来，社区矫正发展迅速，覆盖面不断扩大，入矫人员也不断增多。截至 2019 年 12 月，全国累计接收社区矫正对象 478 万，累计解除矫正对象 411 万。近几年每年新接收社区矫正对象 50 余万。① 社区矫正作为传统监禁矫正的补充，在实施过程中逐步展现出制度本身的优越性，一定程度上实现行刑资源合理配置，行刑成本得到控制，监狱压力逐步缓解，刑罚成效得以显现。社区矫正对象的再犯率只有 0.2％，一直处在较低水平。② 社区矫正作为创新社会治理、推进社会治理现代化的重要实践之一，通过充分调动和合理利用社会力量，使得罪行较轻的罪犯能够在相对熟悉和温情的社会环境中接受适当的刑罚和改造，鼓励他们在遵守法律法规的前提下参与社会活动，减少其在回归社会中的障碍，促进个体正面成长，维护社会和谐稳定，为建立和完善有中国特色的社区矫正制度作出了有益探索。

---

① 司法部:全国累计接受社区矫正对象已达 478 万,中国新闻网,2019 年 12 月 28 日。
② 司法部:累计解除社区矫正对象 411 万,再犯罪率 0.2％,澎湃新闻,2019 年 12 月 28 日。

然而，社区矫正制度在具体运作过程中的问题与不足也在不断显现。社区矫正对象是在开放的社区环境中接受矫正，其身份具有明显的二重性：相对于一般民众，他们是受到刑事处罚的"服刑人员"；相对于监狱服刑人员，他们又是拥有更多自由的"社会成员"。这种双重身份给社区矫正对象带来较为明显的身份困惑、身份迷失、身份紧张乃至身份冲突。一方面，社区矫正对象普遍存在身份认知偏差。他们有的对服刑人员身份感知弱化，在刑意识薄弱，规范遵从性差；或是身份意识过强，自我效能感低，表现为焦虑、敏感、烦躁、抑郁等情绪障碍，从而经常在认知与行为中呈现出主动与被动、开放与封闭、进取与保守的两难选择。另一方面，相关制度的实践运作也存在形式合理性与实质合理性的矛盾：它们使得社区矫正对象既要逐渐淡化其特殊身份以实现社会融入，又要在就业、社保、交往等领域被不断标识和区别对待，造成他们与普通社会成员的身份边界在逐渐"解构"的同时也被不断地"建构"。这进一步加剧了社区矫正对象的身份张力，影响了他们的自我认同和行为选择，不利于这一群体的社会融入，也给社会的和谐与稳定带来隐患。

因而，本研究就社区矫正对象的身份均衡及社会工作干预这个问题展开研究。因为他们在社区矫正过程中具有"服刑人员"和"社会成员"的双重身份，两种身份之间的张力和冲突导致了他们的身份认同危机和行为选择矛盾。在剖析这一形成过程与发生机制后，探索相应的社会工作干预方案，以逐步实现其身份的动态均衡，促进社区矫正目标的达成。

具体而言，本文的研究问题主要包括如下几个方面：第一，作为一个特殊群体，社区矫正对象身份认同的整体状况如何？他们身份认同的内在差异性如何体现？第二，从监禁机构转移到社区场域后，社区矫正对象在社区矫正过程中受到了怎样的规制和约束？这些规制和约束如何塑造了他们的认知和行为？这主要又从三个层面——社区矫正制度空间、劳动力市场的就业空间和社会交往空间——具体来看，分析其身份认同状况是如何发展变化的。第三，社区矫正对象如何理解和阐释这些外在约束？其在不同社会情境中如何建构自我身份认同并进行相应的行为选择？第四，针对社区矫正对象存在的身份认同失衡状况，如何进行社会工作干预以实现其身份认同整合进而达到身份均衡？身份均衡就是要使社区矫正对象在外界规训与自我调适中逐步实现身份的动态平衡，即在遵守法律及矫正规定的范围内弱化其服刑人员的身份意识，在服刑人员和社会成员的双重身份之间维持一种动态均衡，从而以积极、健康的心态和行为参与社会生活，实现社会融入。

二、研究意义

(一) 理论意义

社区矫正对象的身份建构和一般群体的身份建构具有共通性，都需要获得社会认同和自我认同。然而，社区矫正对象的身份建构又具有一般社会群体所不具有的独特性，即"服刑人员"和"社会成员"的双重身份。社区矫正对象所面对的融入环境不是封闭的监狱环境，而是相对开放的社区环境，其在身份建构过程中所遇到的身份张力和身份冲突更加明显。开放的社区环境会为社区矫正对象提供社会支持、促进其社会融入的同时，也可能因制度、环境、文化等方面的原因进一步加剧社区矫正对象的认知偏差和行为选择矛盾，这反而不利于他们身份认同整合。本研究将超越传统的针对社区矫正对象进行诊断的生理、心理视角，进而以一种结构、行为视角来剖析影响其身份认同的机制，从而促进相关理论的发展。

社区矫正制度具有惩罚性和福利性的双重属性。一方面，在监督管理、法制教育的矫正任务下促进了社区矫正对象特殊身份的强化，使他们在制度规定和执行中被不断标识和区别对待。与此同时，社会技能培训、心理矫治、认知调适、适应性帮扶等福利性制度安排又有助于社区矫正对象淡化其特殊的身份意识，帮助其更好地融入社会。但这种双重对待极易导致社区矫正对象产生身份困惑与认同危机。不同社区矫正对象的身份认同状况存在差异，其背后存在的对其行为选择的影响机制也可能大相径庭，他们身份认知与身份建构的策略也更加复杂多样。这为拓展身份建构理论提供丰富的研究素材，促进身份建构理论的进一步发展。

(二) 现实意义

在社区矫正实务中，社区矫正对象的身份困惑乃至身份冲突越来越明显，这严重影响了他们的自我认知和行为选择，也影响到社区矫正的执行效果。要想顺利实现社区矫正目标，关键就在于如何满足社区矫正对象的社会需求，即通过增强社区矫正对象的社会功能，重构其社会支持体系，逐步端正其自我认知和社会认知，从而提高社区矫正对象的社会适应能力，帮助其回归社会。但目前从其身份均衡入手开展的研究相对不足。本研究致力于厘清社区矫正对象身份认同失衡的过程与影响机制，探寻实现社区矫正对象身份认同均衡的有效途径。本研究将在实证分析的基础上提供更有针对性的干预方案，促进矫正实务和矫正社会工作的发展。

这主要包括两个方面：一方面，使得矫正机构及社会工作者提供更加专业化、精细化、有针对性的干预方案和社会服务，提升社区矫正效果，推进社区矫正制度的发展与完善。另一方面，这也能在一定程度上增强社区矫正对象自我管理、自我约束和自我发展的能力，从而在源头上防范和化解社会安全所面临的风险与隐患。尤其是结合当前各地正在探索和开展的形式多样的社区矫正模式、方法和技术，这在提升社区矫正的实践效果、推进社区矫正工作发展的同时，也有利于推进特殊群体的精细化治理、加强和创新基层社会治理，维护社会安全与和谐稳定。

第二节　概念界定

一、社区矫正

一般认为，作为现代社会一种主要的非监禁刑罚制度，社区矫正（community correction）制度主要产生于 20 世纪中叶的欧美国家，并逐渐在英国、美国、法国等国家被广泛采用。其后，在吸收英美经验的基础上，日本及中国香港、台湾地区相继建立了本土的社区矫正制度。[1] 对于中国大陆社会而言，社区矫正制度于 2003 年开始试点并于 2009 年推向全国。对社区矫正的理解，主要有狭义和广义两种。在狭义上，社区矫正是指将符合社区矫正条件的服刑人员放置在社区内接受矫正，例如定期报到，参加集中教育以及参与公益活动等等。社区矫正的具体开展由国家机关进行统筹，具体形式各地则存在差异。如上海等地主要采用政府购买服务的方式，由社区矫正社会组织派驻社区矫正社会工作者到相应的司法所或者街道来协助司法行政人员开展社区矫正的实务工作，从而促进社区矫正对象顺利回归社会的非监禁刑罚执行活动。[2]

在广义上，社区矫正是对社区矫正对象进行监管、矫治、帮助、培训和教育等矫正和服务活动的总称。[3] 很多学者认为，社区矫正不仅具有刑罚执行的职能还有社会福利的性质，既要对社区矫正对象进行监管也要为其提供服务，这种服务主要包括心理辅导、就业支持和生活帮助等等。[4]

---

[1] 吴敦：《社区矫正刑：法院的司法定位及法律构建》，《法律适用》2005 年第 12 期。
[2] 张昱：《矫正社会工作》，高等教育出版社 2008 年版，第 13-15 页。
[3] 张昱：《矫正社会工作》，高等教育出版社 2008 年版，第 7-8 页。
[4] 程应需：《社区矫正的概念及其性质新论》，《郑州大学学报》（哲学社会科学版）2006 年第 7 期。

还有学者认为社区矫正社会工作的内容产生在两个阶段，在司法判决前和司法判决后都应该有社区矫正社会工作的介入。司法判决前的社区矫正社会工作主要是了解服务对象的具体情况，评估其是否适合进行社区矫正，并针对评估结果向司法部门提出建议。司法判决后的社区矫正社会工作除了让社区矫正对象遵守并完成社区矫正制度的一些监管规定，矫正社会工作者还会向社区矫正对象提供服务，帮助其恢复和维持较为正常的社会生活。当然，这又可以按照社区矫正对象是否在监狱中服刑分为两类，在监狱服刑的矫正工作和社区中的矫正工作，社区矫正的实务工作更加复杂。①

本文主要在相对狭义的意义上来使用社区矫正这个概念。所谓社区矫正是将服刑人员放置在社区环境下，对其进行监督管理，让其接受教育矫正，并对其在心理以及生活困难方面提供帮助。在此过程中链接各种社会资源和支持力量，帮助社区矫正对象增强信心，助力其顺利回归社会。

二、社区矫正对象

本文所指的社区矫正对象（亦称为社区服刑人员），具体指在实施犯罪行为后依法被判处非监禁刑并在社会上接受监管和矫正的罪犯。② 对此，有学者认为，只有被判处管制、暂予监外执行和剥夺政治权利的才能算是真正意义上的社区服刑，而宣告缓刑和裁定假释则不属于社区服刑。③ 也有学者将社区矫正对象根据其犯罪的严重程度分为三类④：一是罪刑较轻微，被判处具有一定特点的非监禁刑的罪犯；二是罪刑较为严重，但是经过改造危害性大大降低，几乎没有危险性并且无再犯危险的罪犯，包括假释及主刑执行完成后在社会上服刑的剥夺政治权利者；三是其他特殊情况的罪犯，这主要指被暂予监外执行的对象。

2019 年颁布的《中华人民共和国社区矫正法》将社区矫正适用对象明确划分为四类，即判处管制、宣告缓刑、假释和暂予监外执行这四种类型的罪犯。因此，本文的社区矫正对象也就是指法律规定中的这四类成员。

---

① 史柏年：《刑罚执行与社会福利：社区矫正性质定位思辨》，《华东理工大学学报（社会科学版）》2009 年第 1 期。

② 吴宗宪：《社区矫正导论》，中国人民大学出版社 2011 年版，第 125 页。

③ 张昱：《矫正社会工作》，高等教育出版社 2008 年版，第 174—175 页。

④ 吴宗宪：《刑事执行法学》，中国人民大学出版社 2007 年版，第 114 页。

三、身份均衡

身份均衡的本质是身份认同整合。身份认同通常分为社会身份认同（social identity）和自我身份认同（personal identity），前者是根据社群成员资格而建构的认同，主要有社会认同理论、种族身份认同理论和认同控制理论。后者是依据个人特质而形成的认同，主要有符号互动论、自我发展理论和自我同一性理论。身份认同的好坏与否影响着社区矫正对象的身份均衡。良好的身份认同整合代表着社区矫正对象能够正视自己"服刑人员"和"社会成员"的双重身份，能够以正确的心态面对自己身份的变化，从而及时调整自己融入社会。因此，寻求社区矫正对象对二重身份的认同均衡是社区矫正的重要环节。

基于此，本文使用身份均衡（identity balance）这一概念，用以描述在社区矫正过程中社区矫正对象面临"社会成员"和"服刑人员"的双重身份，这两种身份之间的张力和冲突导致了他们的身份认同危机和行为选择矛盾。要想顺利实现社区矫正目标，就要帮助这一群体在"服刑人员"和"社会成员"的双重身份之间维持一种动态均衡，即社区矫正对象在遵守法律及矫正规定的范围内弱化其服刑人员的身份意识，从而以一种积极、健康的心态和行为参与社会生活。社区矫正对象的身份均衡是促进其融入社会、提升社区矫正效果的关键之一，需要从社会治理和自我调适的双重维度来推进这一群体的身份均衡。

第三节　理论基础与研究思路

一、理论基础

本文的主要研究视角是吉登斯的结构化理论。这一理论的核心是处理结构与能动的关系。在当代社会学理论中，当美国社会学家更多着眼于处理微观—宏观的关系问题时，欧洲社会学家则更多关注的是结构—能动的整合。但能动并不等同于微观，结构也不等同于宏观，能动和结构都可以同时适用于微观个体、集体及社会组织，也可以适用于宏观的社会结构及人类社会。①

吉登斯的结构化理论认为不能将行动看成分散的实体，行动也不是不联系的单个行动的集合，而是一个持续的行动流，是一个不断被加以监控和理性化的过程，是一种能动行为。因为行动者认识能力有限，故而行动的后果可能出现"意外后果"。结构包括规则和资源两部分。其中，规则是制约、影响行动的规范制度及表达性符号，前者如政治、经济、文化制度，后者如其他行动者的体态语言。资源由配置性资源和权威性资源构成。具体而言，配置性资源涉及行动过程中的物质性资源，反映的是人与自然的关系。权威性资源涉及行动过程中的非物质性资源，反映的是人与人的关系。构成结构的规则和资源都不仅是对行动的限定，他们均具有能动性和建构性。也就是说，结构既是行动的产物，也是行动的中介和条件，即"结构二重性"。在社会实践中，结构实现了生产和再生产的过程，此即为"结构化"。② 在个人层面，结构也不是纯粹的外在之物，而是具体体现在各种实践中，内在于人的活动。③ 这进一步深化和发展了结构—能动的关系。

对社区矫正对象的身份认同与身份均衡而言，结构化理论的启示就在于需要关注他们在不同时空场域中所遭遇到的规制与约束，以及他们在自我理解和阐释基础上的行动策略，才能更好理解其身份认同的发展变化过程。因此，在本研究中，主要将从外在规训与自我调适这两种力量相互交织和相互作用的层面出发，研究社区矫正对象从身份困惑、身份迷失到身份冲突的动态过程和作用机制，探寻如何在社会治理和自我调适的双重路径中达到其身份均衡，促进这一群体的社会融入。

---

① 侯钧生:《西方社会学理论教程》(第二版),南开大学出版社 2006 年版,第 13 页。
② 侯钧生:《西方社会学理论教程》(第二版),南开大学出版社 2006 年版,第 381 页。
③ [英]吉登斯:《社会的构成:结构化理论大纲》,李康、李猛译,三联书店 1998 年版,第 89 页。

二、研究思路

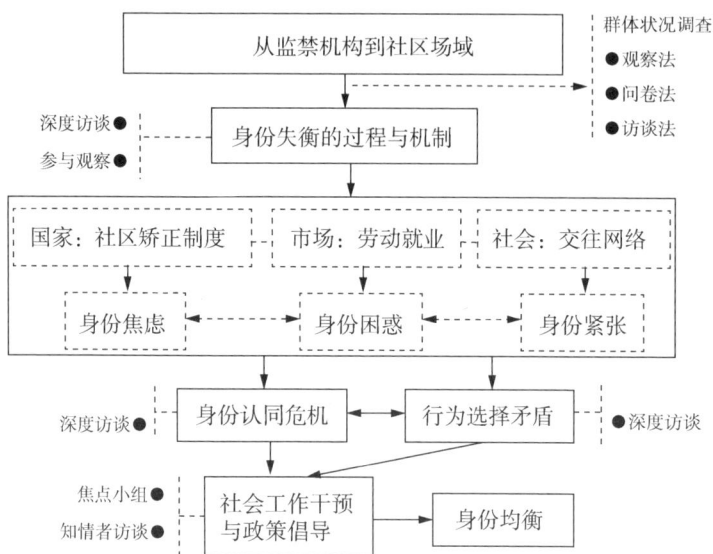

图 1—1 研究思路

在社区矫正过程中，社区矫正对象通常存在较为明显的身份焦虑、身份紧张与身份冲突。本研究试图从规训与自我调适的相互交织、相互作用的动态视角出发，就社区矫正对象的身份均衡及社会工作干预这个问题展开研究，主要采用观察法、问卷法和访谈法三种方式，探索社区矫正对象身份失衡的过程及其背后的影响机制，从国家、市场和社会三个空间了解社区矫正对象的身份认同状况，分析身份认同危机与行为选择矛盾之间的关系，从而寻求社会工作干预的路径和政策倡导的可能性，最终帮助社区矫正对象实现身份均衡（图 1—1）。

首先，从监禁机构到社区场域，既是社区矫正对象生活世界的转移，也对他们的身份和行为形成了明显的限定。在这个过程中，绝大多数社区矫正对象首先面对的是从监狱、看守所等监禁机构到社区空间的转换，这不仅是物理空间的变动，也是权力空间的转移，更是其生活世界的转换。社区矫正对象的二重身份使得他们既要回应制度约束，也要实现日常生活领域的再社会化。这些对他们身份与行为产生的限定，是引发其身份失衡的前置因素。

其次，从社区矫正制度空间、就业市场空间和社会交往空间来分析国家、市场、社会三种规训力量如何塑造了社区矫正对象的身份认同。无处不在的制度约束、区隔机制、话语和凝视，使得社区矫正对象的身份进一步凸显，他们往往面临社区矫正中制度的限定，就业中的制度壁垒和前科歧视，以及社会交往中的选择性疏离。他们有时则采用隐瞒身份、拓展网络等行为加以应对。这导致他们与普通社会成员的符号边界既不断消融也更加清晰，引发其身份焦虑和身份紧张。

再次，分析身份认同危机背后对应的行为选择矛盾。在正式制度和日常生活层面，社区矫正对象的身份塑造均同时存在建构和解构的双重逻辑，加之他们在此基础上形成的空间体验和自我阐释，容易导致其身份认同危机，产生"我是谁""我身在何处"的疑虑与困惑。这使得他们在社区矫正中呈现出行为选择的矛盾，进而影响其社会融入状态。

最后，从社会工作干预层面，探索实现这一群体身份均衡的可能路径。针对社区矫正对象存在的身份焦虑、紧张与冲突，探索运用社会工作的专业方法，倡导实施更有针对性的干预措施。既要加强对他们的自我增能和抗逆力培育，也要介入他们所处的生活世界，进行社会赋权和包容性社会生态建设，还要发展和完善社区矫正制度，以实现社区矫正对象身份的动态均衡，促进他们的社会融入和社区矫正目标的达成。

第四节　研究方法

本研究主要采用包括深度访谈、参与式观察等质性研究方法，还采用问卷调查这一定量研究方法。质性研究可以让我们深入了解社区矫正对象的日常生活世界，倾听他们自己的声音，尤其是他们对自我身份认知、行为选择的阐释，这在一定程度上会呈现出具有丰富意义的叙事。定量研究可以在更为广阔的图景上了解社区矫正对象的身份焦虑、身份冲突状况，并可以检验从质性研究中提炼出的研究假设，使研究结果具有更好的普遍意义。

一、研究地及对象的选取

本研究选取 S 市作为调查点是因为这里有前期研究基础，便于调研"入场"和资料获得。而且，S 市自 2002 年 8 月进行社区矫正试点以来，在相关的制度建设、组织建设、人才建设等方面比其他地区更为成熟，逐渐形成了一整套相对完整和规范的矫正工作体系，其社区矫正工作一直走在全国前列。同时，笔者担任 S 市 X 矫正机构及多个区工作站督导，还多次到街道的社区矫正中心、社区内部进行实地调研，参与他们的宣告会、集中教育等活动，与矫正机构、矫正社会工作者、社区矫正对象等建立了广泛联系，获取了社区矫正方面的大量资料，这为本研究的顺利开展奠定了基础。

此次调查对 S 市 X 矫正机构管辖范围内的 13 个区①的社区矫正对象进行了普查，形成了一个包括 4034 个样本的数据库。深度访谈 34 名社区矫正对象，同时，为了从整体上多角度把握社区矫正对象的身份认知状况，深入访谈的对象还包括 3 名矫正社会工作者。

二、资料收集方法

（一）深度访谈法

本研究共选取了 34 名社区矫正对象进行深度访谈。按照扎根理论的要求，先进行半结构式访谈，获取社区矫正对象在社区矫正及就业、交往中因其身份而受到的规制和约束，剖析这些规训力量对他们的日常生活及身份认知所造成的影响，以及他们在此基础上采取的相应行为。然后，根据第一阶段的访谈资料重新聚焦其中具有典型性的个体进行深度访谈。最后，根据研究的需要选取部分社区矫正对象进行补充性访谈。同时，本研究还选取 3 名矫正社会工作者进行知情者访谈，从另一个侧面深入了解社区矫正对象身份失衡的过程。

（二）问卷法

此次问卷调查是对 S 市 X 矫正机构管辖范围内的 13 个区的社区矫正对象进行了普查，共收集有效样本 4034 个。调查内容包括基本情况、身份认同、认罪服法与社区矫正情况、就业生计、社会交往、心理感受与应对方式等方面。

（三）观察法

观察法是指研究者根据特定的研究需要，用自己的感官或专业工具去直接或间接地观察被研究对象，以获取相关资料的一种研究方法。在本研究中，通过实践和担任督导的方式，参与到社区矫正对象的日常生活中，参加他们的宣告会、集中教育、治疗等活动。这种参与式的观察可以第一

---

①上海市共有 16 个区，但其中 13 个区社区矫正对象的日常管理服务由同一家社会组织承接，本研究的数据是通过该机构进行普查收集的。

时间发现社区矫正对象的身份认知状况，也能更好地理解他们的现实处境和内心感受，从而收集到丰富的相关资料。

三、资料分析方法

（一）对定性资料的分析

首先，在把深度访谈的录音转为文本资料过程中，结合访谈记录和备忘录对访谈资料形成初步的分类想法。其次，对资料进行编码和分类。在编码的同时，将资料按照不同类别进行重新归类整理和比较。第一步，进行结构分类，根据本文的研究框架，按照"制度""就业状况"和"社会交往"的分类将资料分为三类。第二步，进行内容分类，在上一层次主题的分类框架下进行次级分类，主要对不同受访者的行为表现和身份认同状况进行归类整理。第三步，进行理论分类，即在以上描述性资料的分类基础上，对其进行更高层次的归纳和解读，从而尝试提出理论。最后，进行联结分析，寻找资料中不同维度之间的联系，进一步对社区矫正对象的身份认同展开研究。

（二）对定量资料的分析

第一，通过描述统计分析来整体性了解社区矫正对象这一群体的人口学特征及身份认同状况。第二，通过列联表、方差分析等具体方法考察不同类型社区矫正对象的身份认同有何不同。第三，进一步深入分析具体问题，如探讨在社区矫正对象中哪些因素影响其社会交往的行为选择等。第四，寻找影响身份认同的因素，通过相关分析寻求社会工作干预的有效途径，助力社区矫正对象实现身份均衡的目标。

四、信度、效度分析

本研究主要通过以下方式提高研究的信度和效度：一是持久观察，在资料收集时，通过参与社区矫正机构组织的相关活动，进行持久观察，详细地记录观察笔记，以获取更多的信息；二是多方访谈验证，通过对社区矫正对象、社区矫正社会工作者等多方人员进行访谈，来辨别社区矫正对象所提供的相关信息的真实性；三是回访受访者，在整个调研过程中，多次回访访谈对象，与他们交流访谈心得，并与其确认访谈资料的准确性和完整性；四是将定量资料与定性资料相结合，互相验证并进行拓展，从而检验得到的某些结论是否具有普遍性。

第二章 社区矫正对象的身份认同：理论脉络与研究谱系

身份认同议题在不同的社会研究领域中都有所涉及。身份认同本质上就是身份建构（construction of identity），身份建构是一个不断完善自我定义和进行自我建构的过程，其理论主要源自身份认同（identification）研究。国内外学者对身份认同有着不同的理论研究和实证研究。本章首先回顾了身份认同理论研究，以及对社区矫正对象和其他群体身份认同的实证研究，继而梳理对社区矫正对象身份认同均衡的相关社会工作实务研究，为进一步开展社区矫正对象的身份均衡及社会工作干预研究奠定基础。

第一节 身份认同的理论研究

"身份"是指人的身价、姿态、行为等，也就是说身份能够反映个体在社会中的位置和地位，且持续作用于人的心理层面，对个体发展产生一定影响。由此可见，身份包括两个方面：一是客观层面，即年龄、性别、职业等客观属性；二是主观层面，即通过人与人之间的互动交流而产生的心理情感及行为模式。

国内学者对身份认同的理解不尽相同，但大部分都是从社会学、心理学的角度去理解。张淑华等认为身份认同是个体对自我身份的确认和对所归属群体的认知以及所伴随的情感体验和对行为模式进行整合的心理历程。[1] 李俊奎认为身份认同是回答"我是谁"的问题，是对自身身份的认知、对自己感情以及未来行动归属的主观性态度。[2] 杨菊华等则指出身份

---

[1] 张淑华、李海莹、刘芳：《身份认同研究综述》，《心理研究》2012年第5期。
[2] 李俊奎：《新生代农民工身份认同与影响因素分析》，《西北农林科技大学学报（社会科学版）》2016年第1期。

认同兼具表层、中层和深层的心理结构，拥有主观认同和客观认同双重属性。① 雷鹏在对流动儿童的身份认同的研究中，针对流动儿童的特殊性将其身份认同定义为流动儿童对自己属于何种身份进行的探索、评估和适应，并由此感受到内在心理和外在行为的一致性。② 从以上定义中可以发现，身份认同包含主观和客观两个方面，它不仅指某些客观性表现，更是指个体的主观性感受，即情感体验和思想动态，以及伴随着的行为取向。本文关于身份认同理论研究，主要从自我身份认同理论和社会身份认同理论两个方面展开。

一、自我身份认同理论

自我认同以"自我概念"为核心，关注自我心理表现和个体身体的实际体验，它往往受到来自现象学、存在主义哲学和启蒙哲学的关注。③ 埃里克森最早提出自我认同这一概念，它不仅是指对社会存在和感官思想的承认，还包括对角色和价值观的允诺。④ 马西娅（Marcia）将该概念运用于实证研究中，并根据个体在自我同一性形成过程中所采取的应对方式和输出结果，对自我同一性概念进行了操作化定义，并将其分为"探索"和"承诺"两个维度⑤，并总结出了四种同一性状态，即成就型同一性、延缓型同一性、排他型同一性、弥散型同一性。自我认同理论最早起源于精神分析学派对于"自我"的阐释，众多社会学家都对"自我"进行了阐释，如库利的"镜中我"理论、乔治·米德的"符号互动论"、奥尔波特的"自我发展"理论、埃里克森的"自我同一性"理论等。

库利最早提出"镜中我"思想，他认为个体对自我的认识在某种程度上决定了个人行为，在与社会的互动过程中形成了自我认识。因此个体往往在别人对自我的判断中获得对自我的认识，即在别人对自我的评价中形

---

① 杨菊华、吴敏、张娇娇：《流动人口身份认同的代际差异研究》，《青年研究》2016 年第 4 期。

② 雷鹏：《流动儿童的身份认同结构、类型及其影响因素》，西南大学 2012 年硕士学位论文。

③ 陶家俊：《身份认同导论》，《外国文学》2004 年第 2 期。

④ Erikson，E.H.*Identity：youth and crisis*.New York：Norton，1968.

⑤ Marcia，J.E.*Development and validation of ego identity statu*s.Journal of personality and social psychology，1966（3）：215—223.

成了自我观念。① 库利认为对自我的认识由三阶段构成：一是想象他人如何认识自己；二是想象他人如何评价自己；三是通过这种"认识"和"评价"的想象获得某种自我情感，如自信、自卑等。② 库利的"镜中我"思想指出自我和镜子存在着相对固定不变的关系，镜子反映了个人所属的群体，"镜中我"就是按照群体提出的条件和标准进行自我认定。"镜中我"的终极目标是实现个人与社会的和谐、稳定发展。

乔治·米德提出的符号互动论以自我为核心概念，他认为自我是一种社会结构，是社会经验和社会活动过程中产生的"主我"和"客我"相对立又综合的统一体。他认为认同是一种互动过程，主要涉及主体选择性与社会关系间的交流联系，主体只有成为社会群体中的一员，并与该群体的其他成员进行互动交流，才能实现个人的认同。符号互动论的演变发展一直围绕着"自我"这个核心概念，对认同的理解始终关系自我的概念。奈尔森·富特（Nelson Foote）受到米德符号互动论的启发，他认为人的思想和行为动机会受到对某一群体认同的影响。他认为身份认同是"对某一特定身份或一系列身份的占有和承诺"③。斯特劳斯（Strauss）则认为自我及他人的重要评价与认同紧密相关。认同是由自我评价、个人的社会地位和他人对其位置的评价，以及个人的多种生活经验和影响生活过程的各种变化等组成。④

自我发展理论也是身份认同理论研究中关注的焦点。目前关于自我发展理论的研究，主要有精神分析学派和存在主义代表。一是精神分析学派，代表人物有弗洛伊德。他提出人格发展五阶段论，又将人格结构分为三个层次，即"本我"、"自我"（ego）、"超我"（superego）⑤，其中本我遵循快乐原则，它处于人格结构的最底层，本我是无意识的、非理性的；自我遵循现实原则，处于人格结构的中间层，自我是从本我中分化出来的，它的作用是调节本我和超我之间的矛盾；超我遵循至善原则，处于人格结构的最顶层，超我是从自我中分化出来的，超我是被道德化的自我，

---

① 赵泽鸿、李云方：《解析年轻一代"镜中我"的缺失与代沟问题的产生》，《科教文汇》2009 年第 2 期。

② ［美］查尔斯·霍顿·库利：《人类本性与社会秩序》，包凡一等译，华夏出版社 1999年版。

③ 孙频捷：《身份认同研究浅析》，《前沿》2010 年第 2 期。

④ 王莹：《身份认同与身份建构研究评析》，《河南师范大学学报（哲学社会科学版）》2008 年第 1 期。

⑤ 陈仲庚、张雨新：《人格心理学》，上海古籍出版社 1986 年版。

追求完美主义。之后，阿德勒（Adler）创立了"个人心理学"学说，他认为个体具有主观能动性，能够进行自我塑造。该学说突出强调个体不断突破自我，追求卓越以达到适应环境的目的。[①] 精神分析学派的学者普遍认为人类对外界社会的渴望和不断追求自我实现的进取心能够推动人们完善自我，适应环境，进而促成自我的进一步发展。二是以存在主义为代表，该学派认为自我发展受社会氛围的影响。该学派代表人物罗伯特·凯根（Robert Kegan）提出"结构—发展"理论，"意义采择"是该理论的核心要素。罗伯特·凯根的自我发展理论也突出强调人的主体性作用，他认为自我发展的过程可以看作是主体与客体的分化，及两者间关系互动调整的过程。在此过程中主体不停地采择新意义，协调两者关系直到达到平衡，自我发展也随之到了新阶段。[②] 奥尔波特（Allport）的自我发展理论认为自我状态不是一蹴而就的，而是逐步发展起来的，其发展经历了从生理、社会再到心理的三个过程。因此，自我意识最初的状态是生理自我。生理自我关注的是对自己身体的认识，包括占有欲、操纵感和庇护感。由此可见，发展心理学家一直以来都比较关注自我发展，他们以自我为核心，提出了许多相关的人格理论。虽然每个心理学家的观点存在分歧，没有形成一个统一的认识，但他们都非常重视"自我"对人格发展的重要作用。

国内学者对自我认同也提出了不同的见解。孙二军[③]将自我认同分为以下几个部分：首先，自我认同是对自我的反思性见解，即回答"我是谁"的问题；其次，自我认同是对自我的确认与判断，即个体在日常生活经验中完成了自我定位；再次，自我认同是一种归属感，是个体对自己在所属的群体内或社会角色、社会地位以及存在的价值的确认。同时，他结合前人研究总结出自我认同的四大特点，即连续性、多样性、发展性、范畴性。连续性是指自我认同强调个体对自己的过去、现在和将来的认识之间的联系和发展。多样性是指个体的自我认同在面对不同的社会地位、社会角色时会产生不同的自我认识。发展性是指个体总是按照从认同到认同危机再到新认同的不断循环往复，也就是说个体的新认同总会取代旧认同，新旧认同之间存在着一定的发展性。范畴性则是指个体总是属于某个特定的社会群体，在这一群体中，绝大部分个体具有性别、年龄、爱好、

---

①张军、张平：《自我发展理论下的研究生学术创新能力培养模式探索》，《安徽文学（下半月）》2017年第2期。

②［美］罗伯特·凯根：《发展的自我》，韦子本译，浙江教育出版社1999年版。

③孙二军：《自我认同视域下的教师专业发展》，社会科学文献出版社2016年版。

职业、社会地位、政治理念等共同的特征。赵巍指出新生代农民工自我认同的建构经历了由"合法性认同"到"抗拒性认同"的转变过程，并最终形成了三和青年特殊的自我认同。① 董兴彬和吴满意指出在网络思想政治教育视域下，自我认同以一种风格养成的形式被认识和感知，是主体内在连续性和一致性状态的达成，且最终呈现出外推的自我认同、内生的自我认同和走向实践的自我认同等三种实现样态。②综上所述，可以看出自我认同是个体对自我的总体认识，这种认识受到各种经历体验、社会互动、自我特质等方面的影响，且这种认同是动态可持续的，这为研究社区矫正对象的身份认同状况提供了必要的理论基础。

二、社会身份认同理论

社会身份认同（social identity）常是社会学、人类学的研究对象，着重关注个体的社会属性。③ 社会身份认同理论主要有社会认同理论、种族身份认同理论、结构化认同理论和认同控制理论。社会认同理论最早起源于欧洲，且在英国社会心理学中占有重要地位。Tajfel 最早提出社会认同概念，他认为社会认同是指个体能够明确知道自己属于某个或某些群体，并能够理解该群体所伴随而来的情感和态度。④ 社会认同也可称作社会身份认同，它是自我概念中的一部分，获得一定的社会认同对个体发展发挥着积极作用。社会认同理论认为，社会行为如果仅从个人心理素质层面来理解是较为片面的，要想全面地理解人们的社会行为，必须弄清楚人们如何建构自己和他人的认同。⑤ 社会认同理论试图去阐明个体在所属群体中对自己身份的认识，试图阐明这种认识是如何影响他的社会态度、社会行为和社会知觉的。Tajfel 认为，群体成员身份和群体类别构成了一个人自我概念的重要组成部分，并认为人们都试图获得并维持积极的社会认同，从而提升自尊。这种积极的认同大多是内群体和相关外群体相互比较获得

①赵巍：《从留守儿童到三和青年——新生代农民工的社会化与自我认同》，《求索》2021 年第 2 期。

②董兴彬、吴满意：《网络思想政治教育中的自我认同研究》，《学校党建与思想教育》2021 年第 7 期。

③陶家俊：《身份认同导论》，《外国文学》2004 年第 2 期。

④Tajfel，H. Differentiation between social groups: Studies in the social psychology of intergroup relations. London：Academic Press，1978.

⑤赵志裕、温静、谭俭邦：《社会认同的基本心理历程——香港回归中国的研究范例》，《社会学研究》2005 年第 5 期。

的结果。因此当一个人与另外的人进行交往时，他们往往代表着自己所属的群体去交往。在社会交往中，人们总是努力从外群体那获得或维持积极的社会认同，当人们对目前的社会认同与自己的预期不符时，人们就会选择离开该群体或寻求达到积极认同的途径。如果个体过分痴迷于待在自己的群体，认为自己的群体是其他群体无法比拟的，并在寻求积极的社会认同和自尊中体会群体间的差异，这容易引起群体间偏见和群体间冲突。

该理论还指出社会认同经历了社会类化、社会比较和积极区分三个过程。社会类化是指将人物、事件、方向等分类的过程，在这个过程中个体将群体区分为内群体和外群体，并认为内群体间的成员相似性较多，并将内群体与外群体严格区分开来。社会比较是指将自己所在群体的权利、社会地位与外群体进行比较。比较的结果决定了内群体和外群体间如何交流，个体一般会与信仰有差异的群体保持距离。Tajfel 和 Turner[①] 认为群体间的比较受三个因素的影响较多，其中包括：个体必须主观上认同自己所属的群体；存在允许群体间比较的情境；外群体和内群体间有一定的相似性，确保有一定的可比性，同时存在压力的情境可以增加两种群体间的可比性。积极区分是指在个体与其他群体进行比较过程中能够找到自尊，如果觉得所在群体没有其他群体优越，个体就会远离该群体或者寻找下一个更适合自己的群体。

菲尼（Phinney）[②] 借鉴了自我同一性理论的观点，提出了种族身份认同模型。她参照自我同一性的四种状态，认为个体经历着探索和承诺后其身份认同呈现出四阶段：弥散、排他、延期补偿和接受。第一阶段为弥散期认同，该阶段的个体缺乏对特有的种族身份认同。第二阶段为排他期，个体在没有探索的情况下就开始关注种族特性。第三阶段为延期补偿期，个体继续探索种族特性，这个过程往往陷入混乱状态。第四阶段为接受期，该阶段表现为个体或群体能将认同整合到自我概念中，在这个过程中个人或群体获得种族身份认同，并且个体对群体有了强烈的归属感，对所在的种族有了更深的理解和认识。[③]

---

① Tafel，H．，Turner，J．C．*The social identity theory of intergroup behavior*．In：*Worchel S，Austin W（eds）．Psychology of Intergroup Relations*．Chicago：Nelson Hall，1986：7—24．

② Phinney，S．*The multigroup ethnic identity measure：A new scale for use with diverse groups*．Journal of Adolescent Research，1992，7（2）：156—172．

③ Phinney，S．*Stages of ethnic identity development in minority group adolescents*．Journal of Early Adolescence，1989，9（1—2）：34—49．

史泰克（Stryker）提出的结构化认同理论起源于结构符号互动论，与传统的符号互动论相比，结构符号互动论更加关注宏观或微观的社会结构背景。史泰克提出的结构化认同理论包括社会和自我两个概念。① 在分析人类社会结构时，该理论更加强调社会结构的作用，同时聚焦社会结构和认同的联系。他认为结构符号互动论的自我观和社会观存在相关性，自我是认同的集合，其中每一种认同都是基于个体在社会中所占据的特定的角色，而且个体往往在社会中充当多种角色，因此会有多种不同层次的角色认同。角色认同的程度受个体对该角色的承诺所影响，影响的程度是由个体与社会互动的强度决定的。承诺程度越高，角色认同的显要性也就越高，角色认同的显要性越高就越会表现出与该角色相关的行为。②

伯克（Burke）也较为关注符号互动论中的意义问题。他认为角色认同包含多重意义，并认为角色认同的意义在个体与他人的交流互动过程中才能获得。之后，伯克将认同理论加以具体化，并提出了认同控制理论。该理论着重于认同的自我确证的内化过程③，认为每一个认同都是一个控制系统，且每一个认同都由四个部分组成，即认同标准、输入、比较器和输出。④ 认同标准包含了各种自我意义，这种自我意义与各种社会角色相关，这些意义能够较好地体现特定情境的目的和运作方式。输入是一种个体的自我认知，是指在特定情境中个体如何认识个体自身的意义。比较器就是将认同标准的意义和输入的意义进行对比，同时记录这两种意义间的差异。输出关注的是认知和认同标准之间的差值。当一个人在某种特定情境中的意义与认同标准中的意义一致时，这时的差值为零，人们就会继续该行动。当差值不为零时，那么就认为社会与自我相互影响，即社会塑造自我，自我形塑社会行为。

基于上述文献回顾，可以发现身份认同理论分为自我身份认同理论和社会身份认同理论，自我身份认同是以个人自身特点为基础而形成的认

① Stryker, S. *Identity salience and role performance: The relevance of symbolic interaction theory for family Research*, Journal of Marriage and the Family, 1968 (30).

② Stryker, S., & Serpe, R. T. *Commitment, Identity Salience, and Role Behavior: A Theory and Research Example.* In W. Ickes and E. S. Knowles (eds.). Personality, Roles, and Social Behavior. New York: Springer Verlag, 1982.

③ Burke, P. J., & Tully, J. C. *The Measurement of Role-identity.* Social Forces, 1977 (55).

④ Burke, P. J. *Identity Control Theory [A]. In G. Ritzer (ed.) The Concise Blackwell Encyclopedia of Sociology.* Malden, MA: Blackwell Publishing Ltd, 2009.

同，而社会身份认同是以社群成员资格条件为基础而建构的认同。自我身份认同的不同理论都以"自我"为核心展开，对认同的理解都离不开自我这个核心概念。社会身份认同理论受自我身份认同理论的影响，如菲尼提出的种族身份认同模型是基于马西娅对自我同一理论操作化定义的四种状态，将其划分为四个阶段。社会身份认同的各种理论虽有各自的侧重点，但都有一个关注焦点，就是若要全面地把握和理解个体的社会行为，就必须知晓人们如何建构自己和他人的身份的。自我身份认同理论和社会身份认同理论的理论建构都要以自我理论和认同理论为基础。对于身份认同理论的梳理，可以帮助我们深入理解社区矫正对象对自我身份的认同问题，以及对于理解社区矫正对象身份认同问题的影响因素及干预策略提供启迪。

第二节　身份认同的实证研究

国外学界对身份认同的理论和实践进行了广泛研究的同时，国内的身份认同实证研究也取得了快速发展。社会学更加关注社会转型中移民群体的身份建构。部分学者聚焦工程移民①、集中居住或失地农民②、海外移民③的身份认同，更多人则关注农民工在城乡融合、劳动生产、日常消费等方面的身份认同，以及其身份认同与情感、集体行动之间的关系。这些研究将对社区矫正对象身份均衡的研究提供有益的参考。

一、社区矫正对象的身份认同研究

社区矫正对象与其他普通群体相比，具有明显的身份二重性特征：一方面他们作为"服刑人员"，必须遵守社区矫正的相关规定，具有一定的约束性；另一方面，他们作为"社会成员"，享有一定的自由权、人身权、教育权等，这和其他群体相比，没有显著差异。这使得他们不仅要在日常

---

① 吴宗法：《工程移民研究综述》，《水利经济》2001 年第 4 期。

② 叶继红：《失地农民职业发展状况、影响因素与支持体系建构》，《浙江社会科学》2014 年第 8 期。

③ 赵晔琴：《身份建构逻辑与群体性差异的表征——基于巴黎东北新移民的实证调查》，《社会学研究》2013 年第 6 期。

生活中实现再社会化，而且也要有效回应制度的规范和约束。[①] 因此这种双重身份的内在张力使他们表现出明显的身份困惑和认同危机。[②] 而当前关于社区矫正对象身份认同的研究并不多，更多的是在论及他们的社会融入时才会涉及到对其身份问题的讨论，这在一定程度上忽视了身份认同失衡这个根本问题，且在身份认同的界定、测量等方面并未达成一致。身份二重性正是许多学者研究社区矫正对象身份认同的开端，由此展开影响该群体身份认同的因素研究，具体可从客观影响因素和主观影响因素两个方面来讨论。

关于社区矫正对象身份认同的客观影响因素研究。社区矫正的目的在于通过社会化行刑方式，矫正社区服刑人员的偏差心理和越轨行为，将其改造为遵纪守法的合格公民。但在这个过程中，社区矫正对象的身份认同状况会受到各种客观因素的影响：一是制度因素。社区矫正制度具有"惩罚性"和"福利性"的双重特征，其惩罚性表现为对矫正对象部分权利的限制，并对其进行管束、监督、教育等。具体可从法理和实践两个层面来分析[③]，从法理层面来看，社区矫正作为一种非监禁刑罚制度，与监禁刑罚同等重要。它是实施宽严相济刑事政策的重要载体，减少再犯率和提升教育改造质量的重要途径，更是构建和谐社会，促进社会安宁稳定的重要举措。[④] 从实践层面来看，2003 年颁布的《关于开展社区矫正试点工作的通知》中明确规定"社区矫正按照我国刑法、刑事诉讼法及有关法律、法规和规章的规定，加强对社区矫正对象的管理和监督，确保刑罚的顺利实施"。司法部门对社区矫正对象施行的日常监督和管理是社区矫正制度惩罚性的重要体现。《社区矫正实施办法》中规定社区矫正对象要定期向司法所报告遵纪守法、接受教育监督、参加教育学习、公益活动等情况。社区矫正制度的福利性表现为对违法犯罪人员的教育、矫正、服务等功能。《社区矫正实施办法》第四十五条规定："执行地县级社区矫正机构、受委托的司法所依法协调有关部门和单位，根据职责分工，对遇到暂时生活困

---

①杨彩云：《制度约束下社区服刑人员的"守法逻辑"及社会工作介入》，《华东理工大学学报（社会科学版）》2016 年第 4 期。

②杨彩云：《流动性体验与差序化认同：基于社区服刑人员的实证研究》，《社会科学》2018 年第 5 期。

③杨彩云：《制度约束下社区服刑人员的"守法逻辑"及社会工作介入》，《华东理工大学学报（社会科学版）》2016 年第 4 期。

④查庆九、陈志海：《中国社区矫正的发展趋势》，《犯罪与改造研究》2010 年第 10 期。

难的社区矫正对象提供临时救助；对就业困难的社区矫正对象提供职业技能培训和就业指导；帮助符合条件的社区矫正对象落实社会保障措施；协助在就学、法律援助等方面遇到困难的社区矫正对象解决问题。"① 在实践中，制度的福利性体现为对其日常生活的救助和帮扶。一方面帮助其矫正偏差心理，通过集中教育或个别教育的方式，帮助其养成良好的遵纪守法意识；或者社会工作者或心理专家，通过心理咨询的方式，排除心理障碍和缓解心理压力。另一方面，对他们的实际工作和生活提供帮助。由此可看出社区矫正制度的"惩罚性"和"福利性"的双重属性使得社区矫正对象表现出三种差异化的守法逻辑：遵从性守法逻辑、畏惧性守法逻辑和抗争性"守法"逻辑。② 不同的守法逻辑体现了社区矫正对象不同的自我认知和认罪服法态度。

　　二是社会因素。人们常常以传统思维方式看待"罪犯"，因其"服刑人员"身份而受到排斥，这是阻碍社区矫正对象顺利融入社会的重要原因之一。③ 社会大众对犯罪行为和罪犯都持痛恨的态度，因此难以从情感上接受将罪犯置于社区开放的环境中进行矫正的刑罚执行方式。而且也有学者认为，长期以来，社会控制一直都是中国维护社会秩序和统治治理的主导观念。对稳定和谐社会生活的期待与要求仍然是普遍大众所向往和要求的，因此倾向将犯罪人员监禁起来，可见社区矫正大规模实施仍将受到中国传统文化的阻碍。在社会力量对犯罪这一概念缺乏理性认识的情况下，其参与社区矫正同样面临主观障碍。④ 不仅如此，社区矫正对象的特殊身份致使其在就业市场中，容易遭遇制度壁垒和前科歧视⑤，他们因为有过犯罪前科经历，在职场中，很大程度上会面临着被原单位辞退或遭遇新单

---

　　①最高人民法院最高人民检察院公安部司法部：《社区矫正实施办法》第四十五条的相关规定，2020 年 6 月 18 日。

　　②杨彩云：《制度约束下社区服刑人员的"守法逻辑"及社会工作介入》，《华东理工大学学报（社会科学版）》2016 年第 4 期。

　　③骆群：《社区矫正对象社会网络排斥的成因探析——以上海市为例》，《内蒙古社会科学（汉文版）》2010 年第 2 期。

　　④谭恩惠、卫嵘：《社会力量参与社区矫正的积极性引导及参与路径研究》，《生产力研究》2011 年第 4 期。

　　⑤李光勇：《青年社区服刑人员就业歧视现状、原因与对策——基于 D 市三个区的调查》，《中国青年研究》2013 年第 5 期。

位歧视的困境和压力,在工作时也常感到来自单位上下级之间的歧视①,这容易使其产生身份焦虑、身份困惑、身份紧张等问题。社区矫正对象在社会融入过程中普遍遭遇社会排斥,使其社会联结出现"偏离、断裂或失衡",呈现出"弱势的镜像"。② 同时有学者指出,家庭、学校、同伴、社会环境都会影响青少年社区矫正对象的再社会化效果。③ 社区矫正社会环境中重要他人对其的认可是社区矫正对象构建"社会成员"身份的前提④,因此家人和亲友的陪伴,能够使其获得更多的情感体验,这也促使社区矫正对象的改变。

关于社区矫正对象身份认同的主观影响因素研究。前述研究多从社会建构论角度探讨社区矫正对象的身份认同问题,对这一群体身份认同的主体性及动态性认识不足。社区矫正对象的精神健康、在刑意识等主观因素也会影响其身份建构。一般而言,社区矫正对象普遍认罪态度良好,但他们的人格特性与监狱服刑人员存在一定的相似性,大部分都存在心理健康问题。⑤ 他们会为自己的"特殊身份"感到苦恼、沮丧⑥,甚至引发心理和行为问题,包括低自我认同⑦、人际关系敏感、焦虑、敌对⑧,又自我封闭、内心孤独、自卑等。⑨ 此外,有学者对其年龄和性别进行分类探讨,发现不同年龄层的罪犯存在不同的问题。从年龄层面来看,青年社区矫正

---

① 冯佳琪:《社区服刑人员的社会融入研究——以昆明市 C 区为例》,《调查研究》2018 年第 12 期。

② 骆群:《弱势的镜像:社区矫正对象社会排斥研究》,中国法制出版社 2012 年版。

③ 徐徐:《青少年社区服刑人员再社会化研究——以社会控制理论为视角》,《青年教育》2014 年第 3 期。

④ 洪佩、费梅苹:《本土社会工作实践中社区矫正对象的身份建构机制》,《中国青年研究》2018 年第 1 期。

⑤ 刘素珍、朱久伟、樊琪等:《社区服刑人员心理健康状况调查》,《心理科学》2006 年第 6 期。

⑥ 魏然:《社区服刑人员心理健康状况的调查研究》,《中国社会医学杂志》2010 年第 5 期。

⑦ 岳颂华、经伟、屈春芳:《心理矫治在社区矫正中的作用》,《苏州教育学院学报》2012 年第 3 期。

⑧ 张旭、胡泽卿、杨曦等:《男性青少年违法犯罪者社会支持与心理健康的研究》,《神经疾病和精神卫生》2007 年第 5 期。

⑨ 王春林:《心理因素对社区矫正对象重新犯罪的影响》,《武汉公安干部学院学报》2010 年第 4 期。

对象作为社区矫正重点对象，比老年罪犯更容易再犯①，而老年罪犯身体健康水平较低，没有劳动能力，社会存在感较低，这使他们较容易依附于其他人群，同时又会自我孤立。② 与老年罪犯相比，未成年人的心理尚未成熟，存在迫切的悔过和救赎心理。③ 从性别层面来看，女性服刑人员更在意婚姻家庭关系，且负面情绪较多，婚姻家庭关系差于男性④，因此情绪波动较大，自卑感更强⑤；她们普遍自尊心、虚荣心较强，依附心理较重。⑥

综上所述，社区服刑人员的身份认同不仅受到制度因素、社会因素等客观方面的影响，也会受到个人心理因素的主观影响，因此要了解其身份认同状况就要将其置于特定情境中，注重当下环境和社会结构的变化和制约，系统全面地考察和研究，进而实施针对性的干预策略。事实上，在对社区矫正对象等特殊群体的改造中，主观改变先于社会因素还是社会因素促成主观改变，学术界对此尚未达成一致的看法。但不可否认的是，内在改变是前提，社会因素在其中起激发、强化和维持作用。两者合力共同促进社区矫正对象的压力应对与自我调适，以达到身份均衡。

二、其他群体的身份认同研究

关于农民工群体的身份认同研究。农民工身份认同包含多个方面，它不仅涉及自我认同、组织认同与社会认同等多种认同类型，而且反映了我国城镇化和工业化过程形成的农民工主观上对自我身份建构的结果。⑦ 农民工除了制度性身份外，还有基于交往视角的社会性身份、他人眼中的身

①Champion,D.J.*Measuring Offender Risk - A Criminal Justice Sourcebook*.Connecticut:Greenwood Press,1994(8).

②乐茂强：《社区心理矫正问题及对策研究——以上海市为例》，西北师范大学2015年硕士学位论文。

③周高雅：《未成年人犯罪社区矫正制度探析》，《绥化学院学报》2016年第8期。

④陈晓敏：《社区矫正中的社会性别视角——以上海市××社区矫正对象个案为例》，《法治论丛》2003年第5期。

⑤王萌、朱晓杰：《女性社区服刑人员的特征及其矫治对策》，《法制博览》2015年第10期。

⑥禹红梅：《关于女性社区服刑人员社区矫正现状的调查与研究》，《中共乐山市委党校学报（新论）》2016年第2期。

⑦林晓兰：《新生代农民工的身份认同——一个社会学的分析框架》，《学术论坛》2016年第11期。

份、自我感知性身份。① 由于农民工在城市劳动和生活感受到社会的区别对待，很多研究都指出了农民工在城市身份认同存在困境。农民工的相对经济收入水平和社会地位自评在下降，呈现"逆成长态势"。② 从研究内容上看，一些研究特别关注新生代农民工融入社会的问题，他们由于原有的生活方式发生转变和现有身份不被认可而存在身份认识模糊现象。③ 有学者运用农民工社会认同威胁量表研究其身份认同情况，发现其地位威胁和身份威胁较为突出，对自我的高期待、高追求和外界客观因素影响导致新生代农民工的地位认同威胁和身份认同威胁高于上一代。④ 已有学者开展了关于农民工的工作投入与身份认同的关系研究。研究表明农民工对工人的身份认同度越高，工作投入水平就越高，对农民身份认同度越高，工作投入水平就越低。⑤ 人格类型、心理状态、自我认知等个体因素与员工工作投入密切相关。⑥ 农民工身份认同与组织支持感的关系研究也颇多。当员工能感受到来自组织的支持后，员工对工作的疏离感会减少。⑦ 农民工对工人的身份认同度与组织支持感呈正相关，即工人身份认同度越强，组织支持感就越高。⑧ 新生代农民工的组织公平感和身份认同感均间接影响组织支持感与离职意愿之间的关系。⑨

从研究对象上看，学者倾向于将第一代农民工身份认同与第二代农民

①周明宝：《城市滞留型青年农民工的文化适应与身份认同》，《社会》2004 年第 5 期。

②田丰：《逆成长：农民工社会经济地位的十年变化（2006－2015）》，《社会学研究》2017 年第 3 期。

③孙文凯、李晓迪、王乙杰：《身份认同对流动人口家庭在流入地消费的影响》，《南方经济》2019 年第 11 期。

④邓远平、黄仁辉、陈莉等：《农民工社会认同威胁的量表编制与现状分析》，《西南交通大学学报（社会科学版）》2017 年第 6 期。

⑤刘辉、陈梦筱：《农民工双重身份认同对工作投入的影响研究——组织支持感的中介作用》，《当代经济管理》2016 年第 5 期。

⑥Langelaan，S，Bakker A.B，Schaufeli W.B，et al.*Burnout and work engagement：Do individual differences make a difference?*.Personality and Individual Differences，2006，40（3）：521－532.

⑦龙立荣、毛盼盼、张勇等：《组织支持感中介作用下的家长式领导对员工工作疏离感的影响》，《管理学报》2014 年第 8 期。

⑧刘辉、陈梦筱：《农民工双重身份认同对工作投入的影响研究——组织支持感的中介作用》，《当代经济管理》2016 年第 5 期。

⑨淦未宇、刘伟、徐细雄：《组织支持感对新生代农民工离职意愿的影响效应研究》，《管理学报》2015 年第 11 期。

工身份认同的状况进行比较，指出两者间的差异。研究表明第二代农民工身份认同相较于第一代更难实现，这是因为第一代农民工经历了从自我否定、努力打工改变自我、最终接受农民身份的三个阶段，而第二代农民工希望将自己转变成城市人的身份，但是没有完全实现，同时他们也越来越远离农村。[①] 另有学者较为关注女性农民工的身份认同状况，相较于男性农民工，研究作为弱势群体的女性农民工，更具特殊和深远的意义。[②] 但现有研究较多停留在女性农民工健康、就业、生存状况、社会保障等客观条件，少有研究关注其精神健康层面[③]，尤其是女性农民工的身份认同问题。有研究表明与男性农民工相比，女性农民工在工作、婚恋等方面受到的压力更大，心理更加脆弱。[④] 李静和左婷婷较为关注新时代女性农民工性别身份认同和阶级身份认同问题[⑤]，且研究表明女性农民工对自身性别满意度较高，即性别身份认同度较高，但是对自己的阶级身份评价较为模糊，她们认为自己的社会地位不高，即阶级身份认同度较低。由此可见，以上研究较多集中于社会融入、工作投入、组织支持感等与其身份认同的关系研究以及针对女性群体的研究，都为开展社区矫正对象身份认同的研究提供了有益思路。

关于流动人口群体的身份认同研究。在国外，移民群体对移出地身份认同研究有了较为丰富的研究成果。且已有研究表明，这个领域的理论和研究成果同样适用于我国的移民群体。[⑥] 中国的流动人口大多是指从农村迁移到城市，并扎根于城市，他们想通过实际行动来改变自身作为"农村人口"的生存环境和条件，并试图摆脱现有的身份限制。[⑦] 但在城市面对

①卢晖临、潘毅：《当代中国第二代农民工的身份认同、情感与集体行动》，《社会》2014年第4期。

②李静、左婷婷：《新生代女性农民工身份认同的建构过程及影响机制》，《普洱学院学报》2019年第1期。

③张莉莉：《社会保障视角下的女性农民工城市融入问题研究——基于浙江省农民工调查状况分析》，《商》2016年第26期。

④李辉、王倩：《关于农民心理健康状况的元分析》，《中国健康心理学杂志》2010年第10期。

⑤李静、左婷婷：《新生代女性农民工身份认同的建构过程及影响机制》，《普洱学院学报》2019年第1期。

⑥沈荣华、杨国栋：《论"一站式"服务方式与行政体制改革》，《中国行政管理》2006年第10期。

⑦陈映芳：《"农民工"：制度安排与身份认同》，《社会学研究》2005年第3期。

制度的约束，当自身的正当权益受到侵犯时，他们往往不会表达自己的权利，也不去申诉。有学者将流动人口身份认同分为融合型、同化型、分离型和边缘型四种类型，而且流动人口对流入地的城市身份认同较低。[①] 流动人口的城市本地身份认同能够较有效地缓解过度劳动的发生，并能够减少过度劳动时间。[②] 在我国，身份认同理论被广泛用于研究流动人口融入流入地社会的问题之中。[③] 例如，除农民工群体之外，有学者指出少数民族流动儿童的社会融入受到经济身份认同、制度身份认同、文化身份认同的影响[④]，流动儿童的身份认同会直接影响他们的人格健康发展，也在一定程度上影响他们融入城市。[⑤] 在双文化背景下，身份认同整合是流动儿童融入迁入地城市的重要影响因素，且身份认同整合对其学校适应有预测作用。[⑥] 流动儿童的社会身份认同也受到广泛关注，有研究表明流动儿童对"农村人"的身份认同感较模糊，近七成的流动儿童社会身份认同都处于不确定状态。[⑦] 另外，少部分学者关注流动女性群体，马冬玲从四种进路研究流动女性身份认同状况[⑧]：一是基于资本主义劳动关系，探讨流动女性的阶级身份；二是在父权制的影响下分析流动女性的性别身份认同；三是从心理层面探讨流动女性的心理效应；四是从多元视角探讨流动女性的身份矛盾性。外来人口对个体的身份认同度受到多重因素的影响，包括制度因素和个体特质因素。已有数据表明，除了年龄、文化程度、在本地居住时长等因素外，户籍制度、社会歧视和社会差异，以及社区参与度等

① 李志刚、梁奇、林赛南：《转型期中国大城市流动人口的身份认同、特征与机制》，《地理科学》2020 年第 1 期。

② 孙文凯、王格非：《流动人口社会身份认同、过度劳动与城乡差异》，《经济学动态》2020 年第 9 期。

③ 杨菊华：《流动人口在流入地社会融入的指标体系——基于社会融入理论的进一步研究》，《人口与经济》2010 年第 2 期。

④ 杨茂庆、史能兴：《身份认同理论观照少数民族流动儿童的城市社会融入与身份建构》，《民族教育研究》2018 年第 3 期。

⑤ 郑友富、俞国良：《流动儿童身份认同与人格特征研究》，《教育研究》2009 年第 5 期。

⑥ 王元、田卉娇、王垚：《身份认同整合对流动儿童学校适应的影响——群体结构的调节作用》，《苏州大学学报》2020 年第 3 期。

⑦ 刘杨、方晓义：《流动儿童社会身份认同状况研究》，《国家行政学院学报》2011 年第 3 期。

⑧ 马冬玲：《流动女性的身份认同研究综述》，《浙江学刊》2009 年第 5 期。

因素也会直接影响到外来人口的自我认同。[①] 流动人口的社会身份认同也会影响其经济行为，邹静等分析发现身份认同状况越好的流动群体，越愿意在本地买房。[②] 实证研究检验发现对本地人身份持认可态度的流动人口更倾向于在本地买房、工作生活和落户。[③] 宋艳姣等通过全国流动人口动态监测调查数据分析获悉流动人口的城市居民消费水平的高低受其身份认同度的影响。[④] 国外已有研究也表明国际移民的外来人口身份认同会对其经济行为的多个方面产生影响。[⑤]

关于教师群体的身份认同研究兴起于 20 世纪 60 年代。学者们普遍认为教师的专业身份认同是开放的[⑥]，是一种状态，更是一种过程。[⑦] 例如，有学者指出教师由于受到外界环境的制约，其身份认同呈现出"条件性认同"和"理性化认同"的假象，这都是教师在建构专业认同时的一种妥协状态，这两种认同假象导致教师对自身的专业价值缺乏深入思考。[⑧] 娄丽雯则认为教师身份认同存在于自我呈现、自我理解反思以及自我改变的三个过程中，并且只有通过这三个过程才能得到专业发展。[⑨] 孙二军指出教师对自己身份的认同体现为对其所承担的义务与责任有着清晰的认识，教师丰富的专业知识和全面的专业能力是实现这种认识的基础，因此可以认

---

① 崔岩：《流动人口心理层面的社会融入和身份认同问题研究》，《社会学研究》2012年第 5 期。

② 邹静、陈杰、王洪卫：《社会融合如何影响流动人口的居住选择——基于 2014 全国流动人口监测数据的研究》，《上海财经大学学报》2017 年第 10 期。

③ 孙文凯、李晓迪、王乙杰：《身份认同对流动人口家庭在流入地消费的影响》，《南方经济》2019 年第 11 期。

④ 宋艳姣、王丰龙：《身份认同对流动人口消费行为的影响研究——基于 2014 年全国流动人口动态监测调查数据》，《财经论丛》2020 年第 2 期。

⑤ Sam, D.L., & Berry J.W. *Acculturation When Individuals and Groups of Different Cultural Backgrounds Meet*, Perspectives on Psychological Science, 2010, 5(4): 472−481.

⑥ Sugrue C. *Student teacher's lay theories and teaching identities: Their implication for professional development*. European Journal of Teacher Education, 1997, 20(3): 213−225.

⑦ 李子建、邱德峰：《实践共同体：迈向教师专业身份认同新视野》，《全球教育展望》2016 年第 5 期。

⑧ 宋萑、张文霄：《教师专业认同：从专业角色走向身份认同》，《全球教育展望》2012 年第 3 期。

⑨ 娄丽雯：《教育叙事保留视角下的教师专业发展与教师身份认同》，《湖北成人教育学院学报》2014 年第 5 期。

为教师得到身份认同的同时也实现了专业发展。① 从研究对象来看，目前不少学者只针对某一特定教师群体展开研究，如幼儿教师②、大中小学教师③、外语教师身份及乡村教师④、师范生与非师范生的教师身份认同比较。⑤ 在幼儿教师方面，有学者对江苏 300 余名城乡幼儿教师进行比较分析后发现，城乡幼儿教师的身份认同状况存在明显差异，农村幼儿教师身份认同普遍高于城镇幼儿教师身份认同水平。⑥ 在高校教师层面，高校艺术类教师面临着社会情境、学科情境、个体境遇的三重困境。⑦ 有学者对我国不同时期的高校英语教师的身份认同状况进行了对比分析后发现，高校英语教师的身份认同随着时代的变化而转变，即不同历史时期的教师呈现出不同的身份认同类型和特征。⑧ 还有研究表明中小学教师职业认同水平普遍较高，不同学段的教师的职业认同不存在差异⑨，但中学教师中不同级别的教师身份认同存在显著差异。⑩ 在乡村教师方面，他们受到教师专业发展的要求和乡村场域改革需求的冲击，角色的复杂性使其陷入"身份认同"危机。⑪

从研究内容上看，教师专业身份认同从理论研究到实践的发展都有涉及。一是理论上，有学者根据教师的身份类型，从社会——个人层面、意

① 孙二军：《教师专业发展中的身份认同与认同危机》，《现代教育管理》2011 年第 2 期。

② 朱纯洁、杨启光：《江苏幼儿教师身份认同城乡比较的实证分析》，《中小学心理健康教育》2014 年第 18 期。

③ 史兴松、程霞：《国内教师身份认同研究：回顾与展望》，《现代教育管理》2020 年第 4 期。

④ 容中逵：《教师身份认同构建的理论阐释》，《教育研究》2019 年第 12 期。

⑤ 雷万鹏、李贞义：《师范与非师范毕业生教师身份认同差异及政策启示》，《国家教育行政学院学报》2021 年第 2 期。

⑥ 朱纯洁、杨启光：《江苏幼儿教师身份认同城乡比较的实证分析》，《中小学心理健康教育》2014 年第 18 期。

⑦ 周兰：《高校艺术类教师的身份认同困境与破解路径》，《高教探索》2021 年第 4 期。

⑧ 展素贤、薛齐琦：《我国高校英语教师身份认同构建：自我感知与情境塑造》，《扬州大学学报（高教研究版）》2021 年第 2 期。

⑨ 蒲阳：《中小学教师职业认同现状与差异分析：基于北京的调查》，《天津市教科院学报》2021 年第 2 期。

⑩ 宋广文、魏淑华：《影响教师职业认同的相关因素分析》，《心理发展与教育》2006 年第 1 期。

⑪ 焦龙保、龙宝新：《从自我认同到他者承认：乡村教师身份认同危机的化解》，《当代教育科学》2020 年第 11 期。

象——实践层面将教师身份归纳为：社会赋予的身份、社会实践的身份、自我判定的身份、自我实践的身份①；或根据教师入职前后的身份认同简单划分为职前教师身份和在职教师身份②，前者从理论层面分类，后者从时间层面分类。二是实践上，有关教师职业身份认同影响因素的研究，有学者指出除了个体认知因素以外，还涉及环境、行为、能力等多个方面的因素③，也有学者从宏观、中观及微观层面探讨④，将其影响因素总结为国家教育政策、学校组织文化因素及教师个体因素。

由此可见，关于身份认同的实证研究，多集中于农民工群体、流动人口群体和教师群体。这些研究的成果及局限对开展有关社区矫正对象身份认同研究的启示在于：一是分析身份认同状况需要将其置于特定情境之中，应重视其双重身份在不同时空状态下的认同差异；二是身份认同可能受到多重因素的影响，其中既有制度和政策层面的因素，也有个体特征性因素；三是不仅可以从整体性视角去分析群体的身份认同特点，而且也可以分析群体内部不同类型对象的身份认同差异。

第三节　身份认同的干预研究

关于身份认同干预研究，现有研究多围绕农民工、教师等群体展开。在身份认同影响因素中，主要聚焦于个人认知、心理等自身主体性因素，社会交往等社会环境因素，户籍制度、教育改革等制度因素层面。在身份认同与行为取向的关系中，主要关注身份认同与社会交往、职业发展、消费行为等的相互作用。在身份认同干预策略中，主要基于身份认同的影响因素，从制度、环境、个体等角度分别提出干预建议，这为社会工作介入社区矫正对象的身份认同问题提供了有益参考。

一、身份认同的影响因素

关于身份认同的影响因素研究，学术界也进行了广泛的探讨，且大多

---

① 赵明仁：《教师教育者的身份内涵、困境与建构路径》，《教育研究》2017年第6期。

② 滕延江：《国外二语教师身份研究(1997—2017)：现状与展望》，《外语界》2018年第4期。

③ 李子建、邱德峰：《实践共同体：迈向教师专业身份认同新视野》，《全球教育展望》2016年第5期。

④ 李茂森：《教师身份认同的影响因素分析》，《教育发展研究》2009年第6期。

围绕农民工、流动人口等群体，针对社区矫正对象开展的身份认同影响因素研究较少，通过文献梳理后发现，身份认同受到多重因素的影响。

自身主体性对身份认同的影响。国外有研究表明，男性自我身份认同与男性参照团体的心理联系状况相关联。[①] 在国内，有学者指出性别、受教育程度、乡土记忆、进城期望会影响外来务工人员的身份认同状况。[②] 但也有学者提出了不同的见解，赵芳通过对湖南青玄村考察分析，发现年龄、岗位、务工时间和受教育程度等变量与农民工的身份认同没有相关性[③]；彭远春学者也指出，人口学变量对其身份认同没有显著影响。[④] 但也有研究进一步指出年龄并不直接影响身份认同，而是通过务农经历、在城市工作年限等方面间接影响身份认同。[⑤] 同时，国内其他研究表明城市体验、与市民的交往情况、城市当地社区组织的参与度及城市生活的满意度，都显著影响着新生代农民工的身份认同。[⑥] 赵巍通过对深圳市三和人力资源市场的青年农民工调查分析发现，社会结构障碍性导致他们在成长过程中遭受社会化的失败，进而沉迷于网络生活无法自拔，这使得他们既不认为自己是农村人，也不认为自己是城里人。[⑦]

流动人口群体中，有学者通过对我国 106 个城市调查后发现个体特征对流动人口的身份认同有直接影响，女性流动人口与男性流动人口的身份认同有显著差异，且女性的身份认同高于男性。[⑧] 这是因为一方面女性有强烈的归属需要，另一方面是因为大多数女性适应新环境的能力较强，部

[①] Jay C，Chris B．*Male reference group identity dependence：Support for construct validity．Sex roles，*2000(43)：323－339．

[②] 彭远春：《论农民工身份认同及其影响因素——对武汉市杨园社区餐饮服务员的调查分析》，《人口研究》2007 年第 2 期。

[③] 赵芳：《"新生代"，一个难以界定的概念》，《社会学研究》2003 年第 6 期。

[④] 彭远春：《论农民工身份认同及其影响因素——对武汉市杨园社区餐饮服务员的调查分析》，《人口研究》2007 年第 2 期。

[⑤] 王铮：《农民工身份认同及其影响因素分析——以河南省郑州市为例》，《天水行政学院学报》2010 年第 6 期。

[⑥] 许传新：《新生代农民工的身份认同及影响因素分析》，《学术探索》2007 年第 3 期。

[⑦] 赵巍：《从留守儿童到三和青年——新生代农民工的社会化与自我认同》，《求索》2021 年第 2 期。

[⑧] 李荣彬、张丽艳：《流动人口身份认同的现状及影响因素研究——基于我国 106 个城市的调查数据》，《人口与经济》2012 年第 4 期。

分女性能够在移入地积极地寻求融入方式，为自己的新生活做准备。① 因此可以说迁移流动打破了以往农村妇女的观念和思想束缚，她们体验到前所未有的城市生活经历，积累着对城市正面和负面的评价，并将其与自身人生道路的选择联系起来。②

教师群体的研究也较多，有学者指出教师的个体实践性知识、情绪态度、教育价值观念等是身份认同过程中的关键因素。③ 具体来看，教师的个体实践性是指教师实际运用的理论，个体实践性强调教师的教学的自主性，这也构建了教师的身份；教师的情绪态度也会影响专业身份认同构建，积极的情绪体验有利于教师实现自我身份认同，消极的情绪体验则容易使教师产生身份认同焦虑或困惑；教育价值观念影响着教师教学方式，由历史积累所形成的教学关系是很难得到改变的，因此教育价值观念上的难以认同阻碍了自身专业认同。此外，Beijaard 指出教师职业认同受自我效能感、工作满意度等关键因素的影响。④ 教师高尚的品德和正确的价值观也对其身份认同起着关键作用。⑤ 若教育工作者及社群缺乏强烈的对教师教育质量集体反思的意识和责任感就会陷入身份认同危机⑥，教师专业能力的高低、他人对教师教学水平的评价以及教师所持的不同学生观都会影响教师的职业身份认同水平。⑦ 教师的专业能力水平是教师教学的基础，扎实的教学能力是其拥有自信心的基础，老教师教学经历丰富且习惯性反思自我，而新教师由于教学经验的欠缺，容易缺少自信。他人对教师教学成果的评价在某种程度上也会影响教师的职业认同水平，有利的评价有助于提升其自信心，较差的评价会使其感到一定的挫败感。由此可见，性别、年龄、个人道德品质及心理素质等自身主体性特征对身份认同的影响起着重要作用。

---

①陈琼：《移民妇女的身份认同：对三峡库区两个案例的解读》，《妇女研究论丛》2007年第 6 期。

②姜秀花：《社会性别视角在人口学领域的渗透》，《妇女研究论丛》2004 年第 4 期。

③李茂森：《教师身份认同的影响因素研究》，《教育发展研究》2009 年第 6 期。

④Beijaard D，Meijer P C，Verloop N.*Reconsidering Research on Teachers' Professional Identity*.Teaching and Teacher Education，2004，20(2)：107－128.

⑤Ha，Phan Le.*Australian-trained Vietnamese Teachers of English：Culture and Identity Formation*.Journal of Language，Culture and Curriculum，2007(1)：20－35.

⑥赵明仁：《教师教育者的身份内涵、困境与建构路径》，《教育研究》2017 年第 6 期。

⑦孙夏：《高校学术英语教师的教师知识和职业身份认同研究》，《黑河学院学报》2021 年第 2 期。

社会环境对身份认同的影响。在农民工及流动人口群体研究中，王毅杰和高燕发现，流动农民的身份意识完全取决于生活场域，外在的社会歧视及其家庭对在外务工的支持会影响外来务工人员在城市中的身份位置。① 社会支持网络，尤其是家庭内部的支持影响着流动农民的身份意识。外界的相对剥夺感和社会距离也是影响新生代农民工身份建构的主要原因。② 组织和职业特征也显著影响个人的身份认同。③ 个体在群体中的生活方式和在社会关系体系中所处的位置，会对个体的行为方式、主观感受产生深刻影响。④ 流动人口子女作为城市社会中的"移民群体"，处于信息传播速度高度发达的大众文化环境中，这种大众文化环境将他们与城市人视为平等的，流动人口子女接触大众传媒越频繁，接受到的城市文化就越多，这有利于其"城市性"的发育，推动其更好地融入城市生活。⑤ 教师群体中，除个体因素外，教师的专业身份认同会受到学校环境、校园文化、人际关系等社会因素的影响。⑥ 乡土文化价值的规避退隐和乡村教师身份特质的遮蔽造成乡村教师与"他者"交往过程的断裂，致使乡村教师自信、自尊、自重的失落，自我身份的同一性走向崩溃的边缘。⑦ 由此可见，包括社会文化、工作环境、人际关系等在内的社会环境因素也会对身份认同有着重要影响。

制度环境对身份认同的影响。在农民工及流动人口群体中，城乡二元结构将农民排除在城市管理体系之外，构成了外来务工人员与其他人员的

① 王毅杰、高燕：《社会经济地位、社会支持与流动农民身份意识》，《市场与人口分析》2004 年第 2 期。

② 李苗：《新生代农民工身份认同困境分析》，《陕西行政学院学报》2010 年第 3 期。

③ 张淑华、李海莹、刘芳：《身份认同研究综述》，《心理研究》2012 年 5 月第 1 期。

④ 张雄：《农民工身份认同的影响因素研究——基于 2006 年珠三角农民工调查数据》，复旦大学 2010 年硕士学位论文。

⑤ 许传新：《公办学校流动人口子女的身份认同及其影响因素》，《中国农村观察》2008 年第 6 期。

⑥ 李子建、邱德峰：《实践共同体：迈向教师专业身份认同新视野》，《全球教育展望》2016 年第 5 期。

⑦［德］阿克塞尔·霍耐特：《为承认而斗争》，胡继华译，上海世纪出版集团 2005 年版。

认同边界①，此外户籍制度②、城市用工制度③、社会福利制度、交往局限、社会歧视等外部制度与环境因素阻碍了农民工的身份认同与身份转换。④ 我国严格的户籍制度将农村人和城里人严格区分为"农民"和"市民"，从先赋性角度构成了人们身份认同地位的差异。⑤ 义务教育又与户籍制度挂钩，而流动少年儿童区别于"农村儿童"和"城市儿童"，他们作为特殊群体无法享受到政府拨款的经费，这导致了流动儿童在流入地容易遭到不公平的待遇，因此义务教育有关政策的歧视使得流动儿童不被接受，加重了心理负担，内心自卑和孤独。⑥ 城乡二元结构带来的文化差异影响了流动儿童的身份认同状况，他们在流入地感受到来自物质文化、精神文化、制度等方面的差异，使其不可避免地产生文化冲突⑦，这种文化的差异容易使流动儿童缺乏身份认同感。

在教师群体层面，有学者指出乡村教师的身份危机主要分为自我认同危机和他者认同危机，而这种危机主要是由城乡的二元结构导致的⑧，城市的各种条件都要优于乡村，乡村在现代价值体系中的失序⑨，使得乡村被贴上贬义的标签，这意味着属于乡村的人都低人一等，乡村教师面临着城乡的巨大差距，心理出现落差，乡村教师陷于理想与现实的矛盾纠葛之

① 郑杭生等：《当代中国城市社会结构：现状与趋势》，中国人民大学出版社 2004 年版。

② 李盐：《中国城市化进程中的"半融入"与"不融入"》，《河北学刊》2011 年第 5 期。

③ 王春枝：《新生代农民工身份的自我认同及其影响因素分析》，《未来与发展》2013 年第 9 期。

④ 朱力：《准市民的身份定位》，《南京大学学报（哲学·人文科学·社会科学）》2000 年第 6 期。

⑤ 邱建新：《影响流动儿童少年教育的制度因素及对策》，《广西社会科学》2004 年第 3 期。

⑥ 郑友富、俞国良：《流动儿童身份认同与人格特征研究》，《教育研究》2009 年第 5 期。

⑦ 任云霞：《社会排斥与流动儿童的城市适应的研究》，《陕西青年管理干部学院学报》2006 年第 1 期。

⑧ 焦龙保、龙宝新：《从自我认同到他者承认：乡村教师身份认同危机的化解》，《当代教育科学》2020 年第 11 期。

⑨ 焦龙保、龙宝新：《从自我认同到他者承认：乡村教师身份认同危机的化解》，《当代教育科学》2020 年第 11 期。

中。① 再加之现代化教育设计更是"逃离乡土式"的教育设计，乡村教师的专业化发展也受到阻碍。② 另有学者认为教师的身份认同危机主要来自于学校的新旧组织文化和科层制。③ 文化影响具有持续性和稳定性，教师对自身的观念也会受其影响，因此面对变革时他们总是质疑、否定甚至抵制。④ 教育改革影响着教师的日常活动和教学行为⑤，不管教师对学校变革持支持还是否定态度，学校的"旧文化"和"新文化"的不同性质都会对教师的自我认同产生剧烈冲击。此外，学校现行的组织制度多为科层制，而教师处于这个体制中的最底端，他们与学校的管理人员无法进行有效的沟通，难以获得认同感和归属感。

综上，身份认同受多重因素的影响，其中包括自身主体性特征、社会环境、制度环境等。这对后续开展社区矫正对象身份认同影响因素的研究提供了思路，可以从个体因素、社会因素、制度因素等多角度分析。

二、身份认同与行为取向的关系

身份认同与职业发展的关系。邓睿的研究发现农民工对"城市人"的身份认同度越高，其对自身身份的认知水平也就越高，也能更好地融入城市，并帮助其获得更多的就业机会。⑥ 马锐华在对江苏省大学生村官的调查研究中发现⑦，身份认同与离职倾向呈负相关。这说明身份认同度越高，人们的工作积极性就越高。国外研究者发现，工作和年龄的认同整合在刻

①焦龙保、龙宝新：《从自我认同到他者承认：乡村教师身份认同危机的化解》，《当代教育科学》2020年第11期。

②刘铁芳：《乡土的逃离与回归——乡村教育的人文重建》，福建教育出版社2008年版。

③李茂森：《教师身份认同研究》，北京师范大学出版社2014年版。

④操太圣、卢乃桂：《论学校组织变革中的教师认同》，《华东师范大学学报（教育科学版）》2005年第3期。

⑤尹弘飚、李子建、靳玉乐：《中小学教师对新课程改革认同感的个案分析——来自重庆市北碚实验区两所学校的调查报告》，《比较教育研究》2003年第10期。

⑥邓睿：《身份的就业效应——"城市人"身份认同影响农民工就业质量的经验考察》，《经济社会体制比较》2019年第5期。

⑦马锐华：《大学生"村官"身份认同与离职倾向的关系研究——自我效能感的中介作用》，南京大学2013年硕士学位论文。

板印象威胁和负面影响间起到中介作用①，即认同整合程度越高，在工作中受到对年龄的刻板印象的影响就越小，工作成就感、组织参与度以及对未来的期盼值会越高。此外，有学者对社会工作者展开研究，发现专业社会工作者身份和 LGBTQ 身份的整合水平会影响其职业发展。② 以上有关身份认同与职业发展的关系研究，有利于认识身份认同与职业发展密切相关，对探讨社区矫正对象的身份认同与职业选择间的关系具有借鉴意义。

身份认同与社会交往的关系。身份认同是社会融入的最高境界③，身份认同模糊会导致冲突的发生，身份认同状态是流动儿童文化融入程度的具体体现。④ 那些能较好地整合两种文化身份的人，他们在人际交往过程中会表现出较少的消极情绪，对外群体具有更强的包容性和开放性。⑤ 社区矫正对象的身份认同状况同样也会影响其社会融入。他们在与他人交往过程中，往往会妄自菲薄，低估或轻视自己，与他人良好的互动和沟通就会受到阻碍⑥，此外在日常生活中，人们投来的异样眼光，使得他们在交往中选择性亲和与疏离⑦，自我认同的边缘化及重要他人的不认可等自身及社会各方面因素的影响，都会影响其在社会融入方面的效果。⑧ 以上有关身份认同与交往行为的相互作用，有利于认识社区矫正对象在社会交往中双重身份的认同变化。

---

①Mahdi，E.，Maryam，K.，& Vanessa，M.P.*Juggling work and homeselves：Low identity integration feels less authentic and increases unethicality*.Organizational Behavior and Human Decision Processes，2019：1－10.

②Shelley，L.，& Craig，G.I et al.*Intersecting Sexual，Gender，and Professional Identities Among Social Work Students：The Importance of Identity Integration*，journal of social work education，2017，53(3)：466－479.

③瞿红霞：《随迁老人的社会融入状况及影响因素探析》，华中科技大学 2012 年硕士学位论文。

④杨茂庆、黎智慧：《英国流动儿童社会融入：影响因素与策略选择》，《全球教育展望》2016 年第 11 期。

⑤Brewer，M.B.，& Pierce，K.P.*Social identity complexity and out－group tolerance*.Personality and Social Psychology Bulletin，2005，31(3)：428－437.

⑥冯佳琪：《社区矫正对象的社会融入研究——以昆明市 C 区为例》，《调查研究》2018 年第 12 期。

⑦杨彩云：《流动性体验与差序化认同：基于社区服刑人员的实证研究》，《社会科学》2018 年第 5 期。

⑧王宇琴：《社区矫正对象社会融入问题研究——以济南市 M 司法局为例》，山东大学 2019 年硕士学位论文。

身份认同与消费行为的关系。消费行为与身份认同之间存在着密切的关系，消费行为是实现身份认同的重要手段，同时身份认同又决定了消费方式。[①] 有学者指出在消费文化不断发展的过程中，出现了"他人导向个体"和"后传统个体"两种个体身份认同形式，这两种方式都承认消费是构建自身身份的理想途径。[②] 且已有研究表明私人消费与农民工身份认同呈反比，集体消费与农民工身份认同呈正比。[③] 城市身份认同感能够显著促进流动人口的本地消费。[④] 宋艳姣等通过全国流动人口动态监测调查数据分析发现流动人口的城市居民消费水平的高低受其身份认同度的影响。[⑤] 以上有关身份认同与消费行为的关系，有利于从消费文化角度了解社区矫正对象的身份认同状况。

三、身份认同的干预策略

针对农民工群体身份认同问题的干预策略，主要分为以下几个方面：首先，在社区层面，完善城市社区建设[⑥]，以社区为载体促进农民工与城市融合[⑦]，提升农民工的社区参与度；其次，在工作环境层面，企业应充分认识到农民工身份的特殊性[⑧]，加强对农民工群体的组织支持[⑨]，提升

① 祝伟：《从消费动员到消费约束——新生代农民工的消费行为与身份认同》，《中国工人》2012 年第 3 期。

② 于晗、于唯德：《消费如何塑造个体身份认同》，《人民论坛》2020 年第 16 期。

③ 王雨磊：《工人还是农民——消费对于农民工身份认同的影响分析》，《南方人口》2002 年第 4 期。

④ 谭江蓉、徐 茂：《城市融入背景下流动人口消费行为的影响因素——以重庆市为例》，《城市问题》2016 年第 1 期。

⑤ 宋艳姣、王丰龙：《身份认同对流动人口消费行为的影响研究——基于 2014 年全国流动人口动态监测调查数据》，《财经论丛》2020 年第 2 期。

⑥ 王春枝：《新生代农民工身份的自我认同及其影响因素分析》，《未来与发展》2013 年第 9 期。

⑦ 邓睿：《身份的就业效应——"城市人"身份认同影响农民工就业质量的经验考察》，《经济社会体制比较》2019 年第 5 期。

⑧ 刘辉、陈梦倩、陈梦筱：《组织支持下的农民工工人身份认同与工作投入》，《经济论坛》2019 年第 1 期。

⑨ 王春枝：《新生代农民工身份的自我认同及其影响因素分析》，《未来与发展》2013 年第 9 期。

农民工的工作满意度和敬业度①；再次，在制度层面，制度的变革和创新建设应当有效回应农民工的身份诉求和融城意愿②，政府的长期配套政策有利于推进农民工身份向城镇化转型③，从而使新生代农民工在城市生活中得到平等的待遇。④ 最后，在个人层面，通过技能教育培训，提升农民工的综合素质。⑤ 此外有学者指出，应当认识到女性农民工的身份认同存在特殊性，她们受性别歧视和传统观念的影响，在城市融入过程中表现出更强的弱势性和边缘性，因此女性农民工要增强自身心理素质⑥，寻求心理咨询师的帮助，及时进行心理疏导。⑦

　　针对流动人口群体身份认同问题的干预策略。在环境层面，流动人口的"市民化"的实现需要营造宽容友爱的社会环境，加强流动人口与当地市民的互动交流。⑧ 班级结构、学校结构等微观环境的改造有利于流动儿童身份认同整合的实现⑨，例如在校园内开展丰富多彩、形式多样的合作学习活动，让流动儿童体会到被接纳、被认可。针对少数民族流动儿童要考虑其特殊性，构建"学校—家庭—社区—网络"社会支持体系，促进其更好地融入城市。⑩ 在制度层面，改革户籍制度，社会福利要摆脱户籍的

---

① 刘辉、陈梦筱：《农民工双重身份认同对工作投入的影响研究——组织支持感的中介作用》，《当代经济管理》2016 年第 5 期。

② 邓睿：《身份的就业效应——"城市人"身份认同影响农民工就业质量的经验考察》，《经济社会体制比较》2019 年第 5 期。

③ 刘辉、陈梦筱：《农民工双重身份认同对工作投入的影响研究——组织支持感的中介作用》，《当代经济管理》2016 年第 5 期。

④ 王春枝：《新生代农民工身份的自我认同及其影响因素分析》，《未来与发展》2013年第 9 期。

⑤ 王春枝：《新生代农民工身份的自我认同及其影响因素分析》，《未来与发展》2013年第 9 期。

⑥ 石纨雯：《新生代女性农民工城市融入问题困境与对策研究》，《昆明学院学报》2016 年第 5 期。

⑦ 辛薇：《新生代女性农民工就业问题研究》，中国海洋大学 2014 年硕士学位论文。

⑧ 李志刚、梁奇、林赛南：《转型期中国大城市流动人口的身份认同、特征与机制》，《地理科学》2020 年第 1 期。

⑨ 王元、田卉娇、王垚：《身份认同整合对流动儿童学校适应的影响——群体结构的调节作用》，《苏州大学学报》2020 年第 3 期。

⑩ 杨茂庆、史能兴：《身份认同理论观照少数民族流动儿童的城市社会融入与身份建构》，《民族教育研究》2018 年第 3 期。

束缚，使得户籍制度只作为一个居住证明①，加大对流动人口的就业保障，改善经济基础是社会融入的前提。② 社会制度的支持能够消除少数民族流动儿童的群体边界，从制度上保障他们的合法权益。

　　针对教师群体身份认同问题的干预策略。在环境层面，学校在建构教师身份认同过程中发挥着重要作用③，实现教师身份认同的自主，就必须为教师个体提供认识、理解和建构的空间。④ Hord 认为学校应当赋予教师足够的空间，建设有利于教师发展的文化，彼此尊重，相互合作的专业社群。⑤ 教师学习共同体是塑造教师身份认同的重要场域⑥，因此要加强课堂、校园、家庭、社会等几个阵地的统筹，为教师的发展创造支撑性平台。⑦ 此外要承认乡村教师独特的专业性，倾听乡村教师的专业发展需求，还乡村教师在教师专业发展中的话语权，是建立乡村教师自尊的基石。⑧ 给予乡村教师情感关怀，重建与乡村之间的关系纽带，让其重新体验到生活的归属感和幸福感。乡村场域的融合与交流，能够促进乡村教师与乡村场域的相互承认，从而远离孤独与被边缘化的命运。⑨ 在个人层面，教师可以通过自我实践来建构自我，共同体实践和参与是新手教师从局外人转为局内人的过程。⑩ 同时，教师要提高职业信仰，放于社会之中思考自己

---

　　①李荣彬、张丽艳：《流动人口身份认同的现状及影响因素研究——基于我国 106 个城市的调查数据》，《人口与经济》2012 年第 4 期。

　　②李志刚、梁奇、林赛南：《转型期中国大城市流动人口的身份认同、特征与机制》，《地理科学》2020 年第 1 期。

　　③宋萑、张文霄：《教师专业认同：从专业角色走向身份认同》，《全球教育展望》2012 年第 3 期。

　　④宋萑、张文霄：《教师专业认同：从专业角色走向身份认同》，《全球教育展望》2012 年第 3 期。

　　⑤Hord，S.M.*Professional learning communities：What are they and why are they important?* Austin，Texas：Southwest Educational Development Laboratory，1997.

　　⑥李子建、邱德峰：《实践共同体：迈向教师专业身份认同新视野》，《全球教育展望》2016 年第 5 期。

　　⑦中国教育科研网：《尹后庆谈课程改革：统筹五个教育阵地，促进课程共同体建设》，2014 年 6 月 23 日。

　　⑧焦龙保、龙宝新：《从自我认同到他者承认：乡村教师身份认同危机的化解》，《当代教育科学》2020 年第 11 期。

　　⑨吕寿伟：《从排斥到承认：通往有尊严的教育伦理生活》，教育科学出版社 2015 年版。

　　⑩李子建、邱德峰：《实践共同体：迈向教师专业身份认同新视野》，《全球教育展望》2016 年第 5 期。

的价值，把现在的积累和未来发展比较，规划自己的发展，增强自豪感。[1]
此外，科研能够提升教师的专业能力，也是体现其专业素养的有效途径，因此高校教师要提高科研精神，重视科研的重要作用，同时要转变教学观念，与时俱进，提升自身的学历水平和知识储备，这有利于教师自我身份的构建。[2] 在制度层面，建立并完善高校艺术教师专业发展法律法规体系，推进高校教师专业队伍专业立法工作[3]，提升教师实践教学反思水平，教师只有深刻反思自身专业实践并具有相应价值自觉，才能在现实情境中改进和完善自身专业实践。[4]

针对社区矫正对象身份认同问题的干预策略，不同的学者有不同的见解，大致可以分为以下几种类型。第一，不同理论视角下的社会工作介入。例如，基于优势视角理论，社工可以挖掘案主优势，提高他们的自尊和归属感，增强自我认同[5]；基于社会支持理论，帮助服务对象建立社会支持网络，提供物质和非物质支持[6]；基于社会性别视角，重点关注社区矫正对象中的女性群体，将社区矫正和妇女工作结合，是十分重要且有意义的[7]；基于承认理论视角，社工需要从双向承认理念出发，在服务过程中结合法理承认、他者关爱、主体团结及内在认同维度，帮助案主减少负面情绪，提升积极情绪。[8] 第二，运用不同的社会工作方法，主要包括个案工作和小组工作。个案工作往往需要与服务对象建立信任关系、掌握必要会谈技巧和心理咨询方法[9]，这都有利于帮助社区矫正对象纠正认知和

---

① 罗增让、余巧：《课程改革中教师身份认同及教师情绪的研究》，《教学与管理》2016年第6期。

② 孙夏：《高校学术英语教师的教师知识和职业身份认同研究》，《黑河学院学报》2021年第2期。

③ 周兰：《高校艺术类教师的身份认同困境与破解路径》，《高教探索》2021年第4期。

④ 王建军：《学校转型中的教师发展》，教育科学出版社2008年版。

⑤ 房圆圆：《论优势视角理论在社区矫正中的应用》，《齐齐哈尔大学学报（哲学社会科学版）》2016年第8期。

⑥ 李馨宇、周平双、刘璐：《社会支持理论视角下社会工作者对青少年社区矫正的介入》，《百家论点》2011年第5期。

⑦ 陈晓敏：《社区矫正中的社会性别视角——以上海市××社区矫正对象个案为例》，《法治论丛》2003年第5期。

⑧ 李亚利：《承认理论视角下社区矫正对象的情绪管理研究——以S市×社区矫正中心为例》，华东理工大学2017年硕士学位论文。

⑨ 田国秀：《社会工作个案方法在社区矫正中的意义与运用》，《首都师范大学学报（社会科学版）》2004年第5期。

行为偏差，链接各方资源为其提供社会支持，确保社区矫正对象更快、更顺利地融入社会。[1] 也有学者以社区矫正对象的需求为核心开展小组活动，在小组中有意识地注入各种治疗元素，推动其自我认知的重新建构。[2] 小组工作能够加深成员间的互动和分享，获得良好关系的同时又能达到自省效果，这大大发挥了同伴教育的作用。[3]

国外研究中，针对社区矫正对象，有学者建议通过建立认知重塑小组，从同辈群体那获得社会经验和亲社会的支持，可以增强个体成员成长的潜力。[4] Andrea 通过质性研究的方法对女性社区矫正对象在社区矫正机构（中途之家）的经历进行研究[5]，发现女性社区矫正对象和社会工作者亲密友好的关系以及社工给予她们的情感支持，能使得她们获得更多的身心安全感，妇女还可以和她们信任的人建立小型的互助系统，与同龄人建立强有力的、相互支持的关系是很重要的，因为这可以提高参与度[6]、积极性。[7] 总的来说，社会工作介入社区矫正对象的身份认同偏差是非常必要的，社会工作者基于科学的理论和方法，改善社区矫正对象的认知和行为，提升自我认同感，激发潜能，促进他们更好地回归社会。

第四节　文献评析

通过梳理身份认同理论的研究，为后续分析社区矫正对象的身份认同

---

① 刘淑娟：《社会工作伦理价值在社区矫正中的彰显》，《学术交流》2009 年第 4 期。

② 杨彩云、高梅书、张昱：《动态需求取向：小组工作介入社区矫正的探索性研究——以 N 市 C 区社区矫正对象角色认同小组为例》，《中国人民公安大学学报（社会科学版）》2014 年第 1 期。

③ 孙玉颖：《小组工作在社区矫正中的运用和思考》，《法制博览》2019 年第 9 期。

④ Goodman, Harriet. *Social Group Work in Community Corrections*, Social Work with Groups, 1997, 20(1):51−64.

⑤ Andrea, C., Jeff, M., & Melinda, D. S. *What About Nonprogrammatic Factors? Women's Perceptions of Staff and Resident Relationships in a Community Corrections Setting*, Journal of Offender Rehabilitation, 2014, 53(1):35−56.

⑥ Welsh, W. N. & McGrain, P. N. *Predictors of therapeutic engagement in prison-based drug treatment*. Drug and Alcohol Dependence, 2008(96):271−280.

⑦ Hiller, M. L., Knight, K., Leukefeld, C., & Simpson, D. D. *Motivation as a predictor of therapeutic engagement in mandated residential substance abuse treatment*. Criminal Justice Behavior, 2002(29):56−75.

奠定了坚实的理论基础，使得在进行具体身份认同分析的过程中不会仅仅停留在经验事实的表面，而是去努力探寻隐藏在其身份认同背后的逻辑及主体性建构，促进身份认同及社区矫正理论研究的深入化和本土化进程。此外，本文也从不同角度对身份认同的影响因素和干预路径进行了分析，这对开展社区矫正对象的身份认同研究具有一定的借鉴意义，为继续推进该群体身份认同的研究提供了多样化的分析框架，为促进人们对这一群体生活世界的深层认识和理性思考提供了丰富的经验素材，促进了社区矫正实践研究的发展进程。但也还需要对一些问题做进一步深入的探讨：

第一，直接针对社区矫正对象身份均衡的研究较少，更多是在作为一个特殊群体论及他们的社会融入时才会涉及到对其身份问题的讨论。已有研究更多是关注他们社会融入中的身份区隔、身份排斥，并将其作为这一群体再社会化的障碍之一，很少专门针对其身份均衡展开深入研究，这无疑有较大的发展空间。当前关于身份认同的研究，多围绕农民工群体、流动人口群体、教师群体等，关于这些其他群体的身份认同研究，对于开展社区矫正对象身份认同研究有一定的启发：已有这些群体的身份认同研究多基于静态视角研究该群体身份认同的不同类型及其影响因素，探讨不同类型之间的区别和联系。缺乏基于全局性、整体性的理论视角从多维度探讨和把握社区矫正对象的身份认同问题。由此可发现，当下在对社区矫正对象的制度适应、劳动就业、社会交往等方面问题进行关注时，对孕育这些问题的深层体系即社区环境及更为广泛的社会生态中规训力量的关注不足。社区矫正对象作为社会人，正是通过不断的交往互动，使自己处在与制度、日常生活世界进行持续交互运作的联结体系之中。这种联结体系包含了不同融入空间的规训逻辑，它在很大程度上影响着社区矫正对象的身份认同。社区矫正对象也通过自己的空间体验和行动选择，实施对规训逻辑的主体性回应，建构着他们的身份认同。

第二，缺乏一种动态视野，将社区矫正对象的身份均衡放在不断规训与调适的进程中加以考察。对社区矫正对象而言，需要关注他们在不同时空场域中所遭遇到的规制与约束，以及他们在自我理解和阐释基础上的行动策略，才能更好理解其自我重建和社会融入的过程。社区矫正对象面临的身份认同问题是多样的，而不是单一的：既可能来自结构层面，如经济困难方面、重新就业方面、家庭关系方面、社会适应方面的问题，也可能来自社区矫正对象自身，还可能来自这两者的互动层面。同时，他们面临结构性层面和个体层面的身份认同问题之间并非单独存在的孤立问题，而是相互联系、相互作用，共同构成了社区矫正对象的身份认同问题。此外，社区矫正对象的认知、行为不是孤立的，是在已有积累的基础上不断发展的。因而，不仅需要关注他们在不同层面中所遭遇到的规制与约束，以及个体采取不同行动策略加以回应的实践形态，更要采用系统的理念将其身份认同置于不断规训与调适的进程中加以考察，才能更为深刻地理解这一群体的身份认同问题。

第三，应加强对社区矫正对象身份均衡的社会工作干预研究。现有实践和研究更多是通过心理学方法对其进行心理矫治。应加强相应的社会工作干预的理论、方案、过程的研究，从而为制定更有针对性的矫正方案提供有效的方法和策略，促进这一群体的身份均衡。现有关于身份认同问题的干预，社会学及管理学都基于宏观视角提出了在公共政策等方面的干预建议，心理学也提出其相应的心理矫治办法。对于社区矫正对象身份认同的干预，社会工作当前的干预方案还需进一步地完善。应基于社会工作专业特色，完善社会工作关于社区矫正对象身份认同的干预流程，在具体展开干预过程中，充分使用个案工作、小组工作等干预方法。针对社区矫正对象不同的身份认同问题，开展相应的社会工作干预工作。

第三章　社区矫正对象的群体镜像
及身份认同统计分析

社区矫正最初起源于西方国家，它是一种将服刑人员置于开放的社区环境中进行监督管理和教育帮扶的刑罚执行方式，与监狱服刑相比，它具有一定的特殊性。本章首先阐述了社区矫正对象的群体镜像，主要从类型学和人口学角度分析社区矫正对象的群体特征；其次对社区矫正对象的身份认同现状进行描述性分析，并将身份认同与其他变量进行差异性检验和相关分析，从而了解不同类别社区矫正对象在身份认同上的差异。

第一节　社区矫正对象的群体镜像

一、社区矫正对象的类型学划分

从制度层面来看，各国的社区矫正适用范围存在明显的差异。就我国而言，《中华人民共和国社区矫正法》中对社区矫正适用对象进行了明确规定，即对被判处管制、宣告缓刑、假释和暂予监外执行的这四种类型的罪犯，依法实行社区矫正。（1）管制刑是我国独具特色的一种刑罚，它是指对犯罪情节较轻的罪犯，允许其通过社区矫正接受教育和改造，虽然不用在监狱服刑，但其人身自由还是受到一定的限制，因此存在惩罚性，它让罪犯感受到服刑痛苦的同时，也能让其与其他服刑人员一起劳动，这种形式是管制刑所独有的。（2）缓刑是指对被判处拘役、三年以下有期徒刑的罪犯，给予一定的考核期限，暂缓执行原判刑罚。这些罪犯一般还要满足犯罪情节较轻、有悔罪表现、没有再犯罪危险，且对所在社区没有严重的不良影响等条件。（3）假释也是一项常见的刑罚制度，是指对一些教育和改造方面表现良好，有认罪服法意识和悔罪表现或者患有严重疾病，再危害社会风险性较小的罪犯，予以提前释放的制度。假释一般适用于无期、有期及死缓减为无期或有期的犯罪分子，但对杀人、抢劫等暴力犯罪的罪犯不予假释。（4）我国现行的暂予监外执行是指对那些不适宜在监狱等场所执行刑罚的罪犯，允许其在监狱场所以外的社区接受矫正，这些一般包括被判处拘役、有期徒刑以及无期徒刑的罪犯，其中无期徒刑中只有怀孕、需要哺乳婴儿的妇女可以在社区接受矫正。这四种类型的社区矫正对象因其执行方式的不同，也可将其分为两类：一类是被判处监禁刑的服刑人员，包括暂予监外执行和假释人员；另一类是被判处非监禁刑或者监禁刑缓期执行的服刑人员，包括管制和缓刑人员。① 相较于假释和暂予监外执行的社区矫正对象而言，缓刑对象的身份认同问题更大。② 因为缓刑人员没有在监狱服刑的经历，他们没有体验过失去自由的生活，因而对社区矫正的机会更不懂得珍惜，因此往往表现出在刑意识较差等问题。

从具体实践层面来讲，为了提高社区矫正效益，我国绝大多数省份都已采取分级管理的办法来教育和管理社区矫正对象，大多依据人身危险性大小将社区矫正对象分为宽管、普管、严管三个等级。上海市作为首批社区矫正试点城市，在近二十年的不断探索中，总结出了一套较为科学高效的分类管理办法，形成了以犯罪类型和犯罪原因为主，以性别、年龄等因素为辅的分类标准③，并在 2017 年汇编成《分类矫正项目集》《分类教育矫正指南》等。此外，江苏、湖北、江西、福建等地也根据社区矫正对象的不同特征采取了分类处遇的管理办法，其目的是控制社区矫正对象的人身危险性以及促使其更好地融入社会，这也是中国特色社区矫正制度的重要一环。④

二、社区矫正对象的人口学特征

为能更好地把握社区矫正对象群体及其身份认同概况，有必要先了解其人口学特征，即了解其年龄、性别、文化程度、矫正类型、就业等现实状况。基于 4034 份调查数据的分析，发现社区矫正对象的人口特征如下：

第一，男性占绝大多数，青壮年居多，中等文化水平居多，缓刑较多，已婚较多，有工作较多，工资水平大多较低。从性别上看，男性占

---

① 戴艳玲：《社区服刑人员分类管理标准探析》，《犯罪与改造研究》2018 年第 6 期。

② 杨彩云：《流动性体验与差序化认同：基于社区服刑人员的实证研究》，《社会科学》2018 年第 5 期。

③ 陈耀鑫：《上海社区矫正改革发展的探索与实践》，《中国司法》2019 年第 4 期。

④ 何显兵、廖斌：《论社区矫正分级处遇机制的完善》，《法学杂志》2018 年第 5 期。

74.85％，女性只占 25.2％，男女比例大致为 3∶1；从年龄上看，青壮年居多，18—60 岁阶段的社区矫正对象占到所有对象的九成左右，18—35 岁占 37.1％，36—60 岁占 56.3％，未成年人和老年人比重较少，分别只占 0.2％、6.5％。从文化程度上看，该地区社区矫正对象为中等文化水平，大多都在初中及以上，其中受过高等教育（大专及以上）的矫正对象占至 47.1％，高中或中专及以下的占至 52.9％。从矫正类型上看，近 94％的社区矫正对象是被判处缓刑的罪犯，假释占 2.5％，管制占 0.3％，暂予监外执行占 3.4％。从婚姻状况来看，已婚状态的社区矫正对象居多，占 62.3％，离异未再婚的占 15.2％，单身未婚的占 14.1％，未婚但有伴侣的占 3.5％，离异后再婚的占 3.4％，丧偶未再婚的占 1.2％，丧偶后再婚的只占 0.1％。从工作情况上看，有工作的占到了 57.1％，失业的占 19.2％，半失业的占 12.4％，退休或无劳动能力的占 11.2％。从经济收入来看，17.6％的人收入在当地低保线以下，12.7％的人收入介于低保线和最低工资水平之间，最低工资到平均工资之间的人居多，占到了 34.9％，17.7％的人收入在平均工资到 1 万元范围内，17.2％的人在 1 万元以上。约 4％的人没有固定住所，一年变更 3 次及以上等（表 3—1）。

第二，认罪服法意识存在偏差。调查发现，诚心接受社区矫正的服刑人员占 90.5％，不得不接受、不太接受和完全不接受分别占到 6.6％、0.7％和 2.3％。觉得司法判决非常公正和比较公正总共占 90.9％，不公正和非常不公正分别占 6.7％和 2.4％，近八成的矫正对象不认为自己被判刑是运气不好，尽管如此，仍有 30.1％的服刑人员认为遵守法律是一种束缚（表 3—2）。这说明部分社区矫正对象服法意识存在认知偏差，这是因为大多数社区矫正对象法律意识淡薄，且没有受过充分的认罪服法教育，因此认罪服法意识存在偏差，社区矫正规定容易让他们产生很强的抵触情绪。[1] 因此，解决社区矫正对象的认罪服法问题是开展社区矫正工作的前提和基础。

---

[1]王建田：《如何使社区矫正对象渡过认罪关》，《人民调解》2005 年第 3 期。

表 3-1 社区矫正对象的社会人口特征（N=4034，下同）

变量	分类	百分比	变量	分类	百分比
性别	男	74.8	文化程度	小学及以下	6.5
	女	25.2		初中	21.4
年龄	≤16	0.2		高中或中专	25.0
	18—35	37.1		大专	24.7
	36—60	56.3		本科及以上	22.4
	60 以上	6.5	矫正类型	缓刑	93.9
住房状况	有稳定住所	96.4		假释	2.5
	没有稳定住所	3.6		管制	0.3
月平均收入	1160 元及以下	17.6		暂予监外执行	3.4
	1161 元到 2480 元	12.7	婚姻状况	单身未婚	14.1
	2481 元到 6504 元	34.9		未婚但有伴侣	3.5
	6505 元到 10000 元	17.7		已婚	62.3
	10001 元到 15000 元	7.6		离异未再婚	15.2
	15000 元以上	9.6		离异后再婚	3.4
工作情况	失业	19.2		丧偶未再婚	1.2
	半失业	12.4		丧偶后再婚	0.1
	有工作	57.1			
	退休或无劳动能力	11.2			

表 3－2　社区矫正对象认罪服法状况描述统计（％）

	非常同意	比较同意	不太同意	不同意
遵守法律是一种束缚	17.4	13.7	14.0	55.0
被判刑是自己运气不好	5.3	12.0	22.0	60.7

　　第三，社交状况有待改善。从社交状况来看，"当他们和别人在一起时，时常感到焦虑"选择"非常符合"和"比较符合"的社区矫正对象总共占到 42.7％；就"经常想离开人群"的情况而言，比较符合的占27.3％，非常符合的占 20.1％。41.5％的人表示"经常想出借口来回避社交"（表 3－3）。由此可见，社区矫正对象普遍存在社交障碍。

表 3－3　社区矫正对象社交状况描述统计（％）

	当我和别人在一起，时常感到焦虑	经常想离开人群	经常想出借口来回避社交
非常符合	16.5	20.1	16.6
比较符合	26.2	27.3	24.9
一般	40.9	37.4	41.5
不太符合	10.6	9.4	11.1
很不符合	5.9	5.8	5.8

　　第四，心理矫治有待加强。调查中采用 Watson D（1988）等人编制的正负情绪量表，该量表主要由两个分量表组成即正面情绪分量表与负面情绪分量表。每个分量表均包含 10 个项目，从 1 代表"几乎没有"到 5 代表"极其多"，PANAS 量表 Cronbach'a 系数为 0.82，表明该量表具有较高的

信度。[①] 数据结果显示，正向情绪均值为 2.64，标准差为 0.573。负向情绪均值为 2.29，标准差为 0.763（表 3—4）。相较而言，社区矫正对象的正面情绪得分低于一般群体，负面情绪得分高于一般群体（2.29＞2.03[②]）。这表明社区矫正对象存在一定的心理健康问题，应当加强对其进行心理干预，及时疏导不良情绪，才能更好地提升矫正质量。

表 3—4　社区矫正对象情绪状况描述统计（N＝4034）

	平均值	标准差
正向情绪	2.64	0.573
负向情绪	2.29	0.763

综上所述，对社区矫正对象的类型学划分及人口学特征的分析，既可以了解该群体的构成及特点，也可以了解社区矫正对象在社会融入过程中的状态，为进一步开展监督管理和教育帮扶提供了方向。

第二节　社区矫正对象的身份认同表现

身份认同是指个体对自我身份的确认和对所归属群体的认知以及所伴随的情感体验和对行为模式进行整合的心理历程。[③] 国内外关于身份认同的测量维度研究差异较大。国外主要有 Phinney 开发了种族身份认同量表[④]，用于测量个体或群体对种族的认同情况，其包含了归属、身份认同和种族行为三个维度。Cheek 等则将身份认同从个体、社会、集体三个层

---

①Watson, D., Clark, L. A., & Tellegen, A. *Development and Validation of Brief Measures of Positive and Negative Affect : The PANAS Scales*, Journal of Personality and Social Psychology, 1988, 54 (6): 1063-1070.

②熊鑫、汪伟：《短期慢跑对女大学生正负情绪的影响》，《人力资源开发》2015 年第 7 期。

③张淑华、李海莹、刘芳：《身份认同研究综述》，《心理研究》2012 年 5 期。

④Phinney, S. *The multigroup ethnic identity measure. A new scale for use with diverse groups*. Journal of Adolescent Research, 1992, 7(2): 156-172.

次去测量。[1] Benet-Martínez V 等人开发了试用版本（BIIS－P），之后对量表进行完善，又开发了双文化认同整合量表第一版（BIIS－1）[2]，该量表包括文化冲突和文化距离两个维度，之后 Huynh 又对该量表进行改良使其更具科学性和适用性，由此产生了双文化认同整合量表的第二版本（BIIS－2）[3]，该版本包含混合与和谐两个维度，内部一致性达 0.8 以上，具有很好的稳定性。国内也有不少学者开展此类研究。例如，池涓使用的认同整合量表改编自 Benet-Martínezetal 研究中的研究工具[4]，运用身份分离和身份冲突两个维度来测量城市农民工的身份认同整合情况。雷鹏从探索、评估、适应三个维度编制了流动儿童身份认同问卷。[5] 倪士光和李虹则编制了具有认同和谐和认同距离两个维度的流动儿童版双文化认同整合量表（BIIS－流动儿童版）。[6] 由此可以看出，大多数学者都从社会学和心理学的视角出发从不同维度开展身份认同研究，这对开展社区矫正对象身份认同研究具有重要的借鉴意义。

　　本文首先以双文化认同理论为基础，借鉴双文化认同整合量表第一版和第二版的划分方法[7]，初步确定身份认同和谐、身份认同距离两个维度。这两个维度能较好地区分社区矫正对象身份认同状态的不同向度。其次，结合自我同一性理论从探索（exploration）和投入（commitment）两个维

①Cheek，J. M.，Tropp，L. R.，&Chen，L. C.，et al. *Identity orientations：Personal，social，and collective aspects of identity*.Paper presented at the 104th Annual Convention of the American Psychological Association，Los Angeles，California，1994.

②Benet-Martinez，V.*The Bicultural Identity Integration Scale－Version 1（BIIS－1）：Development and psychometric properties*.Technical Report，Department of Psychology，University of California at Riverside，2003.

③Huynh，Q. L. *Variations in biculturalism：Measurement，validity，mental and physical health correlates and group differences*.University of California，Riverside，2009.

④池涓：《城市农民工的身份认同整合及其干预研究》，沈阳师范大学 2015 年硕士学位论文。

⑤雷鹏：《流动儿童的身份认同结构、类型及其影响因素》，西南大学 2012 年硕士学位论文。

⑥倪士光、李虹：《流动儿童认同整合与心理健康的关系：自我效能的调节作用》，《中国特殊教育》2014 年第 1 期。

⑦Benet-Martinez，V.，&Haritatos，J.*Bicultural Identity Integration（BII）：Components and Psychosocial Antecedents*，Journal of Personality，2005，73（4）.

度进行操作化①，以及社会认同的类化、认同、比较三个历程②，将身份认同和谐、身份认同距离分别从身份归属、身份评估、身份适应三个方面来测量。最后，对社区矫正对象进行半结构访谈，访谈内容包括："您是否接受自己是社区矫正对象？""在社会上接受矫正，您认为您与监狱服刑对象有何不同？""与其他社会成员相比，您认为自己有何不同？""社区矫正对象的身份，对您的生活产生了哪些影响？""当遵守矫正制度与开展日常工作生活发生冲突时，您是如何应对的？"等。结合以上研究量表总共编制了 14 题，并采用五点记分法，从"1"到"5"分别代表"完全不符合""不太符合""一般""比较符合""完全符合"。之后对量表进行信效度分析，删除共同度值低于 0.4 的题项，最终保留 13 题，对量表中的反向题进行反向计分，然后加总求和，得分越高，身份认同状况越好③（表 3—5）。

表 3—5　社区矫正对象身份认同状况描述统计 （N＝4034）

	最小值	最大值	均值	标准差
身份归属	9.00	25.00	20.17	2.86
身份评估	6.00	20.00	14.58	2.60
身份适应	8.00	20.00	15.73	2.54
身份认同	29.00	65.00	50.48	7.30

一、社区矫正对象的身份归属

身份归属是指社区矫正对象对自我身份的接纳与归类，是后续行为投入的基础。由于服刑人员的身份，社会对其包容度相对较低，致使社区矫

---

① Marcia，J.E.*Development and validation of ego identity status*.Journal of personality and social psychology，1966（3）：215—223.

② 王莹：《身份认同与身份建构研究评析》，《河南师范大学学报（哲学与社会科学版）》2008 年第 1 期。

③ 杨彩云、顾胜花、蔡丹：《社区矫正对象身份认同整合量表的编制》，《中国心理卫生杂志》2021 年第 12 期。

正对象常常否定自我。[1]

在身份归属维度上，共有五道题，包括"我诚心接受社区矫正"和"我既是服刑人员，又是社区成员"等。统计结果显示（表3-6），该地区社区矫正对象的身份归属均值为20.17，处于中等水平。说明社区矫正对象能够意识到自己的双重身份。

表3-6　社区矫正对象身份归属情况统计（N=4034）

题目	最小值	最大值	均值	标准差
1. 我诚心接受社区矫正	1	5	4.64	0.68
2. 我既是服刑人员，又是社区成员	1	5	4.47	0.76
3. 社区服刑人员是我身份的一部分	1	5	4.45	0.73
8. 我感觉自己徘徊在服刑人员身份和社区成员身份之间，无所适从	1	5	3.30	1.06
12. 我感觉自己的服刑人员身份与社区成员身份之间是有冲突的	1	5	3.32	1.01

二、社区矫正对象的身份评估

身份评估是指社区矫正对象对两种身份的比较，并决定是持续探索还是转向对不同生活情境中身份的适应。Gregory认为身份认同是个体在情境中所获得的一种意义。而在现实生活中，人们往往会通过比较来获得这种意义。[2] 此维度主要包含4道题，即"我很清楚在什么场合我是什么身份，要做什么""虽然我是服刑人员，但是仍可以和其他社会成员一样，开展很多正常的工作和生活""与其他人相比，我们这些服刑人员会失去很多机会"和"虽然我在开放的社区中生活，但我仍然感觉自己受到很多限制"。统计结果显示（表3-7），身份评估维度最大值为20，最小值为6，平均值为14.58，这说明该地区社区矫正对象的身份评估状况与身份归属情况相似，处于中等水平。他们认为自己有发展的机会和空间，但与其

---

[1]冯佳琪：《社区服刑人员的社会融入研究——以昆明市C区为例》，《统计与管理》2018年第12期。

[2]Leon. Festinger. *A Theory of Social Comparison Processes*. Human Relations，1954，7(2).

他社会成员相比，他们会受到更多限制。

表3－7　社区矫正对象身份评估情况统计（N＝4034）

题目	最小值	最大值	均值	标准差
4. 我很清楚在什么场合我是什么身份，要做什么	1	5	4.57	0.65
5. 虽然我是服刑人员，但是仍可以和其他社会成员一样，开展很多正常的工作和生活	1	5	4.37	0.83
10. 与其他人相比，我们这些服刑人员会失去很多机会	1	5	2.81	1.17
11. 虽然我在开放的社区中生活，但我仍然感觉自己受到很多限制	1	5	2.83	1.11

三、社区矫正对象的身份适应

身份适应是指社区矫正对象能够灵活地切换两种身份，体验到内心和行为的一致性。该维度主要包含4题："当别人说对自己不利的闲话时，我会一笑而过""在遵守矫正规定的前提下我会积极地开展工作与生活""我觉得和其他社会成员交往很有困难"和"当遵守矫正规定与其他工作/生活冲突时，我很迷茫不知道怎么处理"。统计结果显示（表3－8），身份适应最大值为20，最小值为8，平均值为15.73。这表明该地区社区矫正对象的身份适应情况同样处于中等水平。他们能够比较好地处理双重身份间的冲突，但也会出现失衡的情况。一方面，作为社区矫正对象，他们应当遵守社区矫正制度规定，认真接受监督管理和教育。另一方面，作为社会成员，他们又有一定的自由权，可以进行正常的工作和社交。然而在现实情境中，这两种身份与行为的界限是较为模糊的，主要表现为社区矫正对象身份的矛盾和冲突，往往陷入两难抉择，加剧其身份紧张和焦虑程度。[1]

---

①杨彩云:《流动性体验与差序化认同:基于社区服刑人员的实证研究》,《社会科学》2018年第5期。

表 3－8　社区服刑人员身份适应情况统计（N＝4034）

题目	最小值	最大值	均值	标准差
6. 当别人说对自己不利的闲话时，我会一笑而过	1	5	4.37	0.81
7. 在遵守矫正规定的前提下我会积极地开展工作与生活	1	5	4.51	0.68
9. 我觉得和其他社会成员交往很有困难	1	5	3.56	0.99
13. 当遵守矫正规定与其他工作/生活冲突时，我很迷茫不知道怎么处理	1	5	3.29	1.05

综上所述，对社区矫正对象身份认同的三个不同维度分别进行统计分析，可以得出社区矫正对象身份认同的总体情况，即身份认同均值为50.48，总体处于中等水平，还有待进一步提高。

第三节　不同类型社区矫正对象的身份认同差异

为了更好地了解不同类型社区矫正对象身份认同的特点，本节主要从性别、年龄、文化程度、户籍状况、社会交往、就业情况、制度遵守程度等层面分析社区矫正对象的身份认同差异。

一、身份认同的性别差异

对不同性别的社区矫正对象身份认同差异进行统计分析发现（表 3－9），在身份评估维度上，女性和男性存在显著差异（P＜0.05），女性平均得分均低于男性，说明与男性相比，女性社区矫正对象更容易产生身份认同危机。心理学分析发现，与男性相比，女性更感性，情感更脆弱。[1] 同时也有研究表明，女性的心理负担重，自卑感强，就业状况也较

---

[1] 禹红梅：《关于女性社区服刑人员社区矫正现状的调查与研究》，《公共管理》2016年第2期。

差。[①]因此女性社区矫正对象在接受社区矫正期间，心理承受能力较弱，抗压能力也较差，更容易产生身份焦虑。

表3-9　不同性别社区服刑人员身份认同情况（N=4034)[②]

	男	女	T
	M±SD	M±SD	
身份认同	50.81±7.15	49.25±7.72	1.92
身份归属	20.28±2.80	19.79±3.03	1.52
身份评估	14.71±2.55	14.08±2.76	2.09*
身份适应	15.82±2.49	15.38±2.67	1.55

二、身份认同的年龄差异

根据李风啸对我国青年年龄的界定以及我国《老年人权益保障法》中对老年人的界定[③]，本文将社区矫正对象年龄划分为三个阶段，即18-39周岁为青年，40-59周岁为中年，60周岁及以上为老年。在此基础上，对不同年龄段的社区矫正对象身份认同情况进行统计分析结果显示（表3-10)，不同年龄段的社区服刑人员在身份认同的三个维度上都存在显著差异（P<0.05)。在身份归属上，老年段的人得分最低；在身份评估上，中年段的人得分最低；在身份适应上，中年人得分最低；在总得分上，中年段的人得分最低。此外，经过多重比较发现，在身份认同上，中年<老年<青年；身份归属上，老年<中年<青年；在身份评估上，中年<青年<老年；在身份适应上，中年<老年<青年。总体而言，中年社区矫正对象更容易产生身份认同问题，且在身份评估、身份适应维度表现尤甚。这可能是因为中年社区矫正对象会面临着家庭、健康、工作等多重困

①陈晓敏：《社区矫正中的社会性别视角——以上海市××社区矫正对象个案为例》，《法治论丛》2003年第5期。

②文中所有统计结果的显著性水平均为：＊表示 P＜0.05，＊＊表示 P＜0.01，＊＊＊ 表示 P＜0.001。

③李风啸：《我国"十大杰出青年"形象变迁研究》，《中国青年研究》2011年第11期。

境，生活压力较大，且缺乏积极的调适策略，从而身份焦虑现象较为明显。

表3－10　不同年龄段社区矫正对象的身份认同情况（N＝4034）

	青年	中年	老年	F
	M±SD	M±SD	M±SD	
身份认同	51.55±7.28	49.38±7.19	50.00±7.24	5.02**
身份归属	20.62±2.75	19.78±2.87	19.58±3.04	5.71**
身份评估	14.84±2.65	14.23±2.51	14.92±2.68	3.32*
身份适应	16.09±2.54	15.37±2.50	15.50±2.46	5.79**

三、身份认同的文化差异

对不同文化程度的社区矫正对象进行分析，结果如表3－11所示。在身份归属、身份评估维度及总分上来看，不同文化程度的社区矫正对象不存在显著差异（P＜0.05），在身份适应维度上存在显著差异（F＝2.462，P＜0.05），经过多重比较后发现，初中＜高中或中专＜大专＜本科及以上，这表明社区矫正对象文化水平越低，其身份认同危机就越严重。这可能是因为文化程度较高的社区矫正对象在市场竞争中处于优势地位，因此即便犯了事，仍有机会获得较高的职业地位。而文化水平较低的社区矫正对象由于掌握技能较少，就业面较窄，而且缺少解决困难的方法和意识，因此容易造成身份适应较差。

表3－11　不同文化程度社区矫正对象的身份认同情况（N＝4034）

	初中	高中或中专	大专	本科及以上	F
	M±SD	M±SD	M±SD	M±SD	
身份认同	49.80±6.65	50.08±6.93	50.23±7.63	52.00±8.00	1.519
身份归属	19.85±2.71	20.04±2.76	20.07±3.04	20.80±2.94	1.907

续　表

	初中	高中或中专	大专	本科及以上	F
	M±SD	M±SD	M±SD	M±SD	
身份评估	14.65±2.43	14.47±2.40	14.36±2.66	14.85±2.91	0.591
身份适应	15.31±2.37	15.58±2.42	15.80±2.54	16.35±2.78	2.462*

四、身份认同的户籍差异

对不同户籍社区矫正对象的身份认同情况进行统计分析，结果如表3-12所示。从身份适应上看，不同户籍社区矫正对象的身份认同情况没有显著差异（T=-1.094，P>0.05），从身份归属、身份评估及总分上看，不同户籍社区矫正对象的身份认同情况存在显著差异（P<0.05）。经过多重比较后发现，本地户籍<外地户籍。这说明与外地社区矫正对象相比，本市户口社区矫正对象的身份认同情况较差。这是因为本地对象受到当地熟人社会文化影响更严重，受到城市中道德等文化约束作用更强，外地人流动到本地离开了熟人社会，受到的非正式控制也减弱，因此相较而言，本地对象的身份认同危机更严重。

表3-12　不同户籍社区矫正对象的身份认同情况 （N=4034）

	本地户籍	外地户籍	T
	M±SD	M±SD	
身份认同	49.89±7.40	51.37±7.06	-2.172*
身份归属	19.92±2.93	20.56±2.70	-2.401*
身份评估	14.35±2.64	14.93±2.51	-2.391*
身份适应	15.63±2.60	15.88±2.43	-1.094

五、社交状况与身份认同

对不同社交状况社区矫正对象的身份认同情况进行比较分析，结果如

表 3－13 所示。在身份归属、身份评估、身份适应及总分上均存在显著差异（P＜0.05）。经多重比较后发现，出事后社交圈子变小的社区矫正对象身份认同情况最严重。他们可能因担心受到歧视而不愿意与人来往，甚至不与过去的朋友、同学或邻居交往，这容易导致自我封闭，加重了自卑与孤独感。[1]

表 3－13　不同社交状况社区矫正对象的身份认同情况 （N＝4034）

	几乎没有变化	交往圈子变大了	交往圈子变小了	F
	M±SD	M±SD	M±SD	
身份认同	51.52±4.68	49.11±5.12	48.91±4.53	5.78***
身份归属	20.58±2.34	19.50±2.39	19.47±2.41	5.29***
身份评估	14.00±2.81	15.01±2.57	13.95±2.48	3.56***
身份适应	16.03±2.25	15.75±2.57	15.33±2.10	5.15***

六、就业情况与身份认同

对不同就业情况社区矫正对象的身份认同差异进行比较分析，结果如表 3－14 所示。在身份认同的三个维度及其总分上均存在显著差异（P＜0.05），且经多重比较后发现，失业＜半失业＜有工作，这表明处于失业状态的社区矫正对象更容易产生身份危机。这是由于个体的社会经济地位往往通过职业来体现，经济地位又能体现其社会地位[2]，而社区矫正对象的特殊身份致使其在就业市场中，容易遭遇制度壁垒和前科歧视[3]，所以找不到工作或就业质量较差、工作不稳定，从而经济地位及社会地位较低，更易产生认同危机。

---

① 张金武：《价值观的重建与社会关系的恢复——浅谈社区矫正工作中对未成年社区矫正对象的再社会化》，《法治论坛》2008 年第 1 期。

② 王宇琴：《社区服刑人员的社会融入问题研究——以济南市 M 司法局为例》，山东大学 2019 年硕士学位论文。

③ 杨彩云：《流动性体验与差序化认同：基于社区服刑人员的实证研究》，《社会科学》2018 年第 5 期。

表3-14　不同就业情况社区矫正对象的身份认同情况（N＝4034）

	有工作	半失业	失业	F
	M±SD	M±SD	M±SD	
身份认同	52.78±6.42	52.43±6.22	49.61±6.19	5.88***
身份归属	20.82±2.32	20.36±2.39	19.62±2.68	5.77***
身份评估	15.01±2.79	14.98±2.72	14.33±2.47	3.26***
身份适应	16.94±3.34	16.67±3.09	15.49±3.03	5.92***

七、制度遵守程度与身份认同

对不同制度遵守程度社区矫正对象的身份认同差异进行比较分析，结果如表3-15所示。其在身份认同及其各个维度上都存在显著差异（P＜0.05）。经过多重比较后得知，在身份评估维度上，在确保不会被处分的情况下基本遵守社区矫正规定的社区矫正对象得分最高，表明这类群体在基本遵守矫正规定的同时积极地开展社会生活，能够在双重身份实践中寻求平衡。在其他维度上，知道会被处分仍隐蔽地不遵守社区矫正规定的社区矫正对象身份认同度最低。这说明身份认同度越低，制度遵从性越差。因此要想提升社区矫正效果，促使社区矫正对象认罪悔罪，就要从促进社区矫正对象的身份认同入手。

表3-15　不同制度遵守程度社区矫正对象的身份认同情况（N＝4034）

	知道会被处分有时隐蔽地不遵守	在确保不会被处分的情况下基本遵守	认真严格遵守	F
	M±SD	M±SD	M±SD	
身份认同	50.35±4.70	54.28±5.25	58.03±5.51	5.02***
身份归属	20.09±2.36	23.26±2.56	24.50±3.58	5.40***
身份评估	14.56±2.60	15.23±2.51	13.79±2.08	3.08*

续　表

	知道会被处分有时隐蔽地不遵守	在确保不会被处分的情况下基本遵守	认真严格遵守	F
	M±SD	M±SD	M±SD	
身份适应	15.72±3.20	16.82±3.82	20.15±3.51	9.05***

综上所述，该群体的身份认同在不同性别、年龄、文化程度、户籍、社交、就业、制度遵从状况等方面都存在一定差异。具体来说：女性身份认同度低于男性；中年社区矫正对象更容易产生身份认同危机；文化程度越低，身份适应越差；本市户口的身份认同度更低；社交圈子变大的社区矫正对象身份认同高于社交圈子变小的；失业者的身份认同低于半失业和有工作的对象；制度遵从越好的对象身份认同也越好。这就表明在设计社区矫正介入服务时，须充分考虑不同类型社区矫正对象之间的差异，适时进行分类处遇管理，提高矫正质量。

第四节　社区矫正对象身份认同与主要变量的相关分析

为了更好地了解社区矫正对象的身份认同与主要变量间的相互关系，本节主要对身份认同与社会支持、歧视知觉、应对方式、生活满意度、自尊感等主要变量进行相关分析。

一、身份认同与社会支持

社会支持一般是指来自社区、社会网络和亲朋好友所提供的工具性或表达性支持。工具性支持包括物质支持、网络支持等，表达性支持是指个体受到来自外界的情感支持。[1]　对社区矫正对象社会支持的测量主要采用

---

[1]Lin，N.，Ensel，W. M.，&Simeone，R. S.，et al.*Social Support，Stressful Life Events，and Illness：A Model and an Empirical Test*.Journal of Health and Social Behavior，1979，20(2)：108－119.

姜乾金等引进并修订的领悟社会支持量表（PSSS）。[1] 从 1 代表"极不同意"到 7 代表"极同意"，总共分为 3 个维度，即家庭支持、朋友支持和其他支持。最后加总求和，得分越高，领悟到的社会支持就越多。将社区矫正对象的身份认同各维度与社会支持进行相关分析，结果如表 3-16 所示。社会支持与身份认同的各维度都存在显著的相关性（P＜0.01），且总体上社会支持的各维度都与身份认同呈正相关，即社区矫正对象受到的社会支持越多，其身份认同情况越好。社会支持理论认为一个人所拥有的社会支持网络越大，就能够越好地应对生活中的各种困境。这说明社区矫正对象的社会支持网络越大，其应对不同压力情境的能力就越强，身份认同度就越高。

表 3-16　社区矫正对象的身份认同与社会支持相关分析（N＝4034）

	身份归属	身份适应	身份评估	身份认同
家人支持	0.272**	0.331**	0.285**	0.323**
朋友支持	0.220**	0.268**	0.301**	0.287**
其他支持	0.262**	0.342**	0.306**	0.330**
社会支持	0.275**	0.344**	0.327**	0.344**

二、身份认同与歧视知觉

歧视知觉是一种主观体验，主要指个体自身体验到的因自身所在群体的成员身份而经受到的差别的或者不公平的对待[2]，这种不公平的对待包括行动上和规章制度上的。社区矫正对象歧视知觉的测量主要采用刘霞等人修订的"个体歧视知觉"量表，共 8 个题目。[3] 采用四级计分方式：1 代

---

①任夫乔、顾成宇、冯锐、姜乾金：《服刑人员心理压力影响因素研究》，《浙江省科学技术协会会议论文集》2006 年。

②Major，B. R.，Caroline，C. C.，&Cooper，M. L.，et al. *Personal Resilience，Cognitive Appraisals，and Coping：An Integrative Model of Adjustment to Abortion.* Journal of Personality and Social Psychology，1998，74(3)：735—752.

③刘霞、申继亮：《环境因素对流动儿童歧视知觉的影响及群体态度的调节作用》，《心理发展与教育》2010 年第 3 期。

表"非常不符合"到 4 代表"非常符合",总分越高表示歧视知觉程度越高。其中"群体歧视知觉"的测量是根据社区矫正对象的特点进行改编,总共有 2 道题。将社区矫正对象身份认同与歧视知觉进行相关分析,结果如表 3－17 所示。个体歧视知觉和群体歧视知觉与身份认同的各维度都有显著相关性(P<0.01),且都为负相关,即歧视知觉越强,社区矫正对象的身份认同情况越差。符号互动论认为个体经常性遭遇外部歧视,导致其对自身产生错误的认知,把别人的看法内化为自我的观点。[1] 因此,怀有这种观点的社区矫正对象就更难进行有效的人际互动,自我发展受到阻碍。由此可见,外界的歧视行为会影响社区矫正对象的发展,阻碍社区矫正对象与周围人的良好互动,不利于其更好地回归社会。

表 3－17　社区矫正对象身份认同与歧视知觉的相关分析 (N＝4034)

	身份归属	身份适应	身份评估	身份认同
个体歧视知觉	−0.476**	−0.526**	−0.445**	−0.528**
群体知觉	−0.335**	−0.390**	−0.564**	−0.468**
歧视知觉	−0.478**	−0.531**	−0.509**	−0.553**

三、身份认同与应对方式

应对方式量表采用解亚宁编制的简易应对方式量表。[2] 该量表主要分为积极应对和消极应对两个分量表,采用四级计分方式"1－经常采用、2－有时采用、3－偶尔采用、4－不采用"。积极应对的总分越高表示越积极,消极应对的总分越高表示越消极。将应对方式与社区矫正对象的身份认同进行相关分析,结果如表 3－18。积极应对与消极应对都与身份认同以及各维度有显著相关性(P<0.01)。具体而言,积极应对与身份认同各维度呈正相关,消极应对与身份认同各维度呈负相关。这表明身份认同状况越好,应对方式越积极;身份认同危机越严重,应对方式越消极。已有

---

①Knights,D.,＆Willmott,H.*Power and identity in theory and practice*.The Sociological Review,2011,33(1):22－46.

②解亚宁:《简易应对方式量表信度和效度的初步研究》,《中国临床心理学杂志》1998 年第 2 期。

研究也表明积极应对方式对新入职护士职业认同具有正向影响[1]，护生的应对方式与职业认同存在一定相关性。[2] 这说明应对方式能够反映其身份认同水平。

表3-18 社区服刑人员身份认同与应对方式的相关分析（N=4034）

	身份归属	身份适应	身份评估	身份认同
积极应对	0.276**	0.315**	0.268**	0.313**
消极应对	−0.196**	−0.214**	−0.176**	−0.214**

四、身份认同与生活满意度

生活满意度是个体依照自己设定的标准对自己大部分时间或持续一段时间生活状况的总体性认知评估[3]，是衡量人们生活质量的重要参数。[4] 社区矫正对象生活满意度的测量采用 Diener 等人编制的量表。[5] 该量表包括5个条目，采用五点计分，1代表"非常不同意"到5代表"非常同意"，总分越高，生活满意感越强。将社区矫正对象的生活满意度与其身份认同及其各维度进行相关分析，结果如表3-19所示。生活满意度与身份认同各维度都有显著的相关性（P<0.01），且都呈正相关。这说明社区矫正对象的身份认同状况越好，其生活满意度越高。已有研究也表明身份认同整合水平越高，其包括自尊、生活满意度等指标构成的心理适应也越

---

①王星星、施忠英、盛梅青、袁琼:《精神科新入职护士职业认同与职业压力、应对方式的关系》,《中国健康心理学杂志》2020年第1期,第58-61页。

②田云霞、张晶、王昭昭:《护生应对方式与职业认同、总体幸福感的关系研究》,《中国高等医学教育》2019年第1期,第11-12页。

③Shin,D.C.,&Johnson,D.M.*Avowed happiness as an overall assessment of the quality of life.*Social Indicators Research,1978.

④池丽萍、辛自强:《幸福感:认知与情感成分的不同影响因素》,《心理发展与教育》2002年第2期。

⑤熊承清、许远理:《生活满意度量表中文版在民众中使用的信度和效度》,《中国健康心理学杂志》2009年第8期。

好。[1] 当性少数（Lesbian，Gay，Bisexual）人群能实现身份认同整合时，其生活满意度也随之达到了最高水平。[2] 这说明身份认同与生活满意度存在一定的关联，提升社区矫正对象的身份认同水平，有助于提高其生活满意度。

表3－19　社区矫正对象身份认同与生活满意度的相关分析（N＝4034）

	身份归属	身份适应	身份评估	身份认同
生活满意度	0.146**	0.232**	0.317**	0.251**

五、身份认同与自尊感

自尊（self－esteem）的测量采用 Rosenberg 于 1965 年编制的量表[3]，该量表共包含 10 个条目，其中 5 题是正向表述，1 代表"非常不符合"到 5 代表"完全符合"，对反问题进行反向计分，再加总求和，总分越高，自尊水平越高。在此基础上，将对反问题社区矫正对象的身份认同与自尊感进行相关分析，结果如表3－20所示。自尊感与身份认同各维度都有显著相关性（P<0.01），且都呈正相关，即自尊水平越高，身份认同度越高。这与以往研究结果类似[4]，说明社区矫正对象的身份认同会受到自尊的影响。

①Mok，A.，Morris，M.W.，&.Benet-Martínez，V，et al.*Embracing American culture：structures of social identity and social networks among first－generation biculturals*.Journal of Cross－Cultural Psychology，2007，38(5)：629－635.

②Alex，L.，Eden，K.，&.Declan，G.，et al .*The Benefits of Identity Integration across Life Domains*.Journal of Homosexuality，2019：1－9.

③Rosenberg，M. *Society and the adolescent self－image*.Princeton，1965，3(2)：1780－1790.

④倪士光、李虹：《流动儿童认同整合与心理健康的关系：自我效能的调节作用》，《中国特殊教育》2014 年第 1 期。

表3-20　社区矫正对象身份认同与自尊感的相关分析（N＝4034）

	身份归属	身份适应	身份评估	身份认同
自尊感	0.366**	0.454**	0.370**	0.433**

将社区矫正对象的身份认同与各主要变量进行相关分析后发现，其身份认同与社会支持、社会歧视知觉、应对方式、生活满意度及自尊感都有显著相关性（P＜0.01）。其中，歧视知觉、消极应对与身份认同呈负相关；社会支持、积极应对、生活满意度、自尊感与身份认同呈正相关。

第五节　本章小结

首先，对社区矫正对象从类型学、人口学进行划分，发现其在认罪服法意识、社交状况、情绪等方面存在问题，这为了解其身份认同状况提供了背景信息。其次，对社区矫正对象的身份认同表现进行了差异分析，发现其在不同性别、年龄、户籍状况的矫正对象间身份认同状况均有显著差异，这说明针对不同的社区矫正对象需要采取不同的社会工作介入强度和策略。例如，女性社区矫正对象作为弱势群体，其心理健康状况明显差于男性，因此在社区矫正工作过程中应更多关注该类群体，给予更多的精神支持和帮扶。又如不同年龄段的社区矫正对象身份认同状况存在明显不同，其面临困境的原因也存在差异，这需要社会工作者从个体、家庭、社会等多个角度分析原因，明确不同的需求，运用多种方法，整合多方资源，帮助其更好地实现多重身份的和谐与整合，进而提升心理健康水平，促进其更好地融入社会生活。最后，对社区矫正对象的身份认同与主要变量进行相关分析，发现其均存在显著相关性。这既说明身份认同状况会影响社区矫正对象的生活满意度，同时也指引社会工作者可以从帮助其建立社会支持系统、建构包容性社会环境、提升个体自尊等角度进行介入，以提升其身份认同水平。

第四章　从监禁机构到社区：社区矫正对象身份认同的发生空间

从监禁机构到社区，既是这些违法犯罪人员矫正场域的变化，也促使其向"服刑人员"身份的转变。对他们而言，完成身份转变既要遵守社区矫正制度的相关规定与行为要求，也要适应从监狱、看守所等封闭空间到社区开放空间的转变中更为复杂多元的社会互动，并在不断调适中完成自我身份的建构。我国目前的监禁机构主要包括拘留所、看守所、监狱等，大众一般将这些监禁机构笼统称为监狱。具体而言，拘留所是关押治安和司法拘留的人的机关，其关押期限为不超过 15 日；看守所则主要关押剩余刑期为 3 个月的罪犯；监狱则是根据相关法律规定执行刑罚的监禁场所，主要羁押被判处死缓、无期徒刑和有期徒刑的罪犯。本文以监狱为代表分析监禁机构的特点及其对服刑人员身份限定及转变的影响。

第一节　监狱：刑罚处置的运作场域

《中华人民共和国监狱法》从法律层面对监狱进行了界定：监狱是国家的刑罚执行机关，是执行刑罚的主要场所，并明确规定被判处死刑缓期二年执行、无期徒刑、有期徒刑的罪犯，在监狱内执行刑罚。就一般人而言，监狱时常与高墙岗楼、电网以及幽闭的房间等物象联系在一起，罪犯被"囚禁"在其中接受惩罚。从这个层面上看，监狱具有封闭的自然属性与隔离的功能，是一个以此为手段剥夺服刑人员人身自由的机构设施。①

一、基于空间和时间的刑罚场所

监狱封闭式空间的形成一方面起到维护社会稳定的作用，为服刑人员接受惩罚提供场所，另一方面也衍生出完整的监狱规训机制，实现对惩罚

---

① 冯建军：《监狱本质新论——以监狱本质层次论为视角》,《中国监狱学刊》2007 年第 6 期。

的物化。在福柯看来，监狱代表着一种控制人的规训机制，它通过时间安排、空间分配、活动编码及力量组合等策略来展开对人的规训。[1] 同样地，监狱惩罚也通过时间、空间和制度等安排实现对惩罚的物化。[2]

（一）时间的剥夺与规制

时间的线性特征和不可逆性是惩罚得以实现的基础。在监狱中，服刑人员连续的时间被精细化分割调整，他们丧失了时间的支配权与控制权，关于时间的概念完全由管理者建构。他们只需在规定的时间内进行规定动作，完成劳动改造，接受必要的狱内教育，以达到接受惩罚的目的。另外，在被剥夺的时间中，他们无法像常人一样在开放的社会空间内与社会一同进步发展，而时间的不可逆性也使得他们无法"重新来过"。对于被判长期徒刑的人而言，出狱后被社会淘汰、与社会脱节可能性的增加也可被视为监狱惩罚的延伸。

（二）空间的限制与监视

监狱空间的安排与限制为惩罚和规训提供了载体。这里的空间包括了其生存的物理空间和思想空间。我国有明确的监狱建设标准，其中关于罪犯用房的建设被严格要求，他们的活动范围被束缚在生产、生活空间和学习空间中。其生产生活空间根据分押、分管、分教的原则塑造，具体的监区与岗位依照他们的罪由、年龄以及原来身份进行分配，通过这样的排列组合原则使一个有序的监舍秩序和生产秩序得以建构，所有罪犯在狱警的视线范围内，其几乎一切行为都被监视。在此之下，每个个体也逐渐成为了自我监视者。[3] 同时，有形的空间限制和思想改造也间接或直接地导致了他们思想空间的焦虑和痛苦。他们被局限在狭小的空间里，过着被支配的按部就班的生活，日常的交往和交流被监视和规范化，接受狱内单一的以矫正为目的的教育改造，一定程度上实现了对其精神和思想的惩罚。

可见，监狱通过对时间和空间的精细化划分和安排实现了对服刑人员的惩罚，服刑人员被安排在封闭的时空中，并在监狱所生成的规训机制中被支配、被限制、被监视，直到实现刑罚的目的，即被改造成守法公民。

---

①杨彩云：《规训与调适 社区服刑人员的社会融入研究》，华东理工大学出版社 2018 年版，第 74 页。

②崇亮：《本体与属性：监狱惩罚的新界定》，《法律科学：西北政法学院学报》2012 年第 6 期。

③崇亮：《本体与属性：监狱惩罚的新界定》，《法律科学：西北政法学院学报》2012 年第 6 期。

二、基于管理和改造的刑罚制度

监狱制度是监狱惩罚得以施行的依据。《中华人民共和国监狱法》对监狱制度的监管体制和运作机制作出了明确的规定，以确保刑罚被正确执行，最终达到预防犯罪、降低再犯率和惩罚改造罪犯的目的。

（一）严格的管理体制

监狱监管体制是监狱制度的重要制度之一，我国监狱监管主体由司法行政部门、人民检察院和人民警察组成。司法行政部门负责批准与管理监狱的设置和撤销，人民检察院履行监督职能，人民警察构成监狱的管理人员，执行具体的刑罚工作。三者之间相互衔接、协调分工，实现对服刑人员的收监管理和日常诉求的处理，并对其减刑或假释作出裁定，实施对服刑人员的释放安置等工作程序，确保监狱刑罚的有序进行。对此，《中华人民共和国监狱法》作出如下规定[1]：

第五条　监狱的人民警察依法管理监狱、执行刑罚、对罪犯进行教育改造等活动，受法律保护。

第六条　人民检察院对监狱执行刑罚的活动是否合法，依法实行监督。

（二）全面的改造制度

我国监狱的运作内容可分为狱政管理、劳动改造和教育改造三个部分。[2] 狱政管理是指对服刑人员进行监管和行政性管理，贯穿于监狱工作的全过程；劳动改造和教育改造是监狱工作的重要内容，二者相结合实现对罪犯改造的目的。

除了对改造内容的规定外，我国的监狱制度还建立了罪犯的日常考核制度，各个监狱又根据自身实际情况在此框架内建立了不同的计分考核制度，这种以"代币制"为内核的激励制度贯穿于监狱管理与改造全程，强化了服刑人员对规章制度的配合，促使服刑人员作出符合监狱规范的行为选择，既保证了制度的运行效果的最大化，也达到了改造罪犯的目的。对此，《中华人民共和国监狱法》作出如下规定[3]：

---

[1]《中华人民共和国监狱法》（2012 年修正本）第五条、第六条、第十条，2012 年 10 月 26 日。

[2] 刘柳：《中国监狱制度的实施效果和改革方向》，《国家行政学院学报》2013 年第 2 期。

[3]《中华人民共和国监狱法》（2012 年修正本）第五十六条，2012 年 10 月 26 日。

第五十六条　监狱应当建立罪犯的日常考核制度，考核的结果作为对罪犯奖励和处罚的依据。

三、制度安排下"服刑人员"的身份赋予

关于"我是谁"的回答是服刑人员最初的身份感知。在重塑和强化他们关于"服刑人员"的身份意识时，往往通过"我是什么人？这是什么地方？我来干什么？""你是囚犯、这里是监狱、你是来坐牢的"的强大羞辱性话语使服刑者认识自己的身份、处境与定位。[①] 关于身份的话语在借助权力后便以一种更加具有权威的方式在服刑人员最初的自我身份建构过程中起到重要作用。当他们意识到自己的身份名称以及相应"任务"的变动时，他们就已经初步获得了关于"服刑人员"的身份含义。

（一）意识教育下的身份感知

入监教育是服刑人员最初的身份实践。根据我国的收监流程，所有服刑人员在入监之初都要接受三个月的入监教育，主要以认罪服法、行为规范和改造前途教育等内容为主。入监教育要求服刑人员在短时期内经过思想教育和军事化的训练迅速适应监狱生活，抛弃原有自由懒散的生活方式，让其意识到自我身份与所处环境的改变，习惯监狱中的生活、生产节奏，遵守监狱的规章制度，明确"服刑人员"的角色规范和角色要求，在此基础上进一步满足他人对"服刑人员"的角色期待。高强度的入监教育使服刑人员迅速进入到"服刑人员"的生活方式和生活节奏中，在身份实践中建立起关于"服刑人员"的身份认同。这样的身份认同往往也与高度严格、规律有序等特性相连。

教育改造是服刑人员一以贯之的身份意识教育。入监教育是服刑人员身份认同的开始，而贯穿于刑期始终的思想教育改造则在他们认同过程中持续发挥着维持其身份意识的作用。尤其是其中关于法制、道德的教育使服刑人员在思想层面时刻提醒自己正在接受"改造"，以实现从服刑人员到守法公民的改造目的。除此之外，因人而异的分类教育和个别教育则在服刑人员的身份建构中不断对其身份感知进行修正与补充，以帮助他们形成正向、积极的关于"服刑人员"的身份认同。

（二）行为规制下的身份强化

《监狱法》和《监狱服刑人员行为规范》对在刑期间的服刑人员进行

---

① 卜清平：《时间—空间宰制视角下服刑人员的监狱适应性研究》，《河北学刊》2019年第3期。

了全面而严格的规范。在这样的制度要求与期望下，罪犯被要求在规范框架内行动，在特定空间根据特定时间安排行事，对其行为的规制更加强化了他们对于"服刑人员"身份的感知、建构与认同。监狱普遍采取军事化的管理模式，强调快速、效率、服从和集体性，而不提倡任何个性和隐私。①监狱首先通过囚服和统一身份标识在外部完成服刑人员身份的转变与塑造，然后通过从生活学习到劳动的行为规范进一步对他们的行为进行规制，强化他们的服刑人员身份。

我国监狱法规定，具备劳动能力的罪犯必须参加监狱的生产活动，即劳动改造。监狱内的生产大多是劳动密集型产业，以流水线作业为主要生产方式，工作内容简单易上手，比较适合整体素质水平较低的服刑人员。监狱生产空间内对服刑人员的行为规制首先从工作岗位的分配开始。监狱工厂的岗位设置依据所从事的生产内容和需要确定，种类较少，而每个服刑人员的工种也依据其能力等自身特质被安排，没有自主选择或拒绝的权利。尽管服刑人员可以向狱警表达自己的工作偏好或想法，但当他们因能力或经验问题向狱警申请更换岗位时，大多情况下都会被拒绝，被拒绝的反馈使服刑人员通常会选择妥协并逐渐适应所在岗位的劳动要求和劳动强度。②

生产车间内的生产规范是对服刑人员行为规制的细化。和一般的生产车间的工人一样，服刑人员在生产过程中被要求遵守生产纪律和生产规范，达成劳动任务和劳动质量。但监狱工厂对生产纪律和秩序的追求是极致的。在生产过程中，服刑人员的行为被规制到工作岗位上，有事需要报备；在生产开始和结束之时，服刑人员的行为要求在规定的时间做出，一个号令一个动作。有研究发现，服刑人员的身份意识在每次集结时的报数过程中也得到了强化。③

生产车间内的行为规制对服刑人员而言更多体会到的是不能选择工作岗位的被动性和单一生产动作重复的痛苦感；而监舍内事无巨细的行为规制则加剧了服刑人员的自由丧失感和被剥夺感，他们适应这种生活的过程也是他们逐渐适应被赋予的"服刑人员"身份的过程。对服刑人员生活空

①刘柳：《女性服刑人员的环境适应与再社会化问题》，《南京大学学报（哲学·人文科学·社会科学）》2012年第5期。

②刘柳：《监狱中的"关系"——女犯人和狱警的相处之道》，《青年研究》2015年第2期。

③宋立军：《超越高墙的秩序》，中央民族大学2010年博士学位论文。

间的行为规制主要体现在对其生活细节的精细化管理和统一性安排、活动空间的限制上：服刑人员自身物品在入监时都上交管理，日常生活用品都由监狱统一发放，样式、摆放位置都必须整齐一致；自起床开始的作息时间也被精确到分，他们需要在规定时间内完成起床、洗漱、吃饭等事情。

另外，服刑人员的自由活动项目十分有限，只能在规定区域内活动。在被问及"在监狱里除了规定要做的一些项目，还有没有一些自由选择的项目可以做，比如一些课余活动，职业培训之类的？"这一问题时，访谈对象回答道：

> 有会有一些，但是相对来说非常少，因为空间什么的都是很有限的，空间很小，自由度也都是有限的，基本上很少的。（社区矫正对象01）

对服刑人员的监视是对其行为规制实现的保障。监狱内的服刑人员一天24小时都处在监视下。在生产空间内，狱警在生产组长的协助下，保证所有服刑人员都在监视者的视线范围内，车间的生产在这种监视与注视下得以完成。[①] 在生活空间内，服刑人员的生活被统一安排，规律而紧张，一举一动都处在监视下。他们在任何时间内都不允许独处或单独行动，一切按照规定进行，无论做什么都需要报告狱警；在休闲活动时每一处都至少安排一名狱警现场监控。监狱内全方位的监控设备的安装也使监狱管理人员能够随时查看每一个服刑人员的状态。全景敞视监狱目标的实现使服刑人员在这种监视压力下遵守、适应行为规制，逐渐成为自我监视者，从而实现自我监禁。

时间—空间—制度的规制实现了对服刑人员的惩罚和身份意识行为的规训。时间的精细化安排使得服刑人员无暇去"胡思乱想"，基于空间的监视使其时刻处于被监督审视之下，而制度中的行为规制则要求服刑人员按照既定的行为轨道作出反应，三者所形成的全方位的身份建构与体验让服刑人员逐渐接受、适应监禁场域下被管理被改造被驯化的身份。在这个过程中，监狱实现了对服刑人员的身份赋予。

四、监禁体系下"服刑人员"的身份认同

完善的监狱制度通过时间—空间—制度的规制实现了对服刑人员的身

---

①卜清平：《时间——空间宰制视角下服刑人员的监狱适应性研究》，《河北学刊》2019年第3期。

份赋予。监禁体系下的自我建构包括来自监管制度的建构、罪犯间的相互建构和其自身的建构。① 不同身份建构主体的相互影响与作用使罪犯在"服刑人员"身份认同过程中呈现出不同的认同形态。

（一）拒斥服刑人员身份

监狱内的制度约束对服刑人员入狱前的日常生活逻辑进行了推翻与重塑，在严格的管理与惩罚规定下，一切与"服刑人员"身份不相适应的标识、行为都予以禁止，一切都需要在官方构建的主流监狱文化框架下进行。但那些非强势、非中心的群体从来就没有停止过在主流大势中寻找表达和认识自己从属地位和经验的方法。② 罪犯对"服刑人员"身份的拒斥性认同主要体现在他们在身份标识上对制度的抵抗以及群体亚文化特有的行动逻辑中，以期从中获得更多关于"自我"的身份符号与身份维持。

服刑人员对身份标识的抵抗包括了对发型和囚服的抵抗。入监时女性罪犯一律要求齐耳短发，但有些人会把头发剪得更短一些以彰显自己独特的"中性气质"；男性罪犯要求一律光头，部分人会坚持留寸头以彰显自我身体意志。囚服是罪犯"服刑人员"身份最明显、直接的标志物。因此对囚服的改造也成了他们对身份抵抗的首选。如同在校生对校服的时尚化改造一样，女性罪犯会为囚服添加修饰物，或者对宽大的裤脚进行修改，使宽大的囚服变得更加修身；在服装加工生产线上的甚至会对囚服进行较大的改造，但前提是他们握有一定的权力或者是狱警比较信任之人。

监狱亚文化中服刑人员的行动逻辑体现在其群体特有的绰号暗语和曲线对抗中。服刑人员不仅给自己起绰号，也会在私下给狱警起绰号，这是对狱警权威的消解；服刑人员之间暗语的交流将狱警隔离在自身群体之外，这种跳脱出主流语言的交往方式为他们构建了"服刑人员"之外的个体身份。服刑人员在监狱中有申诉、控告、检举的权利，权利的赋予体现了依法治监、文明治监的理念，但有些服刑人员通过恶意维权、权利滥用甚至是委托家属上访等形式向监狱管理制度发起挑衅，以帮助自己获得更好的生活体验，减轻作为"服刑人员"的惩罚力度。除此之外，服刑人员还会以曲线对抗的方式反抗监狱制度，如在点名时故意小声回答，在生产劳动时以生病为由故意逃避劳动，在队列中故意掉队等等。这种难以界定的模糊的违反行为往往更加难以管理，服刑人员在这个过程中也对服刑人

① 赵宇：《米德自我理论视角下罪犯"监狱自我"研究》，河北大学 2013 年硕士学位论文。
② 刘方冰：《囚犯亚文化：抵抗与收编》，《中国监狱学刊》2011 年第 2 期。

员的身份规制进行了反抗。可见，监狱罪犯通过对"服刑人员"身份标识、身份语言、身份规制的拒斥与对抗，拓展了更多关于"自我"身份的空间，构建了他们对服刑人员身份的拒斥。

（二）适应服刑人员身份

监狱规训目的是造就守法公民，迫使服刑人员改变以前错误的价值观和偏差行为，将监狱的作息习惯和行为准则内化，并逐渐形成"监狱自我"的概念。服刑人员监狱自我的形成体现了他们对当下身份的认同。一般而言，在被规训过程中适应良好的服刑人员可以被分为三类：一类是由于性格原因在服刑过程中呈现"佛系"态度，不争不抢；第二类是拥有较强能力，能出色完成任务的人，他们积极表现并不意味着他们有强烈的改造意愿，而更多的带有希望尽快获得足够的分数以达到减刑的目的；另一类是累犯或惯犯，他们早已习惯了监狱生活，熟悉监狱管理模式。适应性身份认同下，罪犯在刚入狱时难以接受，情绪低落，但随着改造的进行逐渐适应被规制的身份，在监狱中按部就班地生活，遵守监狱规章制度，既不积极也没有抵抗的行为，对减刑和刑释也很坦然。可见，罪犯个性和生存环境及二者的互动共同建构了他们关于"服刑人员"的适应性身份认同，而这种适应是服刑人员对监狱规训的被动服从。

（三）顺应服刑人员身份

顺应服刑人员身份指罪犯在监狱服刑时意识上认同监狱改造理念与制度，行为上积极配合，认真完成每日任务。身份过程理论认为身份认同受两类过程调控：第一类是同化—顺应，即吸收新身份到原有身份中，或对原有身份作出适应性的调整以接纳新身份；第二类是评价，即评估新身份可能产生的价值。[①] 部分罪犯在束缚而紧张的监狱环境中会根据自我经验在"服刑人员"身份与自己原有身份之间进行调适，在思想教育中意识到自己的错误，接受监狱的各项改造制度；在身份实践过程不仅配合完成任务，还会发挥自身能力协助狱警处理问题，积极表现以争取更多的分数立功减刑，早日完成改造重回社会。可见，罪犯对服刑人员身份的积极回应构建了他们关于"服刑人员"身份的顺应性认同。

---

①包寒吴霜、蔡华俭、罗宇：《身份认同动机：概念、测量与心理效应》，《心理科学》2019年第4期。

第二节　刑罚执行空间转换的必要性

监狱的空间封闭性与惩罚性实现了对罪犯的改造。惩罚的本质是剥夺罪犯的人身自由和部分权利，将他们置于监禁空间中，脱离原来的犯罪亚文化圈并予以改造和矫正。[1] 在接受系统的改造中，服刑人员无论在法律意识、思想行为举止还是文化知识和劳动技能方面都有明显的改善与提高。尤其他们在参与劳动生产的过程中重树了集体主义观念，培养了良好的服从性与纪律性。从这个角度来看，监狱实现了将服刑人员改造为守法公民的目的。

一、刑罚社会化与服刑人员再社会化的要求

在当代，刑罚目标早已由原来简单彰显刑罚惩罚功能转变为促进服刑人员顺利回归社会及再社会化。[2]但监狱服刑的封闭性一定程度上切断了罪犯与外界社会的联结，不利于其再社会化。首先，封闭式的惩罚改造使服刑人员与社会隔离，长此以往社会功能逐渐退化、与社会逐渐脱节，在出狱后无法适应自由开放的社会，造成他们社会融入困难；其次，监狱中机械的生产劳动和单一不变的生活娱乐项目使他们极易出现心理问题；最后，从入狱开始就受到的社会歧视到回归社会后因不被接纳而遭受的社会排斥，使得再社会化障碍重重。

对于服刑人员而言，再社会化就是通过监狱改造等途径让没有成功社会化的个体，抛弃原来反社会的价值观念和行为模式，重新习得符合法律规范、社会规范的价值观念和行为模式。[3]因此，正常的社会环境是其再社会化完成的必要条件。随着行刑理念的转变，刑罚社会化日益得到推崇。刑罚社会化是指在确保安全可控的前提下，通过服刑人员重返社会和社会力量参与矫正改造两种途径帮助服刑人员顺利实现再社会化的目标。具体

---

①何显兵：《传统监禁刑的弊端及出路》，《吉首大学学报（社会科学版）》2013年第1期。

②王曲：《行刑社会化与罪犯的再社会化探讨》，《中国人民公安大学学报（社会科学版）》2015年第5期。

③何显兵：《传统监禁刑的弊端及出路》，《吉首大学学报（社会科学版）》2013年第1期。

而言，监狱可以通过完善外出制度、开放式处遇制度使服刑人员更多地与社会接触，还可以鼓励社会力量多方面参与服刑人员的改造矫正，为他们回归社会提供条件。

刑罚社会化和服刑人员再社会化的目标要求改变单一的监狱封闭管理的监管模式，转而在刑罚执行过程中加入"社会"元素，完善监狱制度，予以符合条件的服刑人员在开放的空间中接受矫正的机会，保证个人发展与社会发展同步，推动他们顺利回归社会，实现再社会化。

二、社区矫正制度的比较优势

社区矫正作为一种蕴含恢复性司法理念的行刑模式，能够有效规避监狱行刑封闭性、隔离性特征与服刑人员再社会化改造目标之间的矛盾。[①]随着我国社区矫正制度的发展，其优势也日益显现：

一是从制度效益来看，制度收益大于制度成本。罪犯进行监狱矫正，国家需要建设专门的监禁设施，向他们提供生活、生产所必需的物质资料与生产资料，同时还要雇佣大量的管理人员对其进行监管。而社区矫正将服刑人员置于社会，他们大多数时间和社会成员一样住在家里，能够开展日常工作与生活，不需要像监狱服刑一样24小时在有限的空间被监管，耗费大量的人力物力等资源，可以减少国家在行刑上的资金投入。另外，社区矫正吸收了社会力量参与到矫正工作中，一方面在实施过程中可以更广泛地吸纳、利用社会资源，改变单一依靠国家资源的形式，另一方面吸收多领域的专业人士为服刑人员提供更加专业的多维度的矫正服务，以弥补单一类型工作人员的不足，从而促进社区矫正目标的实现。

二是从制度实践上来看，社区矫正对象获得了更大发展。社区矫正是刑罚执行方式之一，它在实现对服刑人员惩罚的同时秉持刑罚人道化原则，在对社区矫正对象进行日常监督管理的同时，注重对其进行教育矫正和适应性帮扶，重视人文关怀，一般通过较为柔性的恢复性方法，实现对社区矫正对象的价值观念矫正和行为重塑。

于社区矫正对象而言，社区矫正制度的发展性体现在以下三个方面：一是矫正对象在开放的空间内接受矫正为其就业提供了便利条件。就业是矫正对象再社会化的重要途径。他们在矫正机构的帮助下习得就业技巧和技能，提前获得就业机会，在提高其物质回报的同时也有利于他们顺利回

---

① 张德军：《从机构监禁到社区矫正——关于一种短期自由刑的改革构想》，《山东社会科学》2014 年第 7 期。

归社会。二是矫正对象在社区这一相对自由的场域接受矫正有利于其身心健康发展。社区矫正对象回到其所生活的环境，与社会发展同步，可以缓解其因对未来出狱生活的担忧而导致的压抑、焦虑的情绪；而社区矫正机构会根据其特殊需求与问题制定个别化的矫正措施与帮扶，不论是内在感受还是外在推动，社区矫正的实施都有利于减少其负面情绪，改善矫正对象的精神状态。① 三是矫正对象在社会接受矫正，保证了他们处于相对正常的社会交往中，有利于获得一定的社会支持，为其顺利度过矫正期，进而重新融入社会提供有利条件。

刑罚执行中刑罚社会化理念的倡导和服刑人员再社会化目标的实现推动着行刑空间不断向外拓展；社区矫正制度以其人道主义理念、专业化矫正手段和社会化处遇而逐渐被接受，他们共同为刑罚执行空间的转向提供了合理性基础和实施条件。

第三节　社区：人道教化的扩展边界

社区矫正是一种非监禁刑罚执行方式，意指将符合条件的罪犯置于社会开放空间内，在相关国家机关和社会力量的参与下，矫正其犯罪心理和行为恶习，并促进他们顺利回归社会，融入社会。社区矫正制度的特点在于"在社会上矫正""由社会来矫正"以及"整合社会资源和社会力量参与矫正"。② 由此可见，社区矫正是建立在社会成员和社会资源广泛参与的基础上，建立在社区功能充分发挥的基础之上。

一、面向社区与社会的矫正场域

地理意义上的社区为矫正对象进行社区矫正提供了场所，社区内的各项基础设施为他们进行矫正活动提供了平台。自我国开始着手建设"小政府大社会"的社区治理格局以来，在政府、社区以及社会力量的努力下，我国社区建设得到了全面发展。社区建设的日益完善使得社区内的正式组织以及大量社会组织参与到社区服务中，共同致力于社区团结互助氛围的建设，推动着社区教化和良好社区秩序的形成与发展，同时也为社区矫正

①刘雪梅：《社区矫正效率与现实功用》，《重庆社会科学》2016年第5期。
②王鹏飞：《恢复性司法视域下社会力量参与社区矫正问题研究》，《人民法治》2020年第2期。

的执行提供了条件与可能。

　　社区不仅意味着地域空间，更意味着这个空间内居民之间的互动关系，而居民之间的密切关系很大程度上通过社区参与实现。[①] 社会参与和社会化是社区的重要功能。社区矫正中的居民参与增加了他们对社区矫正制度的了解，有利于形成平等、尊重的社区文化氛围，改善社会对社区矫正对象的歧视与偏见，为矫正对象回归社会创造良好社会条件。另外，社区矫正工作为居民参与社区事务提供了平台，让社区居民在参与中更多地了解社区事务，激发其参与社区治理的积极性，提高社区归属感与凝聚力，共同致力于和谐社区的创建。对于矫正对象来说，社区是他们社会化和再社会化的重要载体和场所。在社区中接受矫正避免了他们社会化过程的中断，使他们始终处于社会互动中，与社会发展同步，能够较好地适应社会生活。同时，有益的社区帮教能够使他们重新习得符合社会规范的价值观念和行为模式，从而顺利融入社会。

二、基于管理与帮扶的矫正制度

（一）社区矫正的管理体制

　　社区矫正管理体制是社区矫正制度的重要组成部分，它主要涉及社区矫正的管理机构、执行机构的设置、编配及其责任分工与关系协调，以更好整合社区矫正力量。当前我国社区矫正的主体包括人民法院、人民检察院、公安机关以及相关司法行政机关。在具体的社区矫正实践中，人民法院的职责在于依法对符合社区矫正条件的被告人、罪犯作出判决、裁定或决定；人民检察院主要对社区矫正工作进行监督；司法行政部门等有关单位则是开展社区矫正工作的主体，组织协调教育改造和帮扶工作；公安机关除了对社区矫正对象实施监督考察外，还需要对违反规定的人员及时依法处理。

　　除了上述管理、执行主体外，我国社区矫正工作鼓励、支持企事业单位以及社会组织等社会力量依法参与社区矫正；在人才队伍建设上，通过对矫正工作人员的管理及培训等措施提高社区矫正工作的专业水平。对此，《中华人民共和国社区矫正法》有如下规定：[②]

　　第十一条　社区矫正机构根据需要，组织具有法律、教育、心理、社

---

　　①吴宗宪：《社会力量参与社区矫正的若干理论问题探讨》，《法学评论》2008 年第 3 期。

　　②《中华人民共和国社区矫正法》第十一、十三、十六条，2019 年 12 月 28 日。

会工作等专业知识或者实践经验的社会工作者开展社区矫正相关工作。

第十三条　国家鼓励、支持企业事业单位、社会组织、志愿者等社会力量依法参与社区矫正工作。

第十六条　国家推进高素质的社区矫正工作队伍建设。社区矫正机构应当加强对社区矫正工作人员的管理、监督、培训和职业保障，不断提高社区矫正工作的规范化、专业化水平。

由此，我国基本确立了由国家政府部门为主，充分发动社会力量和资源参与社区矫正的工作格局。

（二）社区矫正的制度内容

我国社区矫正的主要任务可以分为监督管理、教育矫正、适应性帮扶三个方面。监督管理主要是指司法所和社区矫正机构对社区矫正对象履行法定义务方面进行监督管理，同时按照规范的要求，对矫正对象的行为、言谈举止等方面进行规范指导、考核评价并实施奖惩，是社区矫正工作的主要体现形式；教育矫正是指充分调动和利用社区内的机关、组织机构等各种社会力量，通过不同的形式对社区矫正对象的思想意识、道德意识和法律意识进行有针对性矫正，使其成为合格的守法公民；适应性帮扶面向那些在就业、生活、心理等方面存在多种困难的社区矫正对象。这些困难的解决将有助于降低矫正对象的再犯率，有利于他们更加顺利地适应和回归社会。

三、惩罚与福利兼具的矫正属性

社区矫正的惩罚性是指矫正对象的部分权利和自由受到一定程度的限制和剥夺，其本质依旧是国家机关判处和采取的刑事制裁措施，体现了刑法的否定性和谴责性。作为一种社会化的刑罚执行方式，惩罚性是社区矫正的刑罚本质要求、刑罚实施要求和刑罚强制要求，即社区矫正的惩罚本质使其本身对社区矫正对象有着一定的威慑力和控制力；社区矫正对象是违法犯罪人员，他们理应为其危害社会的行为承担法律责任并接受惩罚，以维护社会公平和正义；作为国家执法活动，宪法赋予了其执法活动的强制性，并从法理上确认了其惩罚措施与矫正措施的强制性。[①] 在社区矫正实践中，社区矫正对象有条件地在开放的社会环境中生活并接受严格的监管约束，具体体现在对社区矫正对象的监督管理和公益性劳动上。

---

① 刘政：《惩罚性与恢复性并重的社区矫正制度重塑》，《江西社会科学》2017年第12期。

社区矫正的福利性是指它作为一种与监禁处遇相对的社区处遇方式，具有对违法犯罪人员的教育、矫正、帮助、服务功能，使之在接受特殊福利服务的过程中矫正偏差心理和行为恶习，最终实现顺利回归社会，以实现预防犯罪、保卫社会之目的。① 具体体现在以下几个方面：

第一，从矫正理念来看，社区矫正基于人道主义和人本主义精神，对罪行较轻、社会危害性不大的罪犯或者经过监管改造、确有悔改表现、不致再危害社会的罪犯予以一定"宽松""仁慈"的对待，从完全限制罪犯的人身自由发展到有条件地部分限制其人身自由，强调平等地对社区矫正对象进行救助，保障其获得帮助、摆脱困境、享受应有的社会保障权利。

第二，从矫正方法和矫正内容来看，社区矫正采用柔性且个别化的工作方法，将教育矫正与适应性帮扶相结合，有针对性地消除其可能再犯的潜在因素，帮助其实现社区矫正目标。尤其在一对一工作模式中，矫正工作人员根据社区矫正对象的个体特征和特殊需求，为其确定相应的矫正方案，提供个性化的帮扶和服务。

第三，从矫正主体上来看，社会工作的参与体现了社区矫正的社会福利性。社会工作被视为社会福利服务递送者，以其专业人员、专业方法实现社区矫正对象与社会资源的有效联结，促成政府和各类社会组织对社区矫正工作的有效参与；社会工作参与的重点集中在教育矫正和适应性帮扶中，社会工作"尊重个体特质""服务于人"的专业思想融入到社区矫正对象的矫正过程中②，不仅注重社区矫正的矫正取向，更注重社区矫正对象的社会化和发展取向，体现了社区矫正的恢复性和福利性。

社区矫正制度的惩罚性与福利性是对立统一的，二者在实践中同样重要。福利性和惩罚性共存于社区矫正中，只有惩罚性的矫正无法达到社区矫正的预期目标和效果；而只强调福利性的社区矫正无法有效约束社区矫正对象，甚至无法强制其参与教育、矫正活动，更无法达至预期目标。③因此，在对待社区矫正惩罚性和福利性双重属性的问题上，社区矫正人员不能失之偏颇，既要注重社区矫正刑罚执行，对矫正对象严以监督管理，

①杨彩云：《规训与调适 社区服刑人员的社会融入研究》，华东理工大学出版社 2018 年版，第 91—92 页。

②刘念：《惩罚还是福利：从复健到复合的社区矫正模式》，《广州社会工作评论》2016 年第 2 期。

③袁爱华、林怀满：《论社区矫正的理念及其实现》，《云南大学学报（法学版）》2015 年第 1 期。

维护社会公平正义，使其受到应有惩罚，也要注重对其基本权利的保障，利用可及资源对其进行教育帮扶，提高社区矫正水平，确保他们最后顺利融入社会。

四、空间转移下的多元身份体验

对服刑人员而言，由监禁刑到非监禁刑的转变不仅是服刑方式的变化，更是其接受刑罚空间的转移。空间的转移在实现刑罚社会化的同时，也为服刑人员赋予了"社会成员"这一身份。因此在社会互动中，他们有着"服刑人员"和"社会成员"的双重身份体验，由此带来的身份感知也在社会和个体的双重作用下呈现出不同的身份认同形态。

（一）社会互动下多元化身份体验

服刑空间的转向使服刑人员被赋予了"社会成员"这一身份，"社会成员"具有丰富的角色内涵，在不同的场域下个体扮演着合乎情境的不同角色。在社会角色扮演中，矫正对象有了更多元的身份感知和身份体验，而他们对身份的整合度也会影响他们的身份认同。当矫正对象认罪态度良好，在接受处罚时，他们对"服刑人员"这一身份持认同态度。具体在矫正期间参加公益劳动时得到他人认可、自我价值得以实现，他们获得的是积极的身份体验：

> 对于法律我们是必须要接受的。再说我们本身有错要服从的。讲实话他们对我们的管理还可以的，是人性化的。去养老院劳动两个小时，他们也不怎么说我们的，我们也自觉，也不累，要做就做好……那边的老人平时没什么人讲话，你跟他们聊聊天他们很高兴的。他们应该不知道我们是社区服刑人员，知道也不会对你有什么看法。（社区矫正对象02）

但在社会互动中，社区矫正对象在不同场域的不同身份体验往往使他们陷入身份焦虑。在市场空间下，他们面对的是前科歧视，体会到的是因服刑而带来的社会排斥；在家庭空间中，从"里面出来"或是社会处遇对家庭而言是一种慰藉，家庭关系在重新完整下变得更加紧密，他们在其中感知到的是包容、亲密的氛围与成员资格的获得；但在日常生活情境下，他们从他人的眼神与话语中体会到的是异样与歧视，尤其在熟人交往、问候过程中双方的尴尬和"旧事重提"也使他们服刑身份凸显，进一步感到身份焦虑与紧张：

> 感觉不提还好，提了也觉得心虚。现在还好一点，刚开始时候说着说着眼泪就下来了。感觉心酸。几乎不想让人提这件事。别人是好心，我宁愿他们不要问，不问我感觉把这事忘掉了，问了就像重新把你伤疤拉开……本来想开了，聊天不知道怎么聊着聊着就要说到这事，一提就回到原位，又痛苦一次。（社区矫正对象02）

在访谈中发现，社区矫正对象的个体能力与犯罪缘由会影响其在社会空间中的身份体验与身份整合。但对大多数社区矫正对象而言，差异化场域内身份在凸显和模糊中的交替转换，必然使社区矫正对象对其身份认同更加迷茫和矛盾。①

（二）历时性比较下的限制性身份体验

进入矫正期是矫正对象身份变化的开始，他们会在新的身份实践中不自觉地与过往的自己进行比较，在比较中他们感知到更多的是限制性的身份体验，主要表现为自由限制和行为限制。一方面，作为社区矫正对象，他们要在矫正人员的监督管理下定时参与集中教育，上交思想汇报，外出需上报批准。在这些制度规定下，他们感到的是服刑人员身份下的自由限制。另一方面，这种限制也体现在他们的行为选择中。社区矫正对象由于自身的被监禁经历，更加珍惜重返社会的机会，在社区矫正期间更倾向于采取谨慎、保全的策略应对不同的情境，在社会交往中也选择收缩交往圈子，减少交往频率以顾及他人感受：

> 会不一样，自由度还是不一样的。现在做很多事之前我都会考虑一下，有些事我宁可不做，明明是一个很好的机会我也会选择放弃。为了防止出事，有些事的做法可能会比较激进一点、效率高一点，跟常规的做法比，也谈不上犯法。但是我还是会选择常规的、效率低下的做法，稳妥一点。哪怕接受这种效率低下的做法是不对的，我也会接受。（社区矫正对象01）

> 以前会到朋友们那玩玩喝喝酒，现在别人不叫我，我不会主动去。不大想出去。你本来就不开心，你主动到别人家讲出来，别人也不开心就没意思了。（社区矫正对象02）

---

① 杨彩云：《规训与调适：社区服刑人员的社会融入研究》，华东理工大学出版社2018年版，第216页。

社区矫正旨在使社区矫正对象在开放的社会空间内接受矫正，减少其社会化的中断，并能够在矫正期间延续或重建社会联结和自我联结，积极主动地参与社会生活，维持其原有的社会成员资格。但囿于服刑人员身份以及社会固有观念，他们在日常交往中不得不采取规避或放弃的策略来维持身份均衡。"社会成员"和"服刑人员"二者的身份冲突加剧了他们的身份困惑。

（三）共时性比较下的差异化身份体验

社区矫正对象不仅会与过往自我进行比较，在社会互动中他们也会与他者进行对比。二者对比中差异化的显现更加凸显了社区矫正对象"服刑人员"的身份体验。这种差异性主要表现在自我权利保障与维护和行为选择上。我国社区矫正法中规定，社区矫正对象在就业、就学、享受社会保障等方面不受歧视。但在现实中，一方面作为社区矫正对象，他们只能从事一些保安、保洁或服务类的职业，无法像他人一样实现自由、平等就业；在面临纠纷或意外时，为把负面影响降到最小，避免被收监的风险，他们只能忍气吞声，不能像他者一样选择申诉、维护自身权利。

> 吃低保的不用上班一个月能拿700、800，我每天上班的除去缴纳社保金额一个月拿1000，你说心理平衡吗？我说的是这个意思，工作的人日子肯定要比不工作的人好过，要不然怎么鼓励我们去工作呢？（社区矫正对象03）

这种理想化制度和现实身份体验的差异性削弱了社区矫正对象"社会成员"的身份属性，使他们更加趋向于服刑人员的身份认同。

（四）开放空间下的自主性身份体验

在监狱或看守所内，警察等其他人员扮演着管理者、规训者的角色，服刑人员在其密切的监视下完成改造任务，他们对"服刑人员"的身份感知也更加强烈。但回归社会后，尽管矫正工作人员依然对其进行管理、矫正，但社区矫正对象"自我"无疑在其中也发挥着重要作用，他们的自主性得以显现，对"社会成员"身份的感知得以强化。这种"自我"主要表现为矫正期间的自我约束、自我管理、自我控制以及社会适应、社会融入过程中的自我调适。

在开放的社会空间内服刑，原有的规训力量弱化，对他们的管理和矫正也更多地由司法所工作人员和社会工作者进行，矫正任务也以周或月为周期开展，给予了社区矫正对象极大的自主性。这种自主性的赋予一方面有助于其尽快实现社会适应，但同时也会导致部分矫正对象在刑意识薄弱，以各种理由推脱任务或投机取巧完成矫正任务。因此，自主性发挥下社区矫正对象自我控制、自我管理的能力必不可少。

> 你说到了矫正中后期每个月报到一次，还有30天你知道他在干什么吗，不知道的啊。他这个思想汇报是自己写的，想怎么写都可以。我觉得还是自我控制能力，自我约束，这是最主要的。靠外界的约束是靠不住的。（矫正社工01）

> （问：有些人同样受到政府的资助，但他们没有很好地回归社会，反而重新犯罪了，你觉得人与人的差异主要是哪些因素影响的？）我个人认为家庭教育、文化程度、自己所玩的圈子，或者说恶劣一点，他就是这块烂料，我只有这点文化，只能这么说了。家庭教育很重要，我自己文化程度不高，我写的是高中，实际上我高中没读完，但是我平时喜欢看看电视，看看报纸、杂志。名人的成长过程我喜欢去了解。（社区矫正对象03）

在监狱内，每个服刑人员的时间、空间都被统一分割与安排，个体特质在其中已被压制与隐匿。但在社会场域下，个体特质与能力被视为重新回归社会的重要条件。个体的自主性和自我能动性在就业、社会交往等方面发挥的作用不仅拉开了社区矫正对象之间的差距，也给他们带来了更多的关于"自我"和"社会成员"身份的感知，这两种身份在彼此适应和融合的过程中，构建了社区矫正对象的身份认同。

五、开放空间下的身份认同

身份认同一方面由主体自身建构，另一方面由客观社会建构，主动建构与被动建构之间的矛盾构成了身份认同困境，引发身份认同问题。[1] 刑罚执行空间的转向给服刑人员带来了多元的身份感知和身份体验，关于身份体验的分析更多的是从社区矫正对象的视角出发，其中融入了较多的矫正对象自身的个体化体验与主观化表达，是一种单向的身份感知与建构，还未将更宏观、多主体的影响因素纳入到他们身份认同形成的机制中去。

在关于身份认同的研究中，众多学者从制度安排、就业状态、社会互动以及社会权力逻辑等角度对农民工、刑释人员等群体的身份认同形成机制进行了研究。在社区矫正对象所处的开放空间内，规制他们的制度具有

---

[1]杨茂庆、史能兴：《身份认同理论观照少数民族流动儿童的城市社会融入与身份建构》，《民族教育研究》2018年第3期。

福利性和惩罚性，就业市场对其既吸纳又排斥，日常交往中他人的差异化态度使其在"服刑人员"和"社会成员"身份中不断转换，无法在"服刑人员"和"社会成员"双重身份中实现均衡，造成了他们的身份认同困境。本研究将其所处的开放空间划分为制度空间与生活空间两部分。

（一）制度空间：制度与实践的矛盾

社区矫正制度具有惩罚性与福利性。从其任务来看，监督管理的任务往往是对"服刑人员"身份的强调，教育矫正的任务既有对"服刑人员"身份的强调，也有对"社会成员"身份的兼顾，而适应性帮扶则是对其"社会成员"身份的强调以及其基本权利的保障。三大任务兼顾了他们"社会成员"和"服刑人员"的身份实践，在理论上有助于他们实现关于"社区服刑人员"的身份均衡与身份认同。但在实践中，众多地区社区矫正实施形态不一，矫正机构对矫正任务的选择性重视与开展使得社区矫正对象常常处于单一的身份认知中，尤其大部分地区流于形式的矫正实践往往使他们社会成员身份凸显，在刑意识薄弱，不利于矫正目的的达成，形成了偏差性身份认同。从其管理主体来看，社会工作互动情境和社区矫正制度情境下社会工作者和司法工作者不同的理念和工作方法也使其在矫正过程中有着不同的情感互动与情感体验，从而形成了拒斥性、合法性和规划性的身份建构。[①]

在就业过程中，社区矫正对象面临着市场的吸纳与排斥。《社区矫正法》规定社区矫正对象在就业时不受歧视。但实际上，在就业市场中他们面临着不可回避的前科歧视和社会排斥：显性排斥体现于部分职业明确不录用有犯罪史的人群和"前科报告制度"，隐性排斥则体现于他们被市场囿于低水平、低薪酬、低稳定性的服务类行业中。这种吸纳与排斥的矛盾加剧了他们对"社区服刑人员"的身份困惑。

在社区矫正制度以及相关制度的规定下，社区矫正对象一方面在理论上享有社会成员的基本权利和平等就业的权利，另一方面在现实中又因"服刑人员"身份的原因在矫正过程中游离于制度之外，制度规定与实践的矛盾导致了他们关于"社区服刑人员"的身份困惑与身份焦虑。

（二）生活空间：维持与回避的两难

社区矫正制度优于监禁制度的一大特点是在社会中接受矫正能够维持矫正对象原有的社会支持网络和社会交往群体。完善的社会支持网络和良

[①] 洪佩、邓泉洋：《特殊群体的情感治理策略——基于社区服刑人员社会互动情境的审视》，《社会工作与管理》2019年第3期。

好的社会交往圈子是其实现再社会化、融入社会的重要基础。当社区矫正对象在交往过程中实现双重身份的均衡性认同时，其社会交往圈子也会得以维持或拓展。但是在社会互动中，社区矫正对象个体特质、自我认知和社区接纳度也影响着他们对社会交往的选择。尤其受社会传统观念的影响，大部分人对有前科者带有歧视性眼光，自动中止与他们的交往。部分人尽管不带有歧视，但在与他们的互动中也小心翼翼，带有顾虑，这种身份敏感性无疑强化了社区矫正对象对其服刑身份的体验，此时出于对自身和他人的考虑，社区矫正对象则选择回避社会交往。

在社会交往中，尽管社区矫正对象试图维持其原有的交往圈子，但迫于传统观念、自我认知和矫正环境等因素的影响，他们呈现出收缩或不交往的状态，面临着社会交往和社会支持的断裂。因此，社区矫正对象的社会交往在"服刑人员"和"社会成员"之间不断进行选择，处于维持与回避的两难困境，加剧了他们关于"社区服刑人员"的身份紧张。

第四节　本章小结

本章基于刑罚空间的转向对我国监禁制度和社区矫正制度进行了分析，并在此基础上对服刑人员和社区矫正对象的身份认同进行了探讨。研究发现，在监禁空间下，通过制度安排下的身份赋予，犯罪者完成了关于"服刑人员"的身份认同，同时也表现出拒斥、适应、顺应的身份认同形态。在开放空间下，空间的转向给予了服刑人员多元的身份体验，由此在制度空间和生活空间中既实现了他们关于"社区服刑人员"的身份认同，也导致了他们的身份困惑和身份紧张。社区矫正对象的身份认同是多元的，其身份建构机制也是复杂的，是多因素相互作用的结果。下文将进一步聚焦于不同具体空间内社区矫正对象的身份认同形态，从更为细致的制度空间、市场空间以及社会交往空间三个维度展开讨论，以更为深入地揭示他们在这三种空间下的身份认同状况及其形成机理。

第五章　强化与弱化：矫正制度的运作与社区矫正对象的身份焦虑

社区矫正对象与监狱服刑人员不同，他们是在相对开放的社区环境中服刑，但其身份从本质上依然属于服刑人员。因此他们必须接受矫正制度的一系列规范和约束，并在社区矫正过程中做出符合相应规定的行为，否则将会受到严厉的惩罚和处置。社区矫正制度规定了社区矫正对象的身份、地位、权利和义务，也是决定社区矫正对象能否顺利回归社会的一项重要依据。从宏观层面来说，社区矫正制度的内容主要概括为三大部分，分别是监督管理、教育矫正和适应性帮扶。其中监督管理的主要任务是对社区矫正对象的社会互动以及个人的行为做出一定程度的规定和约束。教育矫正的任务是对社区矫正对象一方面进行管理和教育，另一方面又对其提供有助于其社会功能恢复的服务。适应性帮扶的任务则是尽可能地对社区矫正对象提供一些满足其基本生活需要的帮助与服务。[1] 这三大核心任务对社区矫正对象的期待不同，所产生的作用也不同。在日常生活中这些不同的制度规定及任务间存在张力，这些都会对社区矫正对象的身份认同产生一定程度的影响，从而形成不同的身份认同状况，引发社区矫正对象的身份焦虑。

第一节　监督管理下社区矫正对象的身份认同

作为社区矫正的重要任务之一，在监督管理制度的要求下，社区矫正机构需要对社区矫正对象在社区矫正期间的各种行为表现进行一系列考

---

[1] 熊贵彬：《社区矫正三大管理模式及社会工作介入效果分析——基于循证矫正视角》，《浙江工商大学学报》2020 年第 2 期。

察，然后对社区矫正对象采取监督、控制和约束等相关措施，[1] 如接收、建档分类、集中教育、公益劳动、思想汇报和考核奖惩等。

一、监督管理的制度规定

社区矫正对象在参加社区矫正期间需要遵守社区矫正制度中有关监督管理的相关规定，主要包括日常报告、会客外出、日常迁居以及保外就医。根据监督管理制度规定以及社区矫正实施办法条例，可以将监督管理制度分为日常性的制度规定以及特殊性的制度规定。

（一）日常性制度规定

日常性制度规定指适用于大部分社区矫正对象的制度规定，如每日的报到以及阶段性的汇报规定，如每个月提交思想汇报。具体规定主要包括以下几个方面：

A. 报告

社区矫正对象虽然生活在社区之中，但是由于其身份的特殊性，他们需要在规定的时间办理报到手续。反之，若没有做到，将被警告或被收监。此外，入矫之后，社区矫正对象需要定期向社区机构进行日常报告，报告内容涵盖社区矫正对象的思想变化、接受集中教育情况、参加的活动、工作情况、居住情况、家庭情况等。但不同的地区对于思想汇报的要求不同，一些地区要求罪犯每个月到指定地点报到，而有的则规定每月一次甚至每季度一次。

第二十二条 暂予监外执行的社区矫正对象应当每个月报告本人身体情况。保外就医的社区矫正对象，每三个月提交病情复查情况。

第二十三条 社区矫正对象应当定期报告遵纪守法、接受监督管理、参加教育学习、公益活动和社会活动等情况。被判处禁止令的社区矫正对象应当定期报告遵守禁止令的情况。[2]

B. 会客

监狱服刑人员与社区矫正对象所接触的人群不同。监狱服刑人员接触群体比较单一，主要为狱警和其他服刑人员，除了服刑人员自己签字确认的直系亲属可以探监之外，没有其他机会与社会人士接触。社区矫正对象

---

①鲁兰：《中国特色社区矫正模式的探索——以浙江省嘉兴市司法局的实践为例》，《河南司法警官职业学院学报》2019 年第 2 期。

②最高人民法院最高人民检察院公安部司法部：《社区矫正实施办法》第二十二、第二十三条，2020 年 6 月 18 日。

由于其服刑场域是在社区里，缘于社区的开放性，矫正对象能接触到的群体比较多、比较杂，难以控制。因此有关规定要求对其会客人员种类及次数进行监管，以规避可能存在的风险。否则如果监管不到位，很有可能导致社区矫正对象的再次犯罪，对他人和对社会造成威胁。例如有的矫正对象是由于被人举报而被判刑，当他们在社区接受矫正时，可能出于报复心理对举报人进行人身伤害。对此，社区矫正实施办法对社区矫正对象的会客作出了如下规定：

第二十四条　社区矫正对象接触同案犯、有其他违法行为的人员应当经执行地县级社区矫正机构批准。[①]

C. 外出

由于社区矫正场域的开放性，还会带来另一个问题，那就是会使部分社区矫正对象未能感受到法律制度的威严，认为自身和以往一样自由，可以随意外出，会给社会带来一定程度的安全隐患。社区矫正实施办法中对社区矫正对象的外出进行了如下规定：

第二十五条　社区矫正对象有正当理由的，经批准后可以离开所居住市、县。

第二十七条　社区矫正对象因为特殊原因无法按期返回的，应及时向社区矫正机构或者司法所报告情况。发现社区矫正对象违反外出管理规定的，社区矫正机构或者司法所应当责令其立即返回，并视情节予以处罚。[②]

现有的法律规定中对社区矫正对象外出的规定和要求非常多，审批手续也比较繁杂。社区矫正对象除非有非常正当的理由以及特别重要事务要处理，否则难以获得外出的批准，社区矫正机构对服刑人员的外出审批管控也非常严格。此外在社区矫正对象外出后，社区矫正机构将会通过电话、手机定位以及实时视频来对社区矫正对象进行监督管理，一旦发现异常情况，这些社区矫正机构或者司法所将会根据实际情况的严重程度来进行处罚。因此，日常性制度规定充分体现了社区矫正的惩罚性和约束性。

（二）特殊性制度规定

特殊性制度规定在本文中指的是适用于少数社区矫正对象的制度规定。例如将现代信息技术与监督管理相结合，对青少年社区矫正对象制定

---

①最高人民法院最高人民检察院公安部司法部：《社区矫正实施办法》第二十四条，2020 年 6 月 18 日。

②最高人民法院最高人民检察院公安部司法部：《社区矫正实施办法》第二十五、第二十六、第二十七条，2020 年 6 月 18 日。

专门的制度规定，对社区矫正对象进行动态考核等。

A. 现代信息技术与监督管理的结合

社区矫正场所的开放性以及矫正对象具有的个体差异性和主体性，使得社区矫正的监督管理面临挑战。实践中可能存在少数社区矫正对象脱管、漏管等现象，例如未经批准私自外出甚至出境的情况。随着现代信息技术的迅猛发展，借助技术的手段在一定程度上可以解决这一难题，通过对社区矫正对象佩戴电子脚铐、手环等，能够实时掌控社区矫正对象的动态轨迹。[①] 对此，《社区矫正法》和《社区矫正实施办法》作出如下规定：

第三十七条　电子定位装置是指运用卫星等定位技术，能对社区矫正对象进行定位等监管，如电子定位腕带等，但不包括手机等设备。[②]

将现代科技运用到社区矫正中，能够提升社区矫正管理的效率。目前各地探索使用电子脚环、手环和安装手机 APP 等，这些都是将现代信息技术运用到社区矫正监管之中，取得了良好的效果，一定程度上能够避免社区矫正对象脱管、漏管的发生。同时，也为工作人员赋能，提升社区矫正监管效率。

B. 有针对性的监督管理

有针对性的监督管理制度在这里主要指的是针对未成年对象的专门规定。由于社区矫正对象种类多样，年龄差异较大，因此需要针对不同的社区矫正对象，制定与之相适应的规定。对此，《社区矫正法》作出如下规定：

第五十二条　社区矫正机构应当根据未成年社区矫正对象的年龄、心理特点、发育需要、成长经历、犯罪原因、家庭监护教育条件等情况，采取针对性的矫正措施。[③]

未成年社区矫正对象有其自身的鲜明特点，针对未成年社区矫正对象的矫正措施必须有所区别。[④] 因此针对未成年社区矫正对象的管理需要充分考虑该年龄层次所具有的心理特质，还要将未成年社区矫正对象的犯罪原因与其自身的成长经历联系起来，采取相关措施。矫正工作者在具体需

[①] 陈博记:《电子监管在社区矫正中的应用和规制》,《法制博览》2016 年第 30 期。

[②] 最高人民法院最高人民检察院公安部司法部:《社区矫正实施办法》第三十七条,2020 年 6 月 18 日。

[③] 全国人民代表大会常务委员会:《中华人民共和国社区矫正法》,第五十二条、五十七条、五十八条,2019 年。

[④] 贡太雷、苏春景:《服刑未成年人教育矫正与人权保障》,《中国特殊教育》2019 年第 10 期。

要掌握的工作技巧上也更为复杂，同时专业性也更强。

C. 动态管理

动态管理制度规定在这里主要针对的是对社区矫正对象进行动态考核，以此来对他们进行相关的考核奖惩。监督管理制度的目的是为了最大程度对社区矫正对象的行为进行约束和管制，降低不可控的风险，体现的是社区矫正制度惩罚性的一面。但是社区矫正的最终目的是让社区矫正对象成为守法公民的同时，顺利融入社会。在动态管理的制度规定下则能加快这一目标的实现。在新颁布的《社区矫正实施办法》中要求对矫正对象的监督管理采用动态评估，在《社区矫正法》中作出如下规定：

第二十八条　社区矫正机构根据社区矫正对象的表现，依照有关规定对其实施考核奖惩。①

《社区矫正法》明确要求要根据社区矫正对象的日常表现进行综合考核，并且考核结果直接与社区矫正对象的奖惩相联系。这是社区矫正制度与时俱进的充分体现，转变了以往只注重监督管理而忽视社区矫正对象的个性和表现，将监督管理与考核奖惩相结合的动态管理方法对促进社区矫正对象的社会再融入是有益的。②

二、监督管理制度对社区矫正对象的约束

任何一项法律的出台都有其明确的目的，实现保卫社会的需要，因此必然会对其受众群体产生作用。社区矫正制度的初衷是希望矫正对象在比较熟悉的社区环境下接受矫正，并且在严格遵守矫正规定的过程中促进其犯罪心理和行为恶习的改变。通过文本分析发现，社区矫正法中有关监督管理的规定对矫正对象主要产生的是惩罚、威慑以及风险防控作用。

（一）惩罚与威慑作用

社区矫正对象虽然和社会大众一样可以在社区中生活，但是其本质上还是服刑人员，为了防止其再犯罪，制度的威慑作用是十分重要的。尤其是在前面讨论的适用于大多数矫正对象的日常性制度规定会对他们产生比较强烈的威慑作用。因为一旦矫正对象在会客、外出、报告等方面没有按照监督管理的制度规定进行，将会受到相应的处置。同样在特殊性制度规定中用现代信息技术对矫正对象进行约束也会对其产生比较大的威慑

---

①全国人民代表大会常务委员会：《中华人民共和国社区矫正法》第二十八条，2019年。

②赵祯祺：《社区矫正法通过：以法正心、以德润心》，《中国人大》2020年第1期。

作用。

例如电子手环和脚环会时刻提醒社区矫正对象明确自身的服刑人员身份，强化其在刑意识。当他们了解这样的制度规定后，会在无形中形成一种畏惧心理，而不想也不敢再去触碰法律底线。[①] 因为在社区服刑相比监狱服刑来说，在人身自由和生活环境方面都是非常人性化的。为了不被收监或避免更大的惩罚，社区矫正对象将会在这样的威慑作用下遵守法律法规，认真完成社区矫正任务。

> 管理还是要管的，在这样的监管下，我是不能出国的，我去外地也是需要请假啊，虽然每个街道的情况不一样，有的社区可能要严一点（只是我听说的），但是整体上来说，还是要被管的，这是没办法的事情。因为在本质上来说，就是我自己犯的错，所以也就应该由自己来承担，我不应该去抱怨别人，也不能去抱怨这个社会，所以我必须自己做出改变，自己去努力，就只能调适自己按这些规矩来啊。（社区矫正对象04）

（二）风险防控作用

在监督管理制度的约束和规范下，社区矫正对象潜在的风险将得到一定的控制。例如报告、会客、外出等制度规定可以很好地对社区矫正对象进行管理，降低脱管、漏管的风险。再如在报告中除了要求矫正对象每日或每月定期向社区矫正机构报告，报告的内容还需要涵盖自己的思想变化、活动参与、个人行为等多方面，有助于掌握矫正对象的思想动态及生活事件，以更好地研判他们的风险程度。

总之，监督管理制度规定能够对社区矫正对象产生惩罚、威慑和风险防控作用，促使社区矫正对象对自身行为进行管理和约束，从而达到社区矫正的目的。事实上，也只有在这样的监督管理作用之下，社区矫正制度的作用才能得以彰显，法院对社区矫正对象所做的判决才会生效。[②]

三、监督管理制度对身份认同的影响

社区矫正对象的身份具有二重性：一方面，相对于监狱服刑人员而言，他们生活在社区之中，一定程度上拥有"社会成员"的身份；另一方

---

① 张德军、邢占军：《恢复与惩罚：社区矫正功能的双重定位及实现路径》，《理论学刊》2013年第12期。

② 王宇楷、余典：《论社区矫正制度的监督管理》，《法制与社会》2017年第9期。

面，与普通民众相比，他们还有"服刑人员"的身份。[①] 强制性的监督管理规定会强化社区矫正对象对"服刑人员"身份的认同。但是由于个体的差异性，不同的强制性规定会给社区矫正对象带来不一样的身份体验。部分矫正对象在社区矫正过程中，只有在进行报告或者完成集中教育等强制性规定时，才会有强烈的服刑人员身份意识。因此，对这类对象而言，"服刑人员"身份的认同只有在真正被这些规定作用的时候才会产生，我们称之为"在场强化"。监督管理作用对服刑人员身份认同所造成的影响主要表现为日常强化和在场强化。

（一）对服刑人员身份的日常强化

监督管理制度会强化社区矫正对象的服刑人员身份认同。无论是在日常性的制度规定中还是特殊性的制度规定中，都会或多或少地强化社区矫正对象对"服刑人员"的身份认同感。例如在监督管理中关于报告的各项制度规定，要求矫正对象按时上报情况，这在很大程度上强化了其服刑人员的身份认知。

> 刚开始进入矫正期的时候我就和警官起了冲突，就因为我没有按时找到报到的地方。他觉得我无论有任何事情或理由都不能违反规定，必须服从。当初出事的时候我都没有感觉自己的身份有了变化，反而经历了这件事之后，我突然感觉自己是个罪犯。（社区矫正对象 05）

> 我最不能接受的就是要时刻戴着电子设备，在你们看来可能不是什么大事，但对我而言，这个东西很容易让我想得多，毕竟一直戴在身上，随时都能看见。所以我特别抵触，感觉在路上别人都会投来异样的眼光。我不喜欢这项规定，这使我感觉虽然自己已经回到了社会，但还是不自由，连出门见人都要被管理，之前我以为接受社区矫正不会如此严格，但还是一样，我有时候真的受不了。（社区矫正对象 06）

从上面的案例可以看出强制性的日常监督管理规定会强化服刑人员对自身"服刑人员"身份的认同。见到矫正民警和社区工作人员会让社区矫正对象感受到较大的心理压力，而现代信息技术运用到监管中也在一定程度上强化了他们对自我服刑人员身份的感知。虽然强化社区矫正对象对自

---

①洪佩、费梅苹：《本土社会工作实践中社区服刑人员的身份建构机制》，《中国青年研究》2018 年第 4 期。

身是"服刑人员"的身份认同达到了监督管理想要的目的，但这也容易带来一些不良后果。例如社区矫正对象外出申请和审批程序比较烦琐，需要说明的情况繁多，因此在这个过程中他们极易产生如自卑、焦虑、狂躁等心理问题，甚至会做出一些反抗行为，这在很大程度上影响着社区矫正的效果。① 需要工作人员在维护法律法规严肃性的同时，做好安抚和解释工作。

此外，监督管理制度还规定社区矫正对象需要定期向工作人员递交思想汇报。从数据结果来看（表5-1），有93%的矫正对象认为思想汇报对他们有帮助。将思想汇报的帮助程度与身份认同之间进行相关性分析（表5-2），发现思想汇报的评价与其身份认同存在显著的相关关系，思想汇报受益越大，对自身的身份认同越好。

表5-1　思想汇报作用的描述性统计（N=4034）

题项	频率	有效百分比
完全没有帮助	46	1.1
不太有帮助	222	5.5
比较有帮助	1505	37.3
非常有帮助	2261	56.0
合计	4034	100

表5-2　社区矫正对象思想汇报与身份认同之间的相关性分析（N=4034）

	身份认同	身份归属	身份适应	身份评估
思想汇报对您有无帮助	0.330**	0.188**	0.371**	0.093**

（二）对服刑人员身份的在场强化

监督管理制度规定并不会对所有社区矫正对象一直起到强化"服刑人员"身份的作用。部分社区矫正对象只有在特定场域或特定时空中才会对

①李戈辉：《画地为牢：监外服刑罪犯在社区变身"守法公民"》，浙江大学2018年硕士学位论文。

服刑人员身份有所感知。在这种情况下，社区矫正对象对自身的特殊身份感知既不明显也不微弱①，而是视情境而动态变化的。

> 我觉得我刚开始在社区进行矫正的时候，社工要我每天到社区报到，要到社区听课学习，一开始我还会经常想起自己"服刑人员"的身份，但是来的次数多了，我觉得这些规定对我来说没有太多影响，有的时候我觉得来或者不来都没啥事，再后来我一般不会完全按照社工的指示去做，我觉得这些都不是什么大事，不过有一点我可以透露给你，（社工）每次让我去报告或者让我去参加集中教育的时候，我的确感觉到了一种压力感，但是我只要离开了那，我觉得还是那句话：不是什么大事。（社区矫正对象07）

可见，部分矫正对象对社区矫正的活动既不会积极配合，也没有表现出明显反抗。这类社区矫正对象对自身身份的感知比较模糊，只有在真真切切地感受到监督管理制度的威严时，才会对自身身份有感知，对自身行为有约束。因此社区矫正监督管理的作用效果受限。

第二节　教育矫正下社区矫正对象的身份认同

教育矫正主要包括对社区矫正对象开展的教育学习、心理矫正、社区服务等活动，对促进社区矫正对象重新融入社会具有重要的推动作用。

一、教育矫正的制度规定

在教育矫正制度规定下，一方面要对社区矫正对象进行监管，另一方面也要为他们提供服务。因此制度规定主要涉及两方面：服务类制度规定和惩罚类制度规定。

（一）服务类制度规定

服务类教育矫正的制度规定在这里主要指的是为社区矫正对象提供相应的福利与服务。这些制度规定充分考虑到了社区矫正对象的个体差异

---

①熊贵彬：《社区矫正三大管理模式及社会工作介入效果分析——基于循证矫正视角》，《浙江工商大学学报》2020年第2期。

性，福利服务对社区矫正对象的矫正具有正向积极作用，能促进其更好地完成社区矫正任务，更快地融入社会。其具体的制度规定包括如下内容：

A. 思想教育

当社区矫正对象刚参加社区矫正时，思想教育学习能够帮助他们达到对自身错误的深刻认识，并且在入矫过程中为他们提供法制教育以增强其法制观念等。虽然在2019年新颁布的《社区矫正法》中，并没有完全把教育矫正作为专门的一大类进行规定要求，但是从具体的规定中可以发现思想教育在教育矫正中的重要性。《社区矫正法》和《社区矫正实施办法》中作出如下规定：

第三十六条 社区矫正机构根据相关需要，对社区矫正对象进行法治、道德等相关教育。①

第四十三条 根据社区矫正对象的心理健康状况，对其开展心理健康教育、实施心理辅导。②

B. 心理矫治与危机干预

社区矫正对象是个复杂的群体，相比于其他群体，他们更容易产生负面情绪，因为他们在参加矫正期间需要面对"社区成员"与"服刑人员"两重身份之间的矛盾冲突，需要不断调适自己适应这种复杂状态。因此需要对社区矫正对象开展心理矫治活动，增强其应对困难的自信心，构建心理支持系统，使其在面对心理问题时能帮助自己缓释心理压力。对此，《社区矫正实施办法》作出如下规定：

第四十三条 社区矫正机构应当充分利用地方人民政府及其有关部门提供的教育帮扶场所和有关条件，有针对性地对社区矫正对象开展教育矫正活动。③

（二）惩罚类制度规定

惩罚类制度规定主要指的是在教育矫正中惩罚性质倾向较强的制度规定，具体包括要求所有社区矫正对象参加公益劳动。这往往体现出对他们的一种惩罚和对社会的回报与自我赎罪。社区矫正制度规定有劳动能力的

---

① 全国人民代表大会常务委员会：《中华人民共和国社区矫正法》第三十六条，2019年。

② 最高人民法院最高人民检察院公安部司法部：《社区矫正法实施办法》第四十三条，2020年。

③ 最高人民法院最高人民检察院公安部司法部：《社区矫正法实施办法》第四十三条，2020年。

矫正对象要参加公益劳动。

第四十四条　社区矫正机构应当根据社区矫正对象的劳动能力、健康状况等情况，组织社区矫正对象参加公益活动。[①]

二、教育矫正制度对社区矫正对象的规范

教育矫正是实现社区矫正目标的重要途径，也是社区矫正对象重新融入社会的重要一步。[②] 在教育矫正的制度规定下，对矫正对象的约束与监督管理制度规定有所不同。在教育矫正中，完全强制性与惩罚性的措施较少，更多是将服务与监管相结合，因此其对社区矫正对象的影响更多的是规范行为和促进个体发展的作用。

（一）规范性作用

在对社区矫正对象进行教育矫正时，会对其产生一定程度的规范作用。这种规范作用体现在社区矫正对象从入矫到解矫的整个过程之中，能在很大程度上提升社区矫正对象的法制观念，能够帮助他们达到对自身错误的深度认识，增强其认罪服法意识，规范其行为。[③] 人是能动的个体，个人的意识决定其行为，纠正了社区矫正对象的思想，就会对其行为产生正向影响。通过要求社区矫正对象参加既定的矫正服务活动，能够对他们产生潜移默化的影响，从而规范其行为，加快社区矫正的进程。

（二）促进个体发展

在教育矫正中并不会一味地强调矫正制度的强制性，而是会充分考虑到每个社区矫正对象的个体状况，例如会针对他们的心理问题开展有针对性的心理矫治活动，从而促进每一个社区矫正对象的健康发展。而且在新颁布的《社区矫正法》中对社区服刑青少年这一群体作出了专门的规定。这在一定层面上考虑到了社区矫正对象的个体差异，更能体现新时代下社区矫正的人性化特点。通过分类矫正和个案矫正的教育矫正模式，将社区矫正对象自身和外界的消极因素转变为积极因素，对社区矫正对象的自我改造起到了良好的引导作用，促进社区矫正对象的发展。

---

①最高人民法院最高人民检察院公安部司法部：《社区矫正法实施办法》第四十四条，2020 年。

②周斌：《不断提高教育矫正工作水平 促进社区服刑人员融入社会》，《法制日报》2014 年第 2 期。

③邢文杰：《社区矫正之教育矫正工作规范化思考》，《山西省政法管理干部学院学报》2015 年第 28 期。

三、教育矫正制度对身份认同的影响

在教育矫正的制度规定下，一方面要对社区矫正对象进行监管，另一方面更多的是对其提供服务，因此在这样的制度规定下，对社区矫正对象身份认同所造成的影响是不同的，① 既能建构其"服刑人员"的身份，也能建构其"社会成员"身份，同时也能强化其服刑意识和对"社会成员"身份的感知，并弱化其因为过分强烈的服刑意识而引发的身份焦虑。因此在教育矫正制度下，对社区矫正对象所造成的影响主要是双重身份建构及身份强化与弱化并存。

（一）双重身份建构

教育矫正制度对社区矫正对象"身份建构"的作用主要表现在双重身份建构，既建构了他们"服刑人员"的身份，也建构了他们"社会成员"的身份。② 具体来说，社区矫正对象虽然需要在社区进行矫正，但是其依然失去了一定程度上的自由权。③ 最为关键的是，社区矫正对象虽然身处社区，但是依然要面对教育矫正中的约束性规定，这建构了他们"服刑人员"的身份。

> 法律永远不会偏袒任何人，我打了别人，那肯定就是我的不对，我必须要为我打人所造成的后果而负责，这点是毫无疑问的，也是无须去辩解的。自从我参加社区矫正之后，我学习到了很多的法律知识，这对于我来说受益匪浅，现在我知道哪些事情可以做，哪些事情不能做，因此我做任何事情之前都会仔细斟酌。写思想汇报对我来说也是一种敲钟。公益劳动我感觉不累，所以我也很愿意去，也累不到。有时候他们走了我还会在那再待一会。④（社区矫正对象 08）

但从另一方面来说，社区矫正制度不是单单对社区矫正对象进行监管，因为社区矫正制度的初衷是为了避免监狱服刑与社会彻底隔离的弊

---

① 洪佩、费梅苹：《本土社会工作实践中社区服刑人员的身份建构机制》，《中国青年研究》2018 年第 4 期。

② 杨彩云：《流动性体验与差序化认同：基于社区服刑人员的实证研究》，《社会科学》2018 年第 5 期。

③ 胡晓军：《社区矫正监管措施的属性与规制》，《犯罪与改造研究》2014 年第 5 期。

④ 杨彩云：《规训与调适：社区服刑人员的社会融入研究》，华东理工大学出版社 2018 年版。

端。因此社区矫正机构还需要对社区矫正对象提供教育方面、心理方面、就业方面和社会交往上的帮助，使之顺利回归社会。因此在这样的制度规定之下会在一定层面上建构他们"社会成员"的身份。[1]

（二）身份强化与弱化并存

教育矫正的制度规定中既有监管的内容也有服务的内容，因此对社区矫正对象的身份影响既有强化的作用也有弱化的作用。有的社区矫正对象服刑意识非常淡薄，因此对社区矫正的规定有着很大的抗拒。一旦工作人员发现这种情况，需要采取惩罚性的规定措施来加强社区矫正对象对自我身份的认同。通过开展相关的教育讲座、社区服务活动等，强化社区矫正对象的身份认同。[2] 相反，有的社区矫正对象对自身的身份过于在意，他们会过分强调自己的服刑人员身份。无论是在参与社区矫正活动、接受矫正教育，又或者是与家人或社区成员相处，他们都会因为自身的服刑人员的身份而显得过分自卑。对于这种情况，教育矫正就需要根据其心理特点对其开展适当的减缓焦虑的教育课程以及强化其"社会成员"身份的服务活动，从而弱化其对"服刑人员"身份的过分感知。

> 他们是通过我才认识的。我女朋友问起我，我就跟她说我正好认识这个人，我就把电话给她让她自己去联系。我的法律意识比较淡薄，我以为只要我不参与，就没事。事后才知道中间人也要受到处罚，一开始是不能接受。不懂法是很可怕的，这可把我害苦了。所以我以后再也不会去接触这样的人了……以前我也不在意什么法律，只觉得我不会去做违法的事，那些杀人放火的事情我也不会干。但这次竟然触犯了法律，真的很丢人啊，觉得自己都抬不起头来。我妈劝我，犯错了就要好好接受教育，自己以后留心点。我现在好点了，每次集中教育社工他们都会让我们看一些法制片子，告诉我们一些新的法规什么的，我觉得对我这个法盲来说也是挺好的，多了解一些总是好的嘛，当初就吃了不懂法的亏。（社区矫正对象09）

从上面的案例可以看出访谈者觉得自己根本不是有意去贩毒，只是作

---

① 杨彩云：《流动性体验与差序化认同：基于社区服刑人员的实证研究》，《社会科学》2018年第5期。

② 宗会霞：《从"矫枉过正"到"刚柔并济"——我国社区矫正理念重塑及实务探索》，《政治与法律》2011年第5期。

为一个中间人，但是最后也把他判了刑。所以他从心底里不能接受，一开始他对这样的判决结果是不服从和抵制的，但是随着时间的推移，在社区接受矫正的他，对自己"服刑人员"的身份开始逐渐认同。因此，教育矫正的制度规定对社区矫正对象身份认同的影响分为两个方面：一方面能够强化社区矫正对象对"社会成员"的身份认同，另一方面也能弱化其对"服刑人员"的身份认同。并且这种强化和弱化并不是相互独立而存在的，在有些情况下是交叉作用于社区矫正对象身上的。

表 5—3　公益劳动（社区服务）作用的描述性统计（N＝4034）

题项	频率	有效百分比
完全没有帮助	62	1.5
不太有帮助	216	5.4
比较有帮助	1586	39.3
非常有帮助	2170	53.8
合计	4034	100

从数据结果表 5—3 和 5—4 来看，可以发现绝大多数社区矫正对象都认为公益劳动和集中教育对其有着比较大的帮助，认为完全没有帮助或者不太有帮助的占比较少。

表 5—4　集中教育作用的描述性统计（N＝4034）

题项	频率	有效百分比
完全没有帮助	45	1.1
不太有帮助	137	3.4
比较有帮助	1495	37.1
非常有帮助	2357	58.4
合计	4034	100

如表5－5所示，将教育矫正中的相关规定与身份认同各变量之间进行相关性分析，发现这些规定与身份认同（身份适应、身份归属、身份评估）之间也存在着显著的相关关系。数据分析结果表明社区矫正对象在集中教育和公益劳动中的受益越大，其身份认同越好（R＝－0.321）。同样，身份认同（身份适应、身份归属、身份评估）与集中教育和社区服务之间也存在着显著的负相关。因此，当社区矫正对象认为其在集中教育和公益劳动的过程中收获越大，其身份认同越好。

表5－5　教育矫正中的相关规定与身份认同之间的相关性分析

	身份认同	身份归属	身份适应	身份评估
集中教育	0.346**	0.191*	0.374**	0.122**
社区服务	0.335**	0.190**	0.378**	0.094**

注：显著度水平为：＊＊＊P＜0.01，＊＊P＜0.05，＊P＜0.10。

第三节　适应性帮扶下社区矫正对象的身份认同

适应性帮扶主要指的是当矫正对象在社区矫正的过程中遇到一些基本困难时，社区矫正工作者需要调动多方资源，帮助其解决基本困难。具体包括社区矫正对象在矫正过程中遇到的心理、就业、家庭、法律等问题。因此适应性帮扶是为社区矫正对象提供服务和解决基本生活问题，是社区矫正制度中最体现人性化的一项措施。[①]

一、适应性帮扶的制度规定

在《社区矫正法》中没有将适应性帮扶作为专门的一类进行规定，而是将适应性帮扶与教育矫正放在一类。在更为具体的《社区矫正实施办法》中，则对适应性帮扶作出了专门的规定。本文将适应性帮扶的制度规定分为三个部分：生活救助、就业帮助、法律服务。

---

①崔雨桐、王可人：《社区矫正中的教育矫正与帮困扶助问题研究——以哈尔滨市为参考》，《佳木斯职业学院学报》2019年第3期。

（一）生活救助

在生活方面的适应性帮扶主要是针对社区矫正对象在日常基本生活中遇到的一些困难，社区工作人员可以为其提供一些生活上的帮助。例如因重大疾病导致的经济困难，因就业困难而导致基本生活难以得到保障，因特殊原因而导致户口无法解决。这个时候社区工作人员可以为这些社区矫正对象提供一些生活上的帮助。例如可以帮助其申请低保，开展临时生活和医疗救助等，旨在帮助其解决基本的生活困难。《社区矫正法》规定：

第三十八条　社区矫正机构可以利用社区资源，采取多种形式，对有特殊困难的社区矫正对象进行必要的教育帮扶。①

在《社区矫正实施办法》中也同样对社区矫正对象在生活方面的适应性帮扶作出了如下规定：

第四十五条　社区矫正机构依法协调有关部门和单位，对遇到暂时生活困难的社区矫正对象提供临时救助。②

（二）就业帮助

社区矫正对象由于生活在社区之中，因此在条件合适的情况下，他们可以进行相关简单的工作。但在本质上其身份依然是服刑人员，所以社区矫正对象在社区矫正期间又会遭遇到很多阻碍。造成这些阻碍的原因一方面是来自于社区矫正对象自身的技能不足，一方面也是来自于社会的排斥。针对社区矫正对象的就业帮助在《社区矫正法》和《社区矫正实施办法》中有如下规定：

第四十一条　国家鼓励企业事业单位、社会组织为社区矫正对象提供就业岗位和职业技能培训。招用符合条件的社区矫正对象的企业，按照规定享受国家优惠政策。③

第四十五条　对就业困难的社区矫正对象提供职业技能培训和就业指导。④

---

① 全国人民代表大会常务委员会：《中华人民共和国社区矫正法》第三十八条，2019年。

② 最高人民法院最高人民检察院公安部司法部：《社区矫正法实施办法》第四十五条，2020年。

③ 全国人民代表大会常务委员会：《中华人民共和国社区矫正法》第四十一条，2019年。

④ 最高人民法院最高人民检察院公安部司法部：《社区矫正实施办法》第四十五条，2020年。

（三）法律服务

当社区矫正对象在社区中的矫正任务完成后，他们理应享受和正常人一样的政策对待。但是由于身份的原因，他们会在日常的生活和就业中遭受到一定的歧视并且还会受到不公正的待遇。而大部分社区矫正对象的法律意识淡薄，他们对于国家的政策和法律规定了解得并不是很清晰，因此需要对其在法律层面提供相关服务。这能在很大程度上保护好社区矫正对象的基本权益。针对社区矫正对象的法律服务《社区矫正法》和《社区矫正实施办法》中有如下规定：

第四十三条　社区矫正对象可以按照国家有关规定申请社会救助、参加社会保险、获得法律援助，社区矫正机构应当给予必要的协助。[1]

第四十五条　帮助符合条件的社区矫正对象落实社会保障措施；协助在就学、法律援助等方面遇到困难的社区矫正对象解决问题。[2]

二、适应性帮扶制度对社区矫正对象的作用

因为适应性帮扶主要是对社区矫正对象提供相关的帮助，所以对他们的作用更多的是积极正面，能让社区矫正对象感受到关爱和温暖。一方面，适应帮扶的制度规定能够帮助社区矫正对象解决基本的生活困难，另一方面，也能帮助他们消除再社会化过程中的一些障碍。

（一）解决基本生活困难

社区矫正对象由于其自身的特殊身份，在入矫之后并不能完全像常人一样享受基本的权利，在就业、社会交往、政策对待上都会面临阻碍。例如有的社区矫正对象入矫之后会因其特殊身份而被迫放弃原来的工作，因此在经济方面存在困难；有的社区矫正对象在未假释之前是在监狱服刑，因此和社会脱钩，当进入社区矫正后对人际交往心存畏惧等；有的在矫正期间突发意外身体残疾，而家庭经济条件已不允许其进行治疗。因此，当社区矫正对象遇到了此类基本生活难题之时，社区矫正工作人员需要为其提供适应性帮扶，可以帮助他们申请低保，还可以为社区矫正对象开展临时生活或医疗救助，帮助其解决基本生活困难。这能够让社区矫正对象感受到人文关怀，重新树立起对生活的信心。

---

[1] 全国人民代表大会常务委员会：《中华人民共和国社区矫正法》第四十三条，2019年。

[2] 最高人民法院最高人民检察院公安部司法部：《社区矫正实施办法》第四十五条，2020年。

（二）消除再社会化中的障碍

社区矫正对象的再社会化问题一直都是学者们关注的问题。有些社区矫正对象会受到来自家庭或者社会成员的排斥，这些会导致他们逃避现实，自暴自弃，甚至仇视社会。而一旦出现这样的情况，社区矫正机构和社区矫正工作者就可以积极调动各种社会组织的力量，来指导和帮助他们消除在再社会化过程中所遇到的障碍。当这些问题解决了，也就消除了社区矫正对象在再社会化中的障碍，能充分保证他们的基本权益，从而增强其幸福感，也能够使他们更好地适应社会发展的节奏，增强其服务社会的信心和提升其重新生活的能力。

三、适应性帮扶制度对身份认同的影响

在适应性帮扶的制度规定作用下，对社区矫正对象身份认同所造成的影响主要分为两个方面，一方面是对"社会成员"身份认同的强化，另一方面是对"服刑人员"身份认同的削弱。

（一）"社会成员"身份认同的强化

在适应性帮扶的制度规定下，社区矫正工作人员组织一切有可能的社会力量来帮助社区矫正对象解决生活难题。而这些措施与监督管理和教育矫正中的监管有着本质上的不同，前者更具有"福利性"。而"福利性"的制度规定会强化社区矫正对象对"社会成员"身份的认同。

> 我以前在银行上班，工作一直很努力，但不知道什么原因，银行直接把我辞了。那段时间我心里很难受。但工作人员小刘给我提供了很多帮助，帮我找各种就业机会和就业资源。去合唱队就是她推荐的，在此之前我从来没想过去合唱队，可能她也是想让我分散注意力……其实有时候想想自己也是个很幸运的人，遇到了很多好人，他们都愿意理解我，真诚地帮助我。（社区矫正对象10）

在此案例中，社区矫正工作人员不仅仅是帮助该社区矫正对象解决了其基本也是最需要解决的就业困难，更重要的是，该社会工作者一直都在用最温暖的方式去关切该社区矫正对象，这会在无形之中传递给他一种信号即"社会工作者是在真正地关心他"。这就使社区矫正对象体验到了除了社会排斥以外的社会支持。这在一定程度上强化了他们对自身"社会成员"身份的认同，从而能够加快社区矫正任务的完成。

（二）"服刑人员"身份认同的削弱

通过对不同社区矫正对象制定不同的适应性帮扶办法，既尊重了社区矫正对象的主体性和差异性，同时也能够在很大程度上减少过分监督管理所带来的负面影响，使社区矫正对象能够更好地融入社会。这样的制度规定能够给社区矫正对象带来比较积极的情感体验，在很大程度上弱化其对自身"服刑人员"身份的过分感知，同时也能更好地让其感受到爱和温暖，从而能更积极地进行改造。①

　　能看到他们花了很多心思的，也能看出来他们很辛苦的。从他们身上我感受到了一种来自社会的关爱，我觉得这个世界还是处处充满温暖的。那样一想觉得我也不那么难受了，所以说我是尽可能地去配合和参与吧。因为他们尊重我、信任我，让我感觉自己不是一个什么都算不上的服刑人员了，那我也要回馈他们。

（社区矫正对象11）

从上面例子可以看出，社区工作人员对社区矫正对象的真切关心会给他们带来非常积极的"情感体验"。对于部分社区矫正对象来说，较强的身份感知会给他们带来非常大的心理困扰，基本生活得不到保障更会让他们郁郁寡欢，从而引发其他的问题。但是在适应性帮扶的制度规定下，会使得部分社区矫正对象对自身"服刑人员"的身份意识有所弱化。

第四节　监管与服务之间的张力及社区矫正对象的身份焦虑

社区矫正克服了监狱服刑的缺点，让社区矫正对象在自己熟悉的社区中进行矫正，是恢复性司法理念的体现。② 而社区矫正制度便是这一人性化理念下的产物，在这种理念下就必须考虑到社区矫正对象身份的双重特性，既需要对其进行监管，也需要为其提供服务，而且，监管与服务之间还存在一定的张力，会进一步影响这一群体的身份焦虑。

---

① 李戈辉：《画地为牢：监外服刑罪犯在社区变身"守法公民"》，浙江大学2018年硕士学位论文。
② 杨彩云：《规训与调适：社区服刑人员的社会融入研究》，华东理工大学出版社2018年版。

一、监管与服务之间的内在张力

社区矫正的三大任务对社区矫正对象的身份认同都会产生影响，并且这些影响并不是完全独立作用的。在有些特殊情况下这三大任务可能会同时对社区矫正对象产生要求，例如当监督管理的制度规定与适应性帮扶的制度规定、教育矫正制度规定与适应性帮扶制度规定以及监督管理制度规定与教育矫正制度规定之间发生冲突时，即当监管和服务之间产生张力与矛盾时，难免会使社区矫正对象产生角色矛盾和身份冲突。这主要体现在社区矫正对象在"社会成员"和"服刑人员"两重身份之间的矛盾。社区矫正对象往往难以在这两种身份之间进行很好的调适与抉择，因此给他们带来了较为严重的身份困惑和认同危机。

（一）监督管理与适应性帮扶之间的张力

监督管理与适应性帮扶之间的张力和矛盾主要表现在报告要求与工作需要之间的矛盾、制度排斥与帮困扶助之间的矛盾。由于监督管理的制度规定和适应性帮扶的制度规定二者在理念上存在很大的不同，前者能深刻体现社区矫正的监管目的，而后者则更明显体现社区矫正的服务目的，因此这两者之间产生张力和矛盾的频率也是最多的。当监督管理层面的强制性和适应性帮扶的人性化目的之间发生冲突矛盾时，会让社区矫正对象产生对自我身份认同的怀疑。

> 有的时候我很不明白，甚至难以理解社区工作人员这么做的目的是什么。记得有一次，因为我家里母亲出了车祸残疾了，经济方面出现比较大的困难，社区工作人员知道我家的情况后，给我找了一份在超市当收银的工作，但是又因为我是社区服刑人员的原因啊，需要定期报告的。那天我记得很清楚，社区工作人员让我上午去汇报下，但是我的工作又让我走不开，等到下个星期轮换的时候我再去汇报，但是社区工作人员对我的态度就不是很客气了。所以我就觉得既然给我找工作了为什么不能稍微理解下呢？（社区矫正对象12）

从上面的案例中不难发现因为监督管理的制度规定需要社区矫正对象经常汇报，外出也需要层层上报，因此社区矫正对象在日常生活中很多方面都会受到很大的限制。但是适应性帮扶制度规定下，又需要对有经济困难的社区矫正对象提供就业帮助。因此当两者发生冲突和矛盾时，会给社区矫正对象带来很大的困惑和焦虑。

（问：这里司法所的工作人员，在其他方面会给予你帮助吗？）有的。最近这两年，他们一方面对我进行监管的同时，还会安排大学生给我女儿辅导作业，街道的司法所有时候也会来看一下，拿点东西，拍个照，就像哪个企业有爱心捐赠一样。但是我是觉得这个东西就像远水解不了近渴，我的意思是实际的生活困难你关心了没有，拿低保的不用上班一个月能拿700、800，我每天上班的除去缴纳社保金额一个月拿1000，你说心里平衡吗？社区是要对我提供最低生活保障，但是这个最低生活保障已经比普通人要低了，难道上面不知道吗？不知道这样的监管下就已经给我们带来了很大的影响吗？然后还让我们定期报到，外出要汇报，这样我还怎么去就业呢？这样就算社区给我提供就业岗位，我也不想去了。（社区矫正对象03）

从这个例子发现社区矫正在监督管理方面的制度规定，会在不知不觉中影响到社区矫正对象本应享有的权益。而这会与适应性帮扶的宗旨产生一定程度的矛盾，进而会给社区矫正对象带来比较大的困惑。因为在我国社区矫正的监督管理规定和在现存的劳动就业制度及相关法律法规作用下，均将社区矫正对象等受过刑事处罚的群体排除在部分行业、岗位之外。在社区矫正监督管理制度规定的强制作用下，会直接削弱社区矫正对象在养老保险、失业保险及最低生活保障上的本该享受的福利待遇。而在适应性帮扶中，主要的制度规定是针对社区矫正对象的生活帮助、就业帮助和法律帮助。而当两者同时对社区矫正对象产生作用时，监督管理制度规定与适应性帮扶制度规定就会发生冲突。

例如有的社区矫正对象因为生活困难需要政府提供最低生活保障及临时救助，这是他们出狱初期生活的主要来源之一。但临时救助由于金额限制而作用有限，很难满足其生活需求。而在监督管理的制度规定下，他们的出行和会客都会受到很大限制，并且还有定期汇报，因此对他们的就业会造成很大影响。而当他们安顿下来投入到新的工作中去自食其力时，却发现其实际收入在扣除社会保险费之后反而比当初的低保金还低，且享受低保的资格被取消。与之相关联的廉租房补贴及临时补助等都不能再享受，造成其就业后的实际生活质量可能比领取低保时还低。这在一定程度上降低了部分社区矫正对象的就业意愿，他们宁愿在家领低保也不愿去工作。与之关联的是，社区矫正对象在养老保险、失业保险及最低生活保障上也面临制度排斥。监督管理的制度规定有利于监督管理，但是这样的制度规定也会对社区矫正对象产生排斥，影响到他们的基本权益，这就会与适应性帮扶之间形成矛盾。

> 我觉得社区工作人员给我的感觉是一种居高临下的感觉，尤其是在要求我们报告或者对我们的出行和会客进行监管时，我能明显地感觉到自己服刑人员的身份，但是当他们给我们提供帮助时，我在生活上有困难的时候，他们对我进行帮助，我又能深刻感受到一种温暖。（社区矫正对象14）

从这个例子可以看出，在这两大任务中社区工作人员所扮演的角色是不一样的，在执行监督管理任务的时候是冷色调的，而在执行适应性帮扶的时候则是带有暖色调的。在社区矫正实践中监督管理任务很大一部分还是由矫正社会工作者协助司法行政机关完成。也就是说，矫正社会工作者在工作中要扮演监督者和管理者的角色，并且这种监督和管理内容是制度所规定和强制的，不以矫正社会工作者和矫正对象的意志为转移。这使得矫正社会工作者与社区矫正对象的关系并不能像真正意义上的社会工作者和主动来访的服务对象的关系，因此可能会形成一种非自愿的关系。这限制了社会工作者在社区矫正过程中作用的发挥。而另一方面当社区工作人员扮演服务角色的时候，带给社区矫正对象的感受可能相反。当社区矫正对象受到这两种角色同时对待时，会有明显的无所适从感，这样也就会给他们在身份体验上带来一种矛盾。

（二）教育矫正与适应性帮扶之间的张力

在教育矫正和适应性帮扶之间，存在着在场要求和工作开展之间的矛盾。如前所述，社区矫正既有服务类的制度规定，也有惩罚类的制度规定，既对社区矫正对象进行监管也会为其提供相关服务。而在适应性帮扶的制度规定中主要是为社区矫正对象提供服务，包括生活帮助、就业帮助、法律援助等方面。而在教育矫正关于惩罚类的制度规定中，例如要求社区矫正对象参加社区公益活动和社区服务时，这会与适应性帮扶方面的制度规定产生矛盾。

具体来说，当部分社区矫正对象需要参加社区公益活动和社区服务的时候，由于他们本身是有工作的，而在教育矫正中要求社区矫正对象所参加的社区公益活动和社区服务属于一种惩罚性的制度规定，意味着强制性。因此强制性的制度规定中往往人性化的成分不多，大多数情况都是要求社区矫正对象必须在规定时间内去完成。因为社区矫正中的公益劳动具有规范性，在公益劳动的时间、场所、形式、内容、监督、管理等方面都有明确的限定，且是无偿劳动。① 因此这必然会使得部分有工作的社区矫正对象在社区服务和日常工作之间产生矛盾。

> （问：公益劳动是第一个月开始吗？你负责的对象参加社区服务的情况怎么样？）是的，社区服务从宣告结束那个礼拜就开始了。他们大多是有工作的，社区服务的基地有礼拜二和礼拜天两天开放时间，他们上班的可以选择一个时间去劳动，礼拜二没空礼拜天去。其他社工老师的劳动基地都是工作日开放，社区服务的时间与矫正对象工作时间可能会有点冲突，导致他们没办法去劳动。有时候只能叫他们抽空去补一下，但也只是补个签字。（问：如果只是去补一个签字而没有真正落实的话有什么作用吗）社区矫正没办法，这也是没有办法的事，因为有时候不是对象自己主观上不愿意去做，但他们的确很忙，要是能让对象自己选择社区服务的时间就好了，因为他们主观上还是想劳动的。（社区矫正社会工作者02）

这个案例表明，社区服务虽然名义上是社区服务，但是本质上都是带有强制性和惩罚性的特点。虽然会有社区比较人性化，例如案例中的这样的社区，可以让矫正对象去补签，但是大部分的社区在针对社区矫正对象的社区服务都是带有强制性的。而对于有工作的社区矫正对象来说，这样的规定会给他们的身份认同产生影响，更会影响他们的行为选择。

> 我觉得我有时候就很矛盾，甚至有些在这样那样的要求中显得无所适从，你应该知道像我们保安工作一般来说都是很难有双休日的，除非等到调休，所以也没有啥假期可言，因为本身的身份我是知道的，所以我对社区提供给我的这份工作是非常珍惜的。但是我每个月必须还要参加8个小时的社区服务和公益劳动，我对社区服务没有啥可抱怨的，但是他们非要我在那个规定的时间中去参加社区里的公益劳动，我觉得这有点不近人情，我想跟他们说可不可以换个时间，他们说这是规定，不能因为我这样而耽误了整体的社区服务进程。我自己非常知道我这份工作的重要性，因为现在的我非常需要这样一份工作，但是同时我也知道如

① 吴宗宪：《社区矫正导论》，中国人民大学出版社2011年版，第312—315页。

果我违反规定会带来什么后果，我害怕被重新收监，相比于违反社区矫正规定，我宁愿牺牲一些工作的时间。（社区矫正对象15）

从这个例子可以看出在这样的制度规定下社区矫正对象的矛盾和行为选择。在绝大多数情况下，社区矫正对象对社区矫正机构组织的公益劳动活动比较配合，因为有的社区矫正对象在入矫之后基本上都是待在家里面，而社区矫正机构组织的社区服务能让他们获得更多的交流。但是还有很多社区矫正对象是有自己的工作的，然而当社区矫正机构所要求的时间与该社区矫正对象的工作时间产生冲突时，社区矫正对象因为害怕违反社区矫正的相关规定而受到相关惩罚，这部分社区矫正对象会直接选择暂缓手头的工作，哪怕经济收入会受到影响，他们也会被迫性地去参加社区服务。而这样又比较明显地违反了适应性帮扶中帮助社区矫正对象解决基本生活困难的初衷。这需要社区矫正机构和矫正社会工作者在社区服务的时间、内容、地点、方式、结果等方面有所调整。

（三）监督管理与教育矫正之间的张力

在监督管理和教育矫正之间存在强化在刑意识和去标签之间的矛盾。如前所述，在教育矫正的制度规定中按制度的目的性主要划分为两个部分，即服务性的制度规定和惩罚性的制度规定。其中惩罚性的制度规定与适应性帮扶制度规定之间的张力和矛盾在上一小节中已经作出了相关讨论。而在社区矫正中关于服务方面的制度规定与监督管理的制度规定在有些情况下同样也会产生矛盾。具体体现在，在监督管理的制度规定下，由于一般监督管理的制度都是带有强制性，是不以社区矫正对象的意志为转移的，他们必须服从监督管理的相关制度规定，否则就会受到严格的处罚甚至会被重新收监。在这种威慑和惩罚下，可以强化矫正对象的在刑意识，同样也会强化其对"服刑人员"身份的认同，这就在一定程度上给社区矫正对象带来一系列的心理健康问题。相关研究表明，社区矫正对象大多存在一定的心理障碍，如焦虑、迷茫、敏感、自卑、自闭、烦躁、易怒、抑郁等不同症状。这种心理状态可能是他们在社会融入过程中遭遇社会排斥后产生的，也进一步成为其社会融入的新障碍，乃至成为其重新犯罪的诱因。[①] 然而在教育矫正中关于服务方面的制度规定中又要求对社区矫正对象提供心理矫治的相关服务。因此当对社区矫正对象进行监督管理

---

① 沈海英：《农村社区服刑人员心理健康状况的调查研究》，《法制与社会》2011年16期。

时，会有部分出现相关的心理问题。而当这些社区矫正对象在接受监督管理的同时又需要接受心理方面的教育矫正，当这两种作用同时作用在社区矫正对象身上时，难免产生矛盾。

（问：被判刑这件事有影响到您一家人的关系吗？）有总归有，但我能怪谁呢，怪儿子？儿子被抓进去了，只能怪自己。我呢有时候要对我老婆发发牢骚，没办法，因为这事平时心里比较烦，要发发牢骚，要发泄发泄。（问：主要是烦些什么？）各方面都很烦。第一，儿子出事，我受牵连；生意又不能做，趴下了；钱也花了这么多。总之，这一年脾气很差，就像一车汽油有一点火苗就能着了。心里有点烦，讲难听点，聚少成多，当我不开心的事多了，我就很容易心理压抑，当这些不开心的事情加在一起，老婆稍微有一点什么事就很烦，心里很郁闷。所以，也就跟老婆发发牢骚，跟别人犯不上，你这样别人才不会理你的（问：社区工作者知道你这样，他们来对你进行心理疏导了吗？）没有，他们那么忙，又不是只有我一个这样的。[1]（社区矫正对象16）

在案例中可以看出社区矫正对象是非常容易出现心理问题的。访谈中发现，被访者因其儿子犯事进监狱，自身也因牵连被判缓刑而产生较为严重的心理障碍，但矫正社会工作者并没有对此展开有效的心理矫治措施。这在客观上缘于当前矫正社会工作者所要负责的社区矫正对象数量繁多，因此无法对每一个社区矫正对象都采取针对性的措施，更难以有时间和精力顾及社区矫正对象微妙的心理状况，而专职或志愿心理矫治工作者又较为缺乏。在主观上，当然也和部分矫正社会工作者缺乏心理疏导、心理辅导的相关技巧有关，而社区矫正对象一般又不愿意将自己的这些想法透露给社会工作者，从而使之长期生活在心理亚健康状态。有的社区矫正对象因此产生了重犯行为，直到被抓获后才由警方告知社会工作者。

在没有犯错之前，我算是一个比较阳光开朗的人吧，虽然没有在监狱中进行服刑已经算是幸运了，但是自从回到社区进行服刑，社区工作人员对我的管理非常严格，有的时候我都觉得这样有点太过了，毕竟都在社区服刑了，有必要对我这样严厉监管

---

[1] 杨彩云：《规训与调适：社区服刑人员的社会融入研究》，华东理工大学出版社2018年版。

吗？感觉他们就是刻意要让我明白自己是个"罪犯"而不是社区居民，不过我也没有什么办法。后来我感觉我在社区中走路都会招来别人异样的目光，我也感觉自己有时候抬不起头来，挺丢人的，基本在家。估计是家里人发现了吧，觉得我心里出现了问题，然后社区矫正人员就过来要对我进行心理辅导，我觉得很好玩，当初对我严格监管，又跑过来对我的心理问题进行辅导，真挺搞笑的，与其这样还不如当初对我亲和点。我不知道你（访谈者）是怎么想的，但是我总感觉这样是比较矛盾的。（社区矫正对象17）

在这个案例中可以看出，社区矫正监督管理的制度规定会对社区矫正对象的心理产生较大的影响，会引发一系列的心理和精神问题。虽然案例中案主的家人发现了他的问题并且告知了社区工作人员，但是反而更引起了社区矫正对象的反感。因为在监督管理中往往不会去在意矫正对象的个人心理感受，而在教育矫正中又需要对社区矫正对象提供心理服务。当这两者同时进行的时候则难免会让矫正对象显得无所适从，这两个案例也在很大程度上凸显了社区矫正在心理矫正方面的严重不足和缺陷。从根源上看，社区矫正对象的心理障碍与在现实生活中遭遇的困难密切相关。因此，社区矫正机构和人员一方面需要动员相关资源解决社区矫正对象所面临的现实问题，另一方面也要重视其心理问题。

二、矫正制度限定中社区矫正对象的身份焦虑

社区矫正的三大任务按宏观层面的作用来分主要分为监管和服务，即要对社区矫正对象起到监管和服务的作用。但是在社区矫正的过程中，这三大制度规定并不是单独地对矫正对象产生作用，在有些情况下往往会同时作用，这就使得在监管和服务之中往往会产生矛盾和张力。这会给社区矫正对象带来不同的身份体验和身份认同感，进而给其带来一定程度的身份焦虑。对于社区矫正对象而言，他们的身份认同危机和焦虑主要体现在"社会成员"和"服刑人员"身份的转换之间。具体而言就是当这三种不同的制度规定发生相互作用的时候，他们会使得社区矫正对象在这两种身份中进行自我认同的选择，使之产生身份焦虑。

当监督管理与适应性帮扶之间发生张力与矛盾的时候，社区矫正对象对自己是一个"服刑人员"身份的体验要明显地高于"社会成员"的身份体验。因为监督管理的制度规定是带有强制性和惩罚性的，如果社区矫正

对象没有按照相关规定去执行的时候，他们将会受到严厉的警告甚至是被重新收监。在这种情况之下，社区矫正对象会将自己"社会成员"的身份暂时放在一边，而把自己"服刑人员"的身份提到首要地位。而有的社区矫正对象在碰到这样的情况后，他们会仔细地权衡利弊。例如当教育矫正中的惩罚规定与适应性帮扶的制度规定产生矛盾时，部分社区矫正对象会优先选择自己的工作，而不去参加社区的公益劳动，这就把自己的"社会成员"身份放在首位，而把"服刑人员"身份放在后面。

这都表明社区矫正对象在碰到这样的情况后会有一个明显的身份焦虑，他们会在这个时候仔细地权衡利弊后去作出对自己有益的决定。当然造成这些身份焦虑和行为选择的原因有时候不单单是制度层面所带来的。研究显示社区矫正对象的这种行为选择以及身份焦虑有时候与其自身的原因有关，例如有的社区矫正对象对社区矫正制度比较畏惧，因此时时刻刻都处在压抑的状态，有的社区矫正对象对社区矫正制度一直处于比较遵守的状态，还有的对社区矫正制度比较反抗。当然由于社区矫正对象服刑的场域与监狱有很大不同，他们的日常生活和社会成员并无太大差别，社区场域的开放性同样也会对社区矫正对象的身份焦虑产生一定的影响。但是从根本上来说这些都要回归到制度本身，正因为这样的社区矫正制度以及相关规定才会带来社区矫正对象服刑场域的不同，同样也会对其行为选择和身份认同产生不同作用。

三、身份焦虑的形塑机制

社区矫正制度弥补了监狱服刑人员社会融入度不够的缺点。因为在监狱服刑中，强调最多的就是对服刑人员的监管。这样的环境以及制度约束下，服刑人员只能接触同类群体，是不利于其实现良好再社会化的长远目标的。而社区矫正制度虽然更具人性化，但是这种人性化并不是完全放开，依然要对社区矫正对象进行监管，在这个基础之上为其提供相关的服务。这在很大层面上就体现出了社区矫正制度兼具惩罚性与福利性的二重性特征。[①]

（一）社区矫正制度的二重性

社区矫正制度的惩罚性主要体现在监督管理和强制性公益劳动上，福

---

① 史柏年：《刑罚执行与社会福利：社区矫正性质定位思辨》，《华东理工大学学报（社会科学版）》2009 年第 1 期。

利性则体现在教育矫正和适应性帮扶上。福利性的制度规定一般会强化矫正对象对"社会成员"身份的感知,弱化其对"服刑人员"身份的感知。而惩罚性的制度规定产生的作用则相反,并且在这种惩罚性和福利性发生交互作用时,也会给社区矫正对象带来不同程度身份体验。

如前所述,社区矫正制度具有非常明显的二重性特点,即惩罚性与福利性。这种惩罚性和福利性的特点从表面上看是有矛盾的,并且是不可调和的。但是惩罚性和福利性在矫正目标上是内在统一的,并不是相互独立而存在的。之所以要惩罚这些社区矫正对象,是为了让他们吸取教训,防止他们重新犯罪。而福利性是为了社区矫正人员有基本的生活保障,不至于通过违法的手段来满足自己的需要。这样看,前者是为了社区矫正对象吸取教训不再违法,而后者是为了提升社区矫正对象的能力,不再违法。只是路径方式的不同,一个是外在的控制,一个是内在能力的提升。但是从宏观层面上来看,惩罚性和福利性都是为了防止他们重新走上违法的道路,二者是可以调和的,并不是完全独立开来的。也就是说虽然社区矫正制度的二重性会给社区矫正对象带来矛盾和张力,但是可以扭转这种危机,将两者结合起来达到社区矫正的目的。例如在上海的社区矫正试点过程中,运用社会工作人性化的理念和方法帮助社区矫正对象进行良好的社会化,是对社区矫正理念方法的一种探索和创新,因而和刑罚执行具有内在统一性。[①] 因此,社区矫正制度虽然有着比较明显的二重性特点,但是二者之间并不是互为对立的个体,而是有着内在统一性,这个内在统一性也为针对社区矫正对象的身份认同危机提出干预策略提供了可能。

因此针对社区矫正对象的身份焦虑,在制度层面可以提出的介入策略是提升社区矫正对象对矫正制度的遵从性。通过相关性分析,如表5—6所示:

表5—6　身份认同与矫正规定的遵守熟悉程度的相关性分析（N＝4034）

	对社区矫正规定的遵守程度	对社区矫正规定和要求的熟悉程度
身份认同	0.115**	0.216**

注:显著度水平为:***P<0.01,**P<0.05,*P<0.10。

---

① 张昱:《论社区矫正中刑罚执行和社会工作的统一性》,《社会工作》2004年第5期。

身份认同与社区矫正对象对社区矫正规定的遵守情况是相关的（R＝0.115，P＝0.000＜0.01），意味着对社区矫正规定的遵守执行情况越好，其身份认同越好；社区矫正对象的身份认同与其对社区矫正规定的熟悉程度也是呈正相关的（R＝0.216，P＜0.01），即社区矫正对象对社区矫正规定和要求越熟悉，其身份认同越好。因此在以后的社区矫正中，针对有身份焦虑的社区矫正对象，社区工作者可以通过相关措施提升其对社区矫正制度的遵从性，这样就能加深他们对矫正规定的遵从和熟悉程度，从而能够降低身份焦虑。

（二）制度约束下社区矫正对象的内在困境

从社区矫正对象的个体分析原因主要如下：个体能动性、双重身份、心理落差与心理冲击。

A. 个体转化能力不足

社区矫正对象的个体转化能力不足是引起身份焦虑的主体性原因。不同的人对同样的制度的认识是不同的，社区矫正制度的直接约束群体主要是社区矫正对象，同样每个社区矫正对象都是有着个体差异性的。他们有着不同的性格，不同的经历，不同的价值观，因此他们对社区矫正制度都有着自己的理解。他们对制度的认识，对制度的困惑是不同的，在制度约束下的行为选择也是不同的。这些社区矫正对象在社区进行矫正的过程从某种意义上来说就是对社区矫正制度的一种内化过程，通过对矫正制度进行不同的内化直到最终将其外化为自己的行为。在这一过程中产生三种"守法逻辑"——遵从性守法逻辑、畏惧性守法逻辑和弱者的反抗。[①] 在不同的"守法逻辑"下，社区矫正对象的行为选择是不同的，"遵从性"的社区矫正对象对制度规定的态度是比较认同的，其外在的行为表现是能够较好地遵从各项规定。"畏惧性"的社区矫正对象对社区矫正制度规定是不认同的，只是出于畏惧心理而选择的表面化遵从。而"反抗性"的社区矫正对象对制度规定也是不认同的，其外在的行为表现是不同程度和形式的抗拒。

例如在同样的制度规定下，有的社区矫正对象会选择认真去服从，会按时去报到，按时去参加集体劳动。但是有的社区矫正对象则会去抗拒这样的制度规定，他们不想去按时报到，对集体劳动也不愿参与。而有的社

①杨彩云：《规训与调适：社区服刑人员的社会融入研究》，华东理工大学出版社2018年版，第100页。

区矫正对象则完全是因为害怕再次受到惩罚而去服从这些规定，但是其实心中对这样的规定约束是完全不赞同的。而不同的行为选择会给不同的社区矫正对象带来不同的身份焦虑，对自身身份的认同程度也存在差异。有的社区矫正对象对自身的身份焦虑比较弱，他们会觉得自己与平常没有太多不一样。而有的社区矫正对象的身份焦虑比较强，会严重地影响到他们的日常工作和生活。因此在社区矫正的制度约束下，社区矫正对象自身对于制度的不同认识逻辑影响到了他们的行为选择，而不同的行为选择之间会产生矛盾和张力，而这就会给他们带来不同程度的身份焦虑。

B. 双重身份的平衡

由于社区矫正对象同时拥有双重身份，这样的双重身份之间是非常容易产生冲突的。如表5-7所示，在调查遵守矫正规定与社区矫正对象其他工作或者生活开展之间的冲突程度时，只有20.1％的人表示遵守矫正规定与自己的其他工作生活之间没有冲突。其中冲突非常大的占到了6％，22.8％的人表示自己在遵守矫正规定和自己日常生活安排之间有比较大的冲突，这其实也说明了有绝大部分社区矫正对象在遵守矫正规定时会与自己的生活和工作的开展产生冲突。

表5-7 矫正规定与生活冲突程度的描述性分析（N＝4034）

题项	频率	有效百分比
冲突非常大	242	6.0
冲突比较大	919	22.8
冲突不太大	2061	51.1
没有冲突	812	20.1
合计	4034	100

而当这两者之间产生冲突时，社区矫正对象会有着各自的应对方式，如表5-8所示，有26.6％的人表示自己社区矫正规定和日常生活之间产生冲突时，会完全停止其他活动而去遵守矫正规定。这种情况下，他们的"社会成员"身份的体验感是非常差的，还有43个人表示自己碰到这样的情况不知道如何去处理，还有4个人当发生这样的冲突时会选择弄虚作假

地遵守这些规定。

表5-8　关于社区矫正对象应对方式的描述性分析（N=4034）

题项	频率	有效百分比
在不违背矫正规定的情况下积极开展工作生活	2915	72.3
为了遵守矫正规定而停止其他一切工作生活	1072	26.6
很迷茫不知道如何处理	43	1.1
为免被处分而弄虚作假地"遵守"矫正规定	4	0.1
合计	4034	100

　　这些表明了在社区矫正时，社区矫正对象会在服从规定和自身生活工作之间产生冲突，而这样的身份冲突会导致他们的身份焦虑。社区矫正对象生活在社区之中，接触人群较为复杂，因此往往难以接受自己的双重身份，给他们带来了较大的心理负担。在两种身份同时作用于其身上时，他们会根据自己的利益，在经过思想斗争之后做出自己的行为选择，而这样也会带来不同的结果。例如有的社区矫正对象因为选择工作而不去报到，这样他们会受到来自社区工作人员的批评和训诫，这样的后果会让他们对自我产生怀疑和焦虑。因此他们常常在两种身份之间左右徘徊，会对自己的身份产生焦虑，最终选择逃避这个社会，而这些都是不利于社区矫正对象的再社会化。

　　C. 心理落差与心理冲击

　　一旦社区矫正对象进入社区矫正后，其原有的生活方式会受到巨大冲击而产生变化，因为绝大部分的社区矫正对象都是初次犯罪。[1] 因此当进入社区矫正后，在面对身份界定的时候，他们也因而经历更为复杂的自我认知过程。除了在身份界定过程会有复杂的心理活动之外，社区矫正对象的身份危机还来自于其巨大的心理落差感。因为社区矫正对象中并不是所

　　[1]李戈辉：《画地为牢：监外服刑罪犯在社区变身"守法公民"》，浙江大学2018年硕士学位论文。

有的都是底层人员，有一部分曾经生活富裕，社会地位高，成为社区矫正对象后，有的社会身份地位是一落千丈，经济来源也受到巨大的限制，会让其心理出现问题。而一旦社区矫正对象心理产生问题，不仅会影响到他们的社会交往，也会影响到他们的自身的行为选择和心理状态，因此他们不得不正视新身份和原有身份之间的差距。①

第五节　本章小结

社区矫正制度的内容分为监督管理、教育矫正和适应性帮扶。监督管理制度对社区矫正对象身份认同所造成的影响主要为在场强化，强制性的制度规定会强化社区矫正对象对"服刑人员"身份的认同。但是由于个体的差异性，部分社区矫正对象只有在进行报告或者参加社区矫正集中教育等强制性的规定的时候，才会去认真对待。教育矫正制度对社区矫正对象身份认同所造成的影响主要是双重身份建构和强化与弱化并存。双重身份建构是既建构了其"服刑人员"的身份，也建构了其"社会成员"的身份，并且教育矫正的制度规定中既有监管的内容也有服务的内容，因此对社区矫正对象身份认同的影响既有强化的作用也有弱化的作用。适应性帮扶制度对其身份认同所造成的影响在于，既强化其对"社会成员"身份的感知，又在一定程度上削弱其"服刑人员"身份的感知。因此，当社区矫正制度中的监管与服务之间产生矛盾和张力时，社区矫正对象往往难以在这两种身份之间进行良好的调适和抉择，进而带来身份焦虑。这和社区矫正制度具有的二重性特点，即惩罚性和福利性有关。此外，社区矫正对象的个体转化能力不足，对身份的平衡难以掌握，以及入矫之后的心理落差和心理冲击，也是引发其身份焦虑的重要原因。

---

① 李戈辉：《画地为牢：监外服刑罪犯在社区变身"守法公民"》，浙江大学 2018 年硕士学位论文。

第六章　凸显与消弭：就业行为与社区矫正对象的身份困惑

对社区矫正对象而言，就业不仅是能够获得一份工作和拥有一份收入，更重要的是通过自己的努力获得被社会尊重与认可的社会地位。他们就业稳定与否会影响其自我认知态度，也会影响他们对自我身份的看法。[①]本章通过使用 SPSS 软件分析收集到的社区矫正对象的数据，其总样本量为 4034 人。结果显示，有工作的社区矫正对象占比 57.1%，失业的占比 19.2%，半失业（打零工）的占比 12.4%，退休或无劳动能力的占比 11.2%。这说明社区矫正对象中的大多数是有稳定工作和收入来源的，但依然存在部分没有工作的。在此基础上，对有工作的社区矫正对象的工作类型进行描述统计，其样本量为 2806 人。结果显示，社区矫正对象中正式就业的有 1474 人，占比 52.5%；非正式就业（没签劳动合同的受雇者）占比 19.7%；个体户（自己开店）占比 14.6%；企业主（自己开公司）占比 13.2%。另外，在数据分析时，将正式就业以外的就业形态看作非正式就业来加以统计分析（表 6—1）。

表 6—1　不同就业状况的社区矫正对象身份认同情况（N＝2806）

	正式就业	非正式就业	T
	M±SD	M±SD	
身份认同	52.45±6.39	51.50±6.17	5.76***
身份归属	21.17±2.56	20.17±2.36	5.59***
身份评估	15.28±2.47	15.19±2.24	3.32***
身份适应	16.59±3.05	16.12±2.47	5.87***

---

① 岳建景：《试论对就业困难群体的职业指导——关于刑释解教、社区矫正人员就业援助的思考》，《中国就业》2006 年第 12 期。

将社区矫正对象不同就业类型与其身份认同、身份归属、身份评估、身份适应进行独立样本 t 检验，可以看出，正式就业与非正式就业社区矫正对象在身份认同方面存在显著性差异，因此本章在了解不同就业类型的社区矫正对象的身份认同现状的基础上，进一步探讨他们的身份认同状况是如何影响其就业的行为选择的，以及他们的就业实践与经历又是如何重塑其身份认同的。在此基础上讨论不同就业类型与其身份认同的关系及影响机制，进而对改善当前就业与政策中不合理的制度安排提供理论依据，并对社区矫正社会工作者介入此群体的就业问题提供一定的政策启示。

第一节　正式就业的社区矫正对象

一、正式就业社区矫正对象基本特征

在 1474 名正式就业社区矫正对象中，男性所占比重远远超过女性。36－60 岁的正式就业社区矫正对象最多且超过半数，占比 52.2%，18－35 岁的青年社区矫正对象也是正式就业的主力军，占比 47.1%。总体来看他们的文化程度较高，其中文化程度为大专的正式就业社区矫正对象占最大比例为 30.3%，本科及以上的占比为 28.7%，高中或中专的占比 22%。从住房状况来看，有稳定住所的社区矫正对象占比最大为 98%，没有稳定住所的（一年内变更三次及以上）仅有 2%，可见正式就业的社区矫正对象基本都有稳定的住所。从身体健康状况来看，社区矫正对象的身体健康状况整体较好，认为自己非常健康的占比 34.1%，比较健康的占比最大为 36.2%，认为自己身体健康状况一般的占比 23.7%，认为自己不太健康与非常不健康的分别占比 5.3% 和 0.7%。从平均月收入状况来看，社区矫正对象月收入在 2481 元至 6504 元的所占比重最大，达 42.1%，月收入在 6505 元至 10000 元的所占比例排名第二，达 25.8%，月收入在 1160 元及以下的所占比例最小，达 1.4%。通过查阅相关资料可知，自 2019 年 4 月 1 日起上海最低工资标准为 2480 元/月，城乡居民最低生活保障标准为每人每月 1160 元。通过横向比较可以看出，正式就业的社区矫正对象的人均月收入基本在城乡居民最低生活保障标准之上。从矫正类型来看，缓刑所占比重最大，假释次之。从婚姻状况来看，正式就业社区矫正对象的婚姻状况比较稳定，已婚的占比最大为 66.1%，单身未婚的次之，占比 13.8%（表6－2）。

表6-2　正式就业社区矫正对象基本特征（N＝1474）

项目	分类	百分比（%）	项目	分类	百分比（%）
性别	男	79	文化程度	小学及以下	4.1
	女	21		初中	14.9
年龄	18-35	47.1		高中或中专	22.0
	36-60	52.2		大专	30.3
	60以上	0.6		本科及以上	28.7
住房状况	有稳定住所	98	矫正类型	缓刑	97.2
	没有稳定住所	2		假释	2.1
月平均收入①	1160元及以下	1.4		暂予监外执行	0.7
	1161元到2480元	6.8	婚姻状况	单身未婚	13.8
	2481元到6504元	42.1		未婚但有伴侣	3.7
	6505元到10000元	25.8		已婚	66.1
	10001元到15000元	11.6		离异未再婚	12.5
	15000元以上	12.3		离异后再婚	2.7
身体健康状况	非常健康	34.1		丧偶未再婚	1.0
	比较健康	36.2		丧偶后再婚	0.2
	一般	23.7			
	不太健康	5.3			
	非常不健康	0.7			

①2019年该地区低保标准为每人每月1160元，2019年该地区最低工资为每月2480元，当地平均工资为每月6504元。

二、正式就业社区矫正对象的身份认同状况

身份是个体在社会化的过程中通过将自己拥有的资源与周围的其他人或群体进行比较，在不断对比中找到自己在社会中的相对位置。因此，身份认同由两方面构成，一方面来自于个体主观方面对自身拥有资源的认知，另一方面来自于对比下的客观社会的反馈，主观认知与客观建构之间的矛盾容易引发人们的身份认同问题。[①] 个体在身份认同的过程中会受到政治、经济、文化等各种因素的影响，在当今社会，身份本身变得更加不确定与多样化，需要一个"认同的过程"。[②]

社区矫正对象因为具有"服刑人员"和"社会成员"的双重身份，在我国法律制度的要求下，一方面他们是"服刑人员"，需要受到刑罚制度的约束，另一方面他们又是"社会成员"，与普通公民相比没有太大不同。[③] 他们的双重身份，使他们的自我认知、行为表现既要回应社区矫正制度的约束，又要符合日常生活中的角色规范，这就难免产生角色矛盾和身份冲突。[④] 并且在社区矫正制度之外，劳动就业空间中的规训力量也在影响着他们的身份塑造，与普通民众不同，他们往往面临就业中的制度壁垒和前科歧视。这导致他们与普通社会成员的符号边界既不断消融也更加清晰，更加引发其身份紧张。

基于前面章节内容，将社区矫正对象的身份认同划分为身份归属、身份评估与身份适应三个维度，这三个维度相互关联，又彼此独立。对正式就业社区矫正对象的身份认同状况进行描述统计，具体数据如下表所示：

---

①杨茂庆、史能兴：《身份认同理论观照少数民族流动儿童的城市社会融入与身份建构》，《民族教育研究》2018 年第 3 期。

②陶家俊：《身份认同导论》，《外国文学》2004 年第 2 期。

③王平：《社区矫正制度研究》，中国政法大学出版社 2012 年版，第 280 页。

④杨彩云：《流动性体验与差序化认同：基于社区服刑人员的实证研究》，《社会科学》2018 年第 5 期。

表 6-3　正式就业社区矫正对象身份认同状况统计（N=1474）

	最小值	最大值	均值	标准偏差
身份归属	9.00	25.00	21.17	2.56
身份评估	6.00	20.00	15.28	2.47
身份适应	8.00	20.00	16.59	3.05

（一）正式就业社区矫正对象的身份归属

由表 6-3 可知，正式就业社区矫正对象身份归属得分最大值为 25 分，最小值为 9 分，中等临界值为 17 分，得分越高，说明认同程度越高，得分越低，说明认同程度越低。正式就业社区矫正对象身份归属平均分为 21.17，远高于中等临界值，可知正式就业社区矫正对象身份归属状况较好。

正式就业的社区矫正对象相比其他类型的社区矫正对象来说有固定的收入或经济来源，他们的生活质量较好，经济压力、精神压力以及心理压力相对来说也会较小，甚至在主观上受到的社会排斥也会较小，因此，他们可能更加适应社会，也认同自己是"社会成员"的身份。

> 所以我就觉得这个工作也挺好，各方面就很适应。我现在回归社会，重新生活，我感觉我是从各方面都比较顺，然后经历过这个事情以后，就懂得珍惜生活。（社区矫正对象 18）

有学者在对流动人口的社会融入进行实证研究后表示，工作与生活的顺利开展，有助于个体产生心理归属感。[1] 当个体能够拥有一份体面的工作，并对这一工作感到满意时，便能够获得长期稳定在此地工作生活的资本。因此，对劳动者来说，决定他们是否想要留在一个城市，并且影响他们对自我身份认同状况的元素，不仅要在城市文化氛围与心理层面融入，经济方面的影响作用更大。[2] 社区矫正对象与流动人口在身份认同、身份

---

[1] 邓睿：《身份的就业效应——"城市人"身份认同影响农民工就业质量的经验考察》，《经济社会体制比较》2019 年第 5 期。

[2] 张华初、楚鹏飞、陶利杰：《中国流动人口社会融入的内部结构》，《华南师范大学学报(社会科学版)》2019 年第 5 期。

归属方面具有相似性，因此这一研究结果对社区矫正对象来说同样具有说服力。

（二）正式就业社区矫正对象的身份评估

对正式就业社区矫正对象的身份评估情况进行描述统计，身份评估是指社区矫正对象对"服刑人员"和"社会成员"两种不同的身份进行评价和比较。由表6-3可知，正式就业社区矫正对象身份评估得分最大值为20分，最小值为6分，中等临界值为13分，得分越高，说明认同程度越高，得分越低，说明认同程度越低。正式就业社区矫正对象身份评估平均分为15.28，高于中等临界值，可知正式就业社区矫正对象身份评估状况较好。

（三）正式就业社区矫正对象的身份适应

由表6-3可知，正式就业社区矫正对象身份适应得分最大值为20分，最小值为8分，中等临界值为14分，得分越高，说明认同程度越高，得分越低，说明认同程度越低。正式就业社区矫正对象身份适应平均分为16.59，高于中等临界值，可知正式就业社区矫正对象身份适应状况较好。

根据访谈资料来看，有部分人表示自己很适应目前的生活，相比之前活得更加通透，对生活有了更深刻的理解和感悟，这也是身份适应较好、社会融入较好的个案。

> （问：你现在的生活方式跟判刑前比有变化吗？）还是有变化的。以前在外面应酬的时间多一些，现在在家里陪家人、看书的时间会多一点。以前以事业为中心，现在以家庭为中心。出过这样的事以后，意识到这个世界上很多东西是可以放弃或者重新来过的。唯一的家庭、亲情这一块是没办法重新来过的，这是能够陪你一辈子的东西，对我而言家人的开心才是我的开心。（问：所以这几年自己还是有成长的？）是的，收获还是蛮大的。因为在里面能够静下心来想东西，写很多东西，会理出来很多东西，知道自己需要什么。（社区矫正对象19）

可以看出正式就业社区矫正对象遵从积极主动式守法逻辑，主动接受社区矫正制度的规定性对其生活各方面可能带来的影响，态度上认同矫正制度的各项要求及其意义，行为上表现为积极配合并按要求完成规定的相关内容。

三、正式就业与身份认同的相互作用

社区矫正对象具有"服刑人员"和"社会成员"的双重身份，为了避免产生角色矛盾与身份冲突，了解社区矫正对象在社会结构中对自己身份的认同显得尤为重要。上文已经对该类群体身份认同现状进行了解，现进一步探讨该类型社区矫正对象的身份认同状况是如何影响其就业的行为选择的，探索正式就业社区矫正对象与其身份认同之间的关系及相互作用。研究表明，劳动者的薪资水平、福利待遇、工作时间、工作环境、通勤时间等客观物质层面的状况是衡量个体就业质量高低的重要影响因素。[1] 在此基础上，研究正式就业社区矫正对象的就业意愿、工作投入程度、工作收入、工作满意度与身份认同的关系，也就是从心理、行为和感受三个方面来系统性地探索正式就业社区矫正对象与其身份认同之间的相互作用。[2]

（一）正式就业社区矫正对象的就业意愿与身份认同

正式就业社区矫正对象的身份认同与很多因素有关，就业意愿是其中之一，就业意愿不仅仅是考察正式就业社区矫正对象在进入社区后是否做好准备要去工作，更重要的是要观察其就业动机。部分社区矫正对象由于自己受过刑事处罚而无法从事原来的职业，不知道自己应当如何选择工作，也不知道以自己的能力与"特殊身份"是否可以适应新的工作，从而感到迷茫和焦虑。本文探索就业意愿与身份认同的关系主要是从心理层面出发研究社区矫正对象的正式就业与其身份认同之间的相互作用。

表6—4　正式就业社区矫正对象就业意愿与身份认同的相关分析（N＝1474）

	身份认同	身份归属	身份评估	身份适应
就业意愿	0.34**	0.14**	0.05**	0.39**

＊＊. 在 0.01 级别（双尾），相关性显著。

由正式就业社区矫正对象的就业意愿与其身份认同的相关性检测结果

----

[1] 闫琪：《就业质量对进城务工青年社区认同的影响分析》，《经济师》2018 年第 3 期。
[2] 徐延辉、邱啸：《社会经济保障与农民工的身份认同》，《深圳大学学报（人文社会科学版）》2019 年第 2 期。

可知（表6—4），其就业意愿与身份认同之间的皮尔逊相关系数为0.34，P＝0.00＜0.01，可知正式就业社区矫正对象的就业意愿与其身份认同呈显著正相关，与身份归属、身份评估、身份适应同样呈显著正相关，亦即表明就业意愿与身份认同之间相互作用，相互影响，且就业意愿越强烈，身份认同程度越高。

正式就业社区矫正对象的积极就业意愿影响其身份认同，他们拥有强烈的就业动机，良好的心态，能够正确认识自己。认知行为理论将认知作为影响个体行为的前因，强调认知的重要性，在认知、情绪与行为之间，认知发挥着重要作用，在相当大程度上，认知会影响个体的情绪变化，而情绪又会刺激大脑导致行为发生改变，行为又会反过来继续影响认知。[1]在这一理论背景下，正式就业社区矫正对象积极的就业意愿会影响他们的情绪，促使他们做出找工作的行为，找到工作以后，社区矫正对象就能够感受到通过自己的双手和努力能够获得劳动报酬并满足基本生活需求，自我价值感、成就感也会油然而生，在这种积极正向的情绪感染下，会更加珍惜当下的生活，重新体验自由带来的美好生活，并且改变自己对社会的态度与认知，认为自己是社会中的一分子，从而促进对自我身份认同的认知，[2]在这一过程中他们也希望能够尽快恢复个人的社会功能，早日实现顺利回归社会的目标，因此在正式就业的基础上会更加认同自己"社会成员"的身份。

（二）正式就业社区矫正对象的工作投入程度与身份认同

正式就业社区矫正对象的工作投入程度也会影响身份认同。本研究将工作投入程度划分为工作很努力、比较努力、一般、偶尔迟到早退四个等级，是想通过观察正式就业社区矫正对象在就业行为方面的具体表现来判断其与身份认同之间的关系。在工作上的投入程度很大程度上反映出对工作的重视程度，也从侧面反映出他的就业观念是否正当，是否存在好逸恶劳的思想。

①许若兰：《论认知行为疗法的理论研究及应用》，《成都理工大学学报》（社会科学版）2006年第4期。

②何博：《认同的本质及其层次性》，《大理学院学报》2011年第1期。

表 6-5　正式就业社区矫正对象工作投入程度与身份认同的相关分析（N＝1474）

	身份认同	身份归属	身份评估	身份适应
工作投入程度	0.23＊＊	0.13＊＊	0.06＊＊	0.22＊＊

＊＊. 在 0.01 级别（双尾），相关性显著。

由正式就业社区矫正对象的工作投入程度与其身份认同的相关性检测结果可知（表 6-5），其工作投入程度与身份认同之间的皮尔逊相关系数为 0.23，P＝0.00＜0.01，可知正式就业社区矫正对象的工作投入程度与其身份认同呈显著正相关，与身份归属、身份评估、身份适应同样呈显著正相关，亦即表明正式就业社区矫正对象的工作投入程度与其身份认同之间相互作用，相互影响，且工作越投入，身份认同程度越高。

> 我是感激的，他（老板）给了我一个就业机会，通俗点讲，给了我一口饭吃，我必须去报恩，好好工作。我不能说我工作百分百完美，但至少上层领导、中层领导都认可的。下面的管理员有好几个，他可以给我干也可以给其他人干，他肯给我干我就高兴，我也是肯干的人，不喜欢闲着。从某种程度上来说，可能也是体现了我的自我价值。（社区矫正对象 20）

从案例中可以看出，社区矫正对象在进入社会后找到工作，对工作越投入，就会越重视这份工作，在工作过程中自我价值越能得到体现，那么他的社会融入感就会越强，对自己"社会成员"的身份就会越认同。有学者也表示，身份认同会通过就业地位提升效应、劳动组织融入效应和社会资本扩充效应来影响其就业质量，[①] 反过来，就业质量也会影响身份认同，两者是相互促进，相互影响的。

（三）正式就业社区矫正对象的工作收入与身份认同

正式就业的社区矫正对象相比于其他类型人员，就业质量较好，稳定的收入来源和生活保障能够提高其身份认同，特别是对"社会成员"身份的认同。对正式就业社区矫正对象工作收入与身份认同进行相关性分析，其结果如下表所示：

---

① 邓睿：《身份的就业效应——"城市人"身份认同影响农民工就业质量的经验考察》，《经济社会体制比较》2019 年第 5 期。

表6—6　正式就业社区矫正对象工作收入与身份认同的相关分析（N＝1474）

	身份认同	身份归属	身份评估	身份适应
工作收入	0.16**	0.07**	0.05**	0.17**

＊＊．在0.01级别（双尾），相关性显著。

由正式就业社区矫正对象的工作收入与其身份认同的相关性检测结果可知（表6—6），其工作收入与身份认同之间的皮尔逊相关系数为0.16，P＝0.00＜0.01，可知正式就业社区矫正对象的工作收入与其身份认同呈显著正相关，且与身份归属、身份评估、身份适应同样呈显著正相关，亦即表明正式就业社区矫正对象的工作收入与身份认同之间相互作用，相互影响，且工作收入越高，身份认同程度越高。在社会规范下，经济实力是影响个体身份与社会地位的重要因素，经济水平与社会地位、社会声望等附加利益值息息相关，正式就业社区矫正对象的工作收入决定了他与社会互动的模式，从而影响了其身份认同的过程。[1]

（四）正式就业社区矫正对象的工作满意度与身份认同

分析正式就业社区矫正对象工作满意度与身份认同的关系是从感受层面来了解他们就业与身份认同之间的关系。工作兴趣与工作满意度是个体对所从事工作的主观评价，了解其身份认同的情况，也是了解其对自我归属的主观性感受。对工作满意程度与就职期间享受的待遇、工作时间、加班频率等相关，若对工作满意度越高，则对身份地位的感知度越高，对城市社区、对政府政策及制度的认同感更高，有利于他们融入社会。[2]对两者进行相关性分析，结果如下表所示：

表6—7　正式就业社区矫正对象工作满意度与身份认同的相关分析（N＝1474）

	身份认同	身份归属	身份评估	身份适应
工作满意度	0.32**	0.16**	0.29**	0.21**

＊＊．在0.01级别（双尾），相关性显著。

---

①杨茂庆、史能兴：《身份认同理论观照少数民族流动儿童的城市社会融入与身份建构》，《民族教育研究》2018年第3期。

②秦昕、张翠莲、马力、徐敏亚、邓世翔：《从农村到城市：农民工的城市融合影响模型》，《管理世界》2011年第10期。

由正式就业社区矫正对象的工作满意程度与其身份认同的相关性检测结果可知（表6-7），其工作满意度与身份认同之间的皮尔逊相关系数为0.32，P＝0.00＜0.01，可知正式就业社区矫正对象的工作满意程度与其身份认同呈显著正相关，且与身份归属、身份评估、身份适应同样呈显著正相关，亦即表明正式就业社区矫正对象的工作满意程度与身份认同之间相互作用，相互影响，且工作满意程度越高，身份认同程度越高。

从正式就业的角度去看社区矫正对象，他们中有大部分人的社会融入较好，在心理上感到自己是有价值的，这也有助于从心理上增强他们身份认同的信心和积极性。在经过刑罚制度惩罚后重新体验到自我价值感对他们"社会成员"的身份认同具有积极作用，具体表现为他们对工作满意、社会适应能力较好、社会融入较好，甚至于在经过社区矫正之后，法律意识明显增强，社会责任感也有所增加，会对自己的过错感到自责、内疚，更加珍惜生活，更加敬畏法律、遵守道德，做守法公民。

> （问：你对现在的工作还满意吗？）比较满意，我觉得对我来说比较适合。（问：你对你老板给你这样一个工作机会和晋升机会怎么看的？）我非常感激他。我觉得每天干这点活，拿这点工资已经足够了，付出与得到我认为是平衡的。他只是一个私人企业老板，他给了我一个就业机会，通俗点讲，给了我一口饭吃，我必须去报恩，好好工作。我不能说我工作百分百完美了，但至少上层领导、中层领导都认可的。（问：你对这份工作认可，是因为有自己价值感责任感体现？）对。这份工作适合我年龄、文化程度，适合我这个脾气。所以我很愿意在这里，不去计较工资，人家同样级别的待遇怎么样。（社区矫正对象20）

受当前市场经济环境的影响，工作已经成为每个社会成员最重要的生活板块，在工作中被赋予的角色也逐渐变成核心角色。因此，对工作的满意程度是衡量是否较好地融入社会的要素之一。[1] 工作满意度又是对职业生活的感受最直观最强烈的维度，工作满意度越高，越能从工作中体会到价值感，也能更有利于对其社会成员身份的认同。美国社会心理学家亚伯拉罕·马斯洛曾提出了著名的需求层次理论，将人的需求分为生理需求、安全需求、社交需求、尊重需求和自我实现需求五类，并认为这五类需求

---

[1] 闫琪:《就业质量对进城务工青年社区认同的影响分析》,《经济师》2018年第3期。

从低到高，逐级提升。社区矫正对象在再社会化的过程中通过正式就业，获得收入满足最低层次的需求后，在社会融入的各个阶段中，有着不同的发展需求，进而呈现层级递进的关系，亦即表明就业对社区矫正对象的身份认同起到积极的促进作用。[①]

四、正式就业群体身份困惑的影响机制

上文由数据分析及深度访谈资料了解了正式就业社区矫正对象身份认同的现状，从整体来说，其就业状况良好，身份认同程度也较高。但是在对访谈资料进行整理时发现，正式就业社区矫正对象在满意自己的工作、社会融入情况较好的同时也会存在身份紧张的情况，具体表现为：在心理方面，很在意自己的社区矫正对象的身份，害怕听到别人议论自己的话，尤其是在工作场所；在行为方面，即使被判处社区矫正，也还是会受到多方面的限制与约束，也会影响一些日常生活。基于这种情况，研究哪些因素造成正式就业社区矫正对象出现这种身份紧张的情况也是十分必要的。从访谈资料发现，法律制度的限制性规定、"服刑人员"身份的标签化、性别差异的影响对正式就业社区矫正对象的身份认同影响较大。

（一）法律制度的限制性规定

我国法律制度对社区矫正对象再就业来说是一个非常重要的影响因素。我国《刑法》第100条明确规定："曾经或正在受到刑事处罚的人，在就业的时候，应当如实向用人单位汇报自己曾受过刑事处罚或者正在接受刑事处罚。"在此明确的法律规定下，社区矫正对象找工作受到了限制，对自己的"前科"经历不得隐瞒。除此之外，我国其他行业相关法律如《教师法》《律师法》等也有明确规定，限制此类人员进入该行业工作。[②] 这些法律制度的规定一方面是为了保障其他公民的权利，另一方面也是为了警醒公民不要做违法犯罪行为，但是给社区矫正对象再就业带来了一定阻碍。

> （问：对于大多数服刑人员来说他们需要到别的公司中应聘打工，老板也不是朋友，对他们来说找工作有困难吗？）肯定是有困难的。即使叫我现在作为老板去招人我也不太愿意用出过事的人，不管是因为什么事。对公司而言，多一事不如少一事。除

[①] 胡万钟：《从马斯洛的需求理论谈人的价值和自我价值》，《南京社会科学》2000年第6期。

[②] 金碧华：《对社区矫正假释犯对象在劳动力市场中的社会排斥问题研究》，《浙江理工大学学报》2012年第5期。

非你真的是一个人才，是很稀缺的人才。但是在有选择的情况下，同等情况下还是会选择招身份清白的人。（社区矫正对象21）

劳动力市场的本质是一系列契约性交易的结合体，作为等级社会的象征物，身份从来就是与契约对立的。① 对于有犯罪身份的社区矫正对象，他们在劳动力市场中不仅处于竞争劣势，甚至会受到歧视和排斥，非常不利于他们再就业，这会影响他们对自己的身份认同。在现实生活中，对社区矫正对象来说，相较于之前自由自在和受人尊重的生活而言，现在被处以社区矫正，他们的出行被限制，需要定期报到、定期交思想汇报，进行集中教育，做公益劳动，还要戴上"脚环"等电子监控设备等，这种执行方式往往还是强制性的，这也是有些正式就业社区矫正对象身份困惑的原因所在。

（问：你是怎么看待社区矫正对象的身份的？比如现在矫正期和解除矫正以后会不一样吗？）会不一样，自由度还是不一样的。现在做很多事之前我都会考虑一下，有些事我宁可不做，明明是一个很好的机会我也会选择放弃。（问：这种放弃是为什么呢？）为了防止出事。有些事的做法可能会比较激进一点、效率高一点，跟常规的做法比，也谈不上犯法，但是我还是会选择常规的、效率低下的做法，稳妥一点。跟社会大环境相悖的这种冒险精神我可能越来越少了，创新精神也会越来越少了。因为家庭还是蛮重要的，如果我是一个人我也愿意去试一试。考虑到整体的幸福我基本上都会放弃。（社区矫正对象21）

从访谈资料可以看出，社区矫正对象在进入社区后以及预测其解矫后的行为时，仍然受到"服刑人员"身份的影响。有学者认为，当个体行事准则违背了社会道德规范的要求，就会被其他社会成员排斥，而这一个体就会被认为是"越轨者""行为偏差者"。这样的身份一旦被大家认同，就会影响社会公众对这一个体的整体印象，从而忽视了他的其他社会角色及个性特点。② 这种边缘化的认知会影响到社区矫正对象对自我身份的定位，从而影响他们的身份认同，导致身份冲突。

---

① 郝丽琼：《社区矫正对象就业问题研究》，华东理工大学2008硕士学位论文。
② 许玉镇、孙超群：《论烙印群体及其就业帮扶政策困境——以我国刑满释放人员为例》，《社会科学研究》2018年第4期。

（二）"服刑人员"身份的标签化

社区矫正对象因为有犯罪前科，很难不受到社会的歧视。心理学中的"晕轮效应"认为，社会中的每个人都有自尊需要，但是如果个体的自尊受到他人的歧视或忽视，受他人评价的影响，个体的消极挫折感便会被自己的胡思乱想所日渐放大和强化。[①] 而著名的标签效应理论对社区矫正对象最大的影响就是使其遭到歧视与排斥，甚至不公正对待。[②] 标签理论强调给个体"贴标签"的过程，对行为者来说这是一种负向的催化，他们在被污名化之后，会被归入到社会异类群体，被社会忽视、排斥和边缘化。

> 刚开始回来，我们小区停车位比较紧张，有时候为了调一个停车位都觉得是一件很大的事情，跑银行开账户都觉得是一件很大的事情，很小的一件事都当成是一件大事去做。这可能是几年的监狱服刑生活留下的一个很大的影响。我们在监狱里面有一句话就是"监狱无小事"，再小的事都要当成大事去做。回到社会以后会不自觉地把大事小事都当成很重要的事。（问：你能感受到他们的不自在?）还是能感受到的，就像眼神、表情什么的。其实我蛮不习惯别人一见面就问我怎么样，你在里面受苦了吧。虽然他是出于关心这样问，但是这句话也透露出社会人跟我们这种刚回归的人的隔阂。（社区矫正对象21）

> 因为我一直觉得有时候我出来会自卑一点，因为我虽然不是本意犯罪，但我现在是个罪犯，就感觉好像跟别人不一样，害怕别人对我有看法，因为不可能对每个人去解释我是冤枉的。（社区矫正对象18）

在监狱服刑的生活让他们处在焦虑与紧张的状态之中，他们会出现这种自我否定、自我怀疑的情况，有时候也会表现为幸福感极低，积极向上的生活动力也会因此受到影响。在我国监禁制度惩罚与教育双管齐下的影响下，有些社区矫正对象的认罪服法态度较好，能够认识到自身的错误，内心

---

①陈方慧:《瑞安市促进社区矫正对象就业问题研究》,华东理工大学 2011 年硕士学位论文。

②贾金鑫:《标签理论视角下我国未成年人重新犯罪对策研究》,中国人民公安大学 2017 年硕士学位论文。

是自责、内疚的，但也是受此影响，丧失了对生活、对自己的自信心。[①]

> 社区矫正对象肯定是不愿意被别人知道的。有一次集中教育我们要点名，之前有一个矫正对象跟我说叫我们不要点，因为他是做生意的，他说他有一个客户也是其中的一个矫正对象在一个教室里面，他坐得比较隐蔽，不愿意让客户知道他在里面。所以后来我们没有点名。（矫正社会工作者03）

在进入社区后，还是能看到他们"服刑人员"身份的影子。在回归社会的过程中，身份标签影响其心理、行为，也影响着他的身份认同。他们也很在意自己社区矫正对象的身份，也会因此感到不舒服，会隐瞒自己社区矫正对象的身份，这也是不得已情况下对身份标签化的消极应对的方式。

（三）性别差异的影响

在整理资料过程中发现，男女性别差异也成为引起正式就业社区矫正对象身份困惑的原因机制之一。

表6—8 正式就业社区矫正对象身份认同的性别差异（N＝1474）

	男	女	T
	M±SD	M±SD	
身份认同	50.98±7.24	49.36±7.67	1.89**
身份归属	20.86±2.57	19.34±3.29	1.64
身份评估	14.85±2.45	14.22±2.66	2.09
身份适应	15.94±2.36	15.21±2.38	1.54**

根据独立样本 t 检验的分析可知（表6—8），在身份认同方面，P＝0.00＜0.05，则说明男女性别在身份认同方面存在差异。受传统文化的影响，女性地位比较低。虽然如今女性主义浪潮已经席卷全球，但在激烈的职场竞争环境中，女性依然承担着来自家庭与工作方面不小的压力，并且受性别刻板印象的影响，大众对女性的要求一直以相夫教子为主，因此女

[①]许玉镇、孙超群：《论烙印群体及其就业帮扶政策困境——以我国刑满释放人员为例》，《社会科学研究》2018年第4期。

性犯罪对其个人心理状况产生较大影响。女性在犯罪后，常因害怕他人对自己的态度，刻意地减少社会交往的频率，在人际交往方面存在障碍，不知道如何面对亲人与朋友，[①] 即使在工作之后，也是很少与领导或同事交往，极易引起其身份紧张。

> （问：不是你不自在，是别人不自在？）是的，这跟他们内心有关系。我自认为我内心还是比较强大的。一个人有信心面对这些问题。（你觉得你现在做事变得谨慎，或者神经绷得比较紧，对你自身来说会不会有压力？）我觉得还好。还没有到形成压力。以前做事从 A 到 B 做的是直线，现在做的是曲线，多想一步，仅此而已。（社区矫正对象 21）

> 那天心理咨询师就问了我一句话，我就忍不住了，他就问我这件事情对你生活有没有影响，然后我突然就忍不住了（哭了）。因为我对我妈妈、对我老公都不太能说，因为他们其实应该也有一点怨我，因为等于我把家里的钱都亏光了，然后还摊上官司，还怕我情绪不好，所以我也不能跟他们讲太多。（社区矫正对象18）

从这两个案例中，能明显感受到女性社区矫正对象的心理压力要比男性大得多，并且存在着焦虑不安消极的情绪，认为是自己的犯罪导致今天的境遇，放大自己的缺点，特别关注自己"罪犯"的身份，也能更明显感受到女性社区矫正对象身份的紧张感。另外，还有学者表示，性别身份认同强调男性以事业为重，女性以家庭为重，且在人力资本模型中，因为女性更多地负责照顾家庭事务，所以女性在劳动市场中能够积累的经验和人力资本也会小于男性。[②] 但在职场中，如果女性特别表现出沉稳、庄重、办事利索不拖泥带水的男性风范，并且拥有极强的事业心和进取心，则会

---

① 杨梦暄：《社会工作介入女性社区服刑人员的社区矫正研究》，河北大学 2019 年硕士学位论文。

② 蓝嘉俊、方颖：《稳就业视角下的性别身份认同规范与性别工资差距》，《南京社会科学》2020 年第 6 期。

受到周围同事的反感与敌视，女性的身份认同感也会因此受到影响。①②

第二节　非正式就业的社区矫正对象

一、非正式就业社区矫正对象基本特征

在1332名非正式就业社区矫正对象中，男性比重远远超过女性，男性占比80.3％，女性占比19.7％。36—60岁年龄段的非正式就业社区矫正对象最多且超过半数占比63.1％，18—35岁的青年社区矫正对象也是非正式就业的主力军，占比35.6％。在文化程度方面，其中文化程度为初中的非正式就业社区矫正对象占最大比例为25.5％，其次是高中或中专的占比为22.4％，大专和本科及以上的各占比21.5％，小学及以下的占比9％，与正式就业的相比，非正式就业社区矫正对象的文化程度较低，可见文化程度是影响就业性质的一个关键性因素。对于住房状况来说，有稳定住所的社区矫正对象占比最大为96.4％，没有稳定住所的（一年内变更三次及以上）有3.6％，可见非正式就业的社区矫正对象基本都有稳定的住所（表6—9）。

表6—9　非正式就业社区矫正对象基本特征（N＝1332）

项目	分类	百分比（％）	项目	分类	百分比（％）
性别	男	80.3	文化程度	小学及以下	9
	女	19.7		初中	25.5
年龄	18—35	35.6		高中或中专	22.4
	36—60	63.1		大专	21.5
	60以上	1.1		本科及以上	21.5

①Neher F. Akerlof, G. and Kranton, R. *Identity Economics. How our Identities affect our Work, Wages and Well—Being*. Journal of Economics, 2011, 104(1):95—97.

②葛玉好、曾湘泉：《市场歧视对城镇地区性别工资差距的影响》，《经济研究》2011年第6期。

续　表

项目	分类	百分比（%）	项目	分类	百分比（%）
住房状况	有稳定住所	96.4	矫正类型	缓刑	94.7
	没有稳定住所	3.6		假释	2.6
月平均收入	1160元及以下	7.1		暂予监外执行	2.5
	1161元到2480元	12.8	婚姻状况	单身未婚	11.8
	2481元到6504元	34.0		未婚但有伴侣	3.1
	6505元到10000元	22.0		已婚	66.3
	10001元到15000元	9.3		离异未再婚	13.9
	15000元以上	14.9		离异后再婚	4.1
身体健康状况	非常健康	29		丧偶未再婚	0.7
	比较健康	36.7		丧偶后再婚	0.2
	一般	26.0			
	不太健康	7.0			
	非常不健康	1.3			

　　身体健康状况是能够工作的重要基础，由数据可知，他们的身体健康状况整体较好，认为自己非常健康的占比29%，比较健康的占比最大为36.7%，认为自己一般的占比26%，认为自己不太健康与非常不健康的分别占比7.0%和1.3%，这也是与正式就业社区矫正对象有较大差别的一个变量，可以看出非正式就业社区矫正对象的身体健康状况相比正式就业的要差一些。从他们的平均月收入这一变量中可以看出，非正式就业社区矫正对象目前个人的平均月收入范围分为六个等级，其中月收入在2481元至6504元的所占比重最大，达34.0%，而月收入在6505元至10000元的所占比例排名第二，达22%，月收入在1160元及以下的所占比例最小，达7.1%。由此可知非正式就业的社区矫正对象的人均月收入基本在城乡居民最低生活保障标准之上，但是整体收入少于正式就业的社区矫正对象。从矫正类型来看，缓刑比重最大，达94.7%，并且非正式就业社区矫正对

象的婚姻状况也比较稳定，已婚的占比最大为66.3%，具体见表6—9。

二、非正式就业社区矫正对象的身份认同状况

在当前市场经济的影响下，非正式就业群体在就业质量方面是低于正式就业群体的，具体表现在与正式就业群体相比，前者工资待遇水平较低、工作环境较差、工作需求弹性大。[1] 非正式就业的社区矫正对象作为社会特殊群体，在就业市场中处于劣势地位，了解他们在这样的社会地位中的身份认同的现状，是本章研究的重要内容之一。

表6—10 非正式就业社区矫正对象身份认同状况统计 （N＝1332）

	最小值	最大值	均值	标准偏差
身份归属	9.00	25.00	20.17	2.36
身份评估	6.00	20.00	15.19	2.24
身份适应	8.00	20.00	16.12	2.47

（一）非正式就业社区矫正对象的身份归属

由表6—10可知，非正式就业社区矫正对象身份归属得分最大值为25分，最小值为9分，中等临界值为17分，得分越高，说明认同程度越高，得分越低，说明认同程度越低。非正式就业社区矫正对象身份归属平均分为20.17，高于中等临界值，可知非正式就业社区矫正对象身份归属状况较好。

从访谈资料中可以看出，非正式就业社区矫正对象相对来说还是归属感较高，认为自己既是服刑人员又是社会成员。

> 法律肯定是公正的。您打了别人，参与了就犯罪了，就当是一次教训吧，我本来就没文化，法盲，学习点法律知识，这出事谁都预料不到的。我感觉周围人的态度对我还是没有太大变化的。（社区矫正对象02）
> 它（社区服刑）限制了我一部分人生的自由。但是如果说没

---

[1] 耿甜甜：《非正式就业者身份认同的社会学解读——基于4名劳动者的深度访谈》，《郑州航空工业管理学院学报（社会科学版）》2019年第4期。

有社区矫正，没有人来帮我普及法律，我又被抓进去了。通过平时每周比如说我们过来接受教育也好，签到也好，不停地就培养这个习惯，培养你要有法律意识的这种想法，时间长了，自然而然的就是会改变我的一个固有的思想。（社区矫正对象 22）

这也反映出从对身份的认知方面来说，非正式就业社区矫正对象对自己的双重身份还是有较准确的认识，能够知道自己犯错且认罪服法态度较好，愿意积极改正，对自己的错误负责，对回归社会的期望较大。

（二）非正式就业社区矫正对象的身份评估

由表 6—10 可知，非正式就业社区矫正对象身份评估得分最大值为 26分，最小值为 6 分，中等临界值为 13 分，得分越高，说明认同程度越高，得分越低，说明认同程度越低。非正式就业社区矫正对象身份评估平均分为 15.19，高于中等临界值，可知非正式就业社区矫正对象身份评估情况较好。

有学者表示，身份认同不仅受到个体所处外部社会环境的影响，并在社会互动中不断修整完善，而且又由于自身在不同场景中身份的不断变换，体现出不同的特征。[①] 本节对非正式就业社区矫正对象的身份评估主要集中在探索他们对自由限度的认知、对工作和生活的看法。

刚进来时候和每次学习他们都会讲的，比如说如果不声不响跑到外地被发现是要被警告的，警告三次就会被收监，收监以后说两年就两年，哪怕你社区矫正只差最后三天了，也要从头开始在监狱待两年。所以我也不想冒这个险，宁愿在家里待着，少一点风险。对于法律我们是不能违抗，必须要接受的，这边的管理也都是人性化的。工作的话，我是自己买的货车。平时干不了车就停在家里，上了保险，偶尔开开把保险钱赚回来。（社区矫正对象 02）

可以看出，非正式就业社区矫正对象与正式就业的在自由度的认知上是一样的。与其他社会成员相比，他们都会受到限制，因为这是明确的制度要求和规定。从这个个案中也可以看出，非正式就业社区矫正对象的身份评估较客观，既认识到作为服刑人员自己的自由度受限，但是也能理解

①赵迎军：《从身份漂移到市民定位：农民工城市身份认同研究》，《浙江社会科学》2018 年第 4 期。

认同及接受这些规定，并认真去遵守这些规定与制度。

（三）非正式就业社区矫正对象的身份适应

由表6－10可知，非正式就业社区矫正对象身份适应得分最大值为20分，最小值为8分，中等临界值为14分，得分越高，说明认同程度越高，得分越低，说明认同程度越低。非正式就业社区矫正对象身份适应平均分为16.12，高于中等临界值，总体来说非正式就业社区矫正对象身份适应程度较高，身份适应情况较好。

> 忍一忍就好了，很多其实跟社区矫正没关系的。我现在身份的特殊性，很多正常人可以去做的事情我做不了。我觉得（会不会容易犯罪）其实是跟每个人的个性有关，因为本身我这个人就挺粗的，性格冲动型的那种，（但是事情过去之后）我也不会去刻意地想这件事。（社区矫正对象22）

可以看出，非正式就业社区矫正对象明白自身身份的特殊性，但是并没有对"服刑人员"的身份感到敏感、自卑、不愿意接受，他从自身角度分析，认为身份适应是与个人性格相关，对社区矫正对象这一群体在身份认同方面的整体性特征来说，个人性格的不同，其身份认同程度也不同，这个个案即为身份适应较好的，认为自己的生活并没有受到什么影响，也是对身份认同程度较高。

三、非正式就业与身份认同的相互作用

非正式就业社区矫正对象的否定旧我和重塑新我的身份建构是其再社会化的重要内容，也是重新回归社会的重要内容，因此需进一步更准确地描述该类型社区矫正对象的整体性特征，了解非正式就业与其身份认同之间的关系。本小节与上一节思路相同，研究非正式就业社区矫正对象的就业意愿、工作投入程度、工作收入、工作满意度与身份认同的关系，从心理、行为和感受三个方面来系统性地了解其就业性质与身份认同之间的相互作用。

（一）非正式就业社区矫正对象的就业意愿与身份认同

了解非正式就业社区矫正对象的就业意愿与其身份认同之间的关系，从心理层面探究其就业性质与其身份认同之间的相互作用。

表 6－11　非正式就业社区矫正对象就业意愿与身份认同的相关分析（N＝1332）

	身份认同	身份归属	身份评估	身份适应
就业意愿	0.34＊＊	0.13＊＊	0.03＊＊	0.40＊＊

＊＊. 在 0.01 级别（双尾），相关性显著。

　　由非正式就业社区矫正对象的就业意愿与其身份认同的相关性检测结果可知（表 6－11），其就业意愿与身份认同之间的皮尔逊相关系数为0.34，P＝0.00＜0.01，可以得出非正式就业社区矫正对象的就业意愿与其身份认同呈显著正相关，与身份归属、身份评估、身份适应同样呈显著正相关，可知就业意愿与身份认同之间相互作用，相互影响，且就业意愿越强烈，身份认同程度越高。

　　英国当代文化研究学者、伯明翰学派领军人物斯图亚特·霍尔对身份认同的研究堪为代表。霍尔认为，身份认同的建立体现在人们对某一理念或看法的共识之上，基于此种前提假设，社会成员或某一群体会形成一种区别于其他圈子但在内部又具有共通性的身份。此外该学者还特别强调了这种约定俗成的身份也不是一成不变的，是会随着周围环境及条件的变化而动态呈现出来的多元组合。[1] 对于社区矫正对象来说，他们的身份认同也强调着在共识中建构、在变化中解构的一个双向互动的过程。

　　就业是民主之本，社区矫正对象再社会化的过程中必将经济因素放在首位考虑，其动机更多出于对生存质量、生活品质的追求，也期望国家能够保障他们的合法权益，更好地融入社会，实现他们的个人发展，就业意愿就是做出行动的第一步。[2] 只是非正式就业社区矫正对象在"服刑人员"的身份下，他们会在潜意识中不自觉地降低对"社会成员"身份的认可，但社区矫正对象在"惩罚性"与"福利性"双重复杂环境影响下，思想意识时有波动，他们仍希望就业可以为自己创造归属感、获得平等工作机会、实现自我价值等，这也体现了他们对于自我价值与身份的观照。[3] 在就业意愿方面，可以认为非正式就业社区矫正对象试图在两种身份之间寻

---

① ［英］斯图亚特·霍尔：《文化身份问题研究》，庞璃译，河南大学出版社 2010 年版。
② 郭庆：《社会融入与新生代农民工就业质量差异》，《华南农业大学学报（社会科学版）》2020 年第 4 期。
③ 刘澈元、陈泽光、王辉辉：《身份认同视角下台湾青年赴大陆就业创业意愿研究——基于对台湾 8 所大学的调查》，《中国青年社会科学》2019 年第 3 期。

求一个平衡点，这是他们对自己身份的自主思考的结果。

（二）非正式就业社区矫正对象的工作投入程度与身份认同

非正式就业社区矫正对象的工作投入程度也会影响身份认同。有学者表示当员工工作投入程度越高时，不仅会提升工作效率，积极完成工作角色所要求的任务，并且在经实证研究后发现农民工的身份认同与工作投入之间存在正向关系，即身份认同感越强，工作投入水平越高。[1] 两者相关分析结果见表6-12。

表6-12　非正式就业社区矫正对象工作投入程度与身份认同的相关分析（N＝1332）

	身份认同	身份归属	身份评估	身份适应
工作投入程度	0.23**	0.13**	0.05**	0.22**

＊＊. 在0.01级别（双尾），相关性显著。

由非正式就业社区矫正对象的工作投入程度与其身份认同的相关性检测结果可知，工作投入程度与身份认同之间的皮尔逊相关系数为0.23，P＝0.00＜0.01，可知非正式就业社区矫正对象的工作投入程度与其身份认同呈显著正相关，与身份归属、身份评估、身份适应同样呈显著正相关，即表明非正式就业社区矫正对象的工作投入程度与其身份认同之间相互作用，相互影响，且对工作越投入，身份认同程度越高。

Kahn认为，对工作的投入程度是劳动者在职场中表现出来的其在生理、认知和情感方面的对工作内容、工作岗位的认同程度。[2] Britt的研究发现：当一个人在工作岗位上拥有较好的身份认同状况，即使身陷囹圄，也能创造较高的价值；反之，如果身份认同状况不好，即使在有利的工作环境中，也不能为公司带来更多利益。[3] 因此，对于非正式就业社区矫正对象来说，工作投入程度会影响其身份认同状况，工作越投入，身份认同程度越高。

---

①刘辉、陈梦筱：《农民工双重身份认同对工作投入的影响研究——组织支持感的中介作用》，《当代经济管理》2016年第5期。

②Kahn，W.A. *Adjusting self-in-role：influences on personal engagement and disagement at work*. Yale University，1987.

③左雅：《个体的身份认同与其职业的匹配度影响工作投入水平》，《社会心理科学》2011年第1期。

（三）非正式就业社区矫正对象的工作收入与身份认同

对非正式就业的社区矫正对象工作收入与身份认同进行相关性分析，结果见表6-13。

表6-13　非正式就业社区矫正对象工作收入与身份认同的相关分析（N＝1332）

	身份认同	身份归属	身份评估	身份适应
工作收入	0.19**	0.07**	0.08**	0.20**

＊＊．在0.01级别（双尾），相关性显著。

由非正式就业社区矫正对象的工作收入与其身份认同的相关性检测结果可知，其工作收入与身份认同之间的皮尔逊相关系数为0.19，P＝0.00＜0.01，可知非正式就业社区矫正对象的工作收入与其身份认同呈显著正相关，与身份归属、身份评估、身份适应同样呈显著正相关，亦即表明工作收入与身份认同之间相互作用，相互影响，且工作收入越高，身份认同程度越高，身份认同程度越高，工作收入越高。非正式就业社区矫正对象工作收入满意度能对其身份认知产生显著的正向作用。

如果非正式就业社区矫正对象能够拥有令自己感到满意的工作，这份满意的工作很大程度上是对工作收入的满意，那么他们会感受到通过自己的努力与辛劳换得报酬的喜悦与欣慰，在这种积极正向情绪的鼓舞下，会更加积极主动地工作。这种良性循环不仅能够帮助个体提高工作积极性，激发其在工作中的责任心，而且这种内在动力还会积极影响其在社会环境中的社会责任感与归属感。[1] 非正式就业社区矫正对象的工作收入满意度越高，越会增强这种心理暗示，内部人身份的认同感知度也就会越高。[2]

（四）非正式就业社区矫正对象的工作满意度与身份认同

探索非正式就业社区矫正对象的工作满意度与其身份认同之间的关系，是从心理层面探究其就业性质与其身份认同的相互作用，具体分析结果见表6-14。

①李荣彬：《资源稀缺、社会变迁与流动人口身份认同的实证研究》，《甘肃行政学院学报》2013年第4期。

②杨浩田：《高校教师薪酬满意度对其工作绩效的影响研究》，山西财经大学2019年硕士学位论文。

表6-14 非正式就业社区矫正对象工作满意度与身份认同的相关分析（N=1332）

	身份认同	身份归属	身份评估	身份适应
工作满意度	0.32**	0.13**	0.29**	0.22**

＊＊．在0.01级别（双尾），相关性显著。

由非正式就业社区矫正对象的工作满意程度与其身份认同的相关性检测结果可知，其工作满意度与身份认同之间的皮尔逊相关系数为0.32，P＝0.00＜0.01，可知非正式就业社区矫正对象的工作满意程度与其身份认同呈显著正相关，与身份归属、身份评估、身份适应同样呈显著正相关，亦即表明工作满意程度与身份认同之间相互作用，相互影响，且工作满意程度越高，身份认同程度越高。

> 针对这个事来讲没对我的工作和生活带来很大的影响，我工作还是继续工作，生活还是和以前一样，唯一的美中不足就是每周还要来这里报到一次。我是做模具设计的，然后事情发生以后，判好以后，判之前我就申请在家办公，在家办公和在公司办公没什么影响，一样干活。每周要来谈话这个影响到上班的，在家办公的话影响小一点。公司里的同事也不知道我情况，我觉得没什么好说的。（社区矫正对象23）

对于非正式就业社区矫正对象来说，他们的工作灵活性较大，弹性也较大，非正式就业社区矫正对象不受工作地点的限制，可以自由安排工作时间，整体来说对自己的生活和工作影响较小，自己也较少受到一些社会歧视与排斥。

四、非正式就业群体身份困惑的影响机制

任何事物内部都包含着对立与统一，对非正式就业社区矫正对象的身份认同状况来说也是如此，对立表现在他们在社会关系网络中扮演着怎样的角色，统一表现在和他们一样的同伴有哪些。他们在寻找答案的过程中，不经意间也是固化身份的过程，只是身在其中而不自知。[①] 社区矫正对象由于犯罪而被判处监禁，时间或长或短，由于处于监禁环境中，他们

---

① 耿甜甜：《非正式就业者身份认同的社会学解读——基于4名劳动者的深度访谈》，《郑州航空工业管理学院学报》（社会科学版）2019年第4期。

身体和心理都遭受到了一定的影响，当他们回归社会，罪犯或"有前科"的身份不仅会使其自尊心受到严重打击，导致自我认知边缘化，出现心理失调的状况[①]，有时会出现身份冲突、身份回避的状态。

> 周围邻居平时也看不到，都不太熟，周围外地人比较多，也不太熟，这边就是饭店的人比较熟悉，平常就是上班下班，不太出去，我想出去，出去不了，也不太感兴趣。来这边（矫正中心）录录指纹，上上课，就讲讲那些我也搞不清楚的东西，主要讲些法律的东西，法律知识。这四个月就是法律知识能知道的多一点。（问：那你觉得在矫正过程中用到的一些工作方法有没有什么需要改进的地方？）没有，我对这些不感兴趣。等这个事情解决了，我就不在这边了，打算回家，自己开店，还是一样的，火锅店，现在做生意也不好做，前几年也是自己开了个店，然后关掉了才跑到上海。（社区矫正对象24）

非正式就业社区矫正对象有对身份认同感不高、对周围事物不感兴趣、双重身份没有调适好，出现身份紧张、想要回避的状况。一般情况下，对自我身份认同要经历三个阶段：第一阶段中，在缺少参照标准及对自身认知不足的情况下，没有认识到自己是谁。在第二阶段，开始将自己拥有的资源与他人做比较，与此同时经过横向比较形成"自我"与"他人"的概念，并对内部集体与外部集体做区分，明确定义自身所属的群体。第三阶段中，个体通过前两个阶段的类化和比较，积极向社会主流群体靠拢，最终实现社会化过程。[②③] 从案例资料可以看出，非正式就业的社区矫正对象对自己的身份认同处于第一阶段，对自我身份认知模糊，出现身份紧张、焦虑、回避的状态。基于以上分析，探究哪些因素造成正式就业社区矫正对象出现这种身份紧张的情况也是十分必要的，而经济压力大、"面子"问题对非正式就业社区矫正对象的身份认同影响较大。

（一）经济压力大

伴随着身份经济学的发展，个体在社会中身份地位的高低，一般由其

---

① 王宇琴：《社区服刑人员的社会融入问题研究》，山东大学 2019 年硕士学位论文。

② 赵迎军：《从身份漂移到市民定位：农民工城市身份认同研究》，《浙江社会科学》2018 年第 4 期。

③ 周超：《社会工作视阈中的新生代农民工身份认同问题探析》，《科技经济导刊》2016 年第 17 期。

拥有的社会声望、财富及权威来衡量。而在这三种指标中，财富的多少或成为社会乃至国家衡量人成功与否的唯一标准，因此有学者认为经济地位也直接决定着个人的社会地位。[1] 除此之外，有研究显示，财富积累与收入水平均会对身份认同产生影响，因此将分析非正式就业社区矫正对象经济压力与其身份认同之间的相关关系。对非正式就业社区矫正对象经济压力与身份认同进行相关性分析，结果见表6—15。

表6—15　非正式就业社区矫正对象经济压力与身份认同的相关分析（N=1332）

	身份认同	身份归属	身份评估	身份适应
经济压力	0.16**	0.10**	0.18**	0.08**

＊＊．在0.01级别（双尾），相关性显著。

由非正式就业社区矫正对象的经济方面的压力与其身份认同的相关性检测结果可知，其经济压力与身份认同之间的皮尔逊相关系数为0.16，P=0.00<0.01，可知非正式就业社区矫正对象的经济压力与其身份认同呈显著正相关，身份归属、身份评估、身份适应同样呈显著正相关，表明经济压力程度与身份认同之间相互作用，相互影响，且经济压力越大，身份危机越严重，身份危机程度越严重，经济压力越大。

相关研究认为，一方面符合大众认知状况的收入与财富会对个体的身份认同造成影响，另一方面这些"身外之物"还会从侧面影响个体的压力感知，并由此对个体的身份认同产生间接影响。当经济实力不够时，个人的心理压力会增大，想要改变现状却又无可奈何的隐形压力会影响个体身份认同感。[2] 经济压力会影响一个人的生存状态，经济压力越大，人在社会上生存的压力也越大，在这种情况下，非正式就业社区矫正对象的身份认同感也不高。[3]

（二）"面子"问题

随着国际化与全球化的发展，各个国家的社会变迁程度、社会流动性及社会阶层分化程度也在不断加强，不同于封建社会的阶层固化，如今越

---

[1] 胡金平：《泛经济主义文化流行与教师身份认同的危机：对教师职业倦怠的一种非心理学解释》，《江苏教育（教育管理版）》2013年第6期。

[2] 田帆：《财富积累对身份认同影响的研究》，《中央财经大学学报》2019年第1期。

[3] 李书娟、徐现祥：《身份认同与经济增长》，《经济学（季刊）》2016年第3期。

来越多不同职业、不同文化背景的群体互动更为频繁，但是依然受到某种约定俗成的规范所影响，这种规范大体与中国人特有的熟人社会的处世哲学、伦常规范和行为逻辑是分不开的。① 社区矫正对象的特殊身份限定了其进入社会后外出打工、提高生存能力和幸福的极限，同时也限制了他们的欲望和追求。社区矫正对象在进入社区后就面临着"面子"问题，从访谈资料可以看出，部分非正式就业社区矫正对象的身份归属感较低，会承受一些心理压力，不想让人知道自己社区矫正对象的身份，能够感受到周围邻里对自己的态度较出事之前有差异。

> 说倒是没对我说，但是就是我感觉他们对这个（服刑人员）有点态度。举个例子就是说好像有时候在路上，听他们在跟别人聊天看着你，感觉好像是在说，看这家人怎么怎么的，什么狂妄自大，不讲道理，好像在说我们哪里做得不对，就像心理有点压力有点不一样。（问：您儿媳的单位知道她这个事吗？请假她不会说实话是干什么去了吧？）应该不知道。每次去劳动可以是周二或周日，她会跟她同事调一下班或者晚去一会儿，两个小时也不是太久，因为他们是三班倒嘛。要是集中教育有时候她调班，有时候请假。嗯，一般说个别的原因吧，毕竟这不是什么光彩的事，也不愿意让别人知道，怕别人议论不好。（社区矫正对象02）

这是中国人会面临的特有的"面子"问题。② "面子"在相当大程度上影响着中国人民的日常生活，它广泛地显示出一种有价值的社会声誉，并且社会成员认为它可以对人的道德和行为作出正确的判断，这是每一个社会成员赋予它的"权利"，并且当某人一旦失去"面子"，就很难继续在这一圈子过正常的生活。③ 受传统概念和常识误解的影响，大多数人仍然害怕或回避"犯罪分子"，将他们视为社会的对立面，从而将其污名化，排斥他们社会成员的成分，不与他们亲近，这就导致社区矫正对象在日常生活中常常会遭遇到他人异样的眼光和众多的非议，害怕被别人知道自己"犯事了"。这也对社区矫正对象的身份认同产生影响，不利于他们顺利回

---

① 姜彩芬：《面子、符号与消费》，《广西社会科学》2008年第5期。
② 王轶楠、杨中芳：《中西方面子研究综述》，《心理科学》2005年第2期。
③ 蒋建武、赵珊：《劳务派遣员工组织认同动态发展研究：面子和身份的影响》，《管理学报》2014年第4期。

归社会。[1]

第三节　失业或不就业的社区矫正对象

一、失业或不就业社区矫正对象基本特征

在 775 名失业或不就业社区矫正对象中，男性占比 68.6%，女性占比 31.4%。36—60 岁年龄段的失业或不就业社区矫正对象最多且超过半数占比 60.7%，18—35 岁的青年社区矫正对象占比 37.5%。在文化程度方面，其中文化程度为高中或中专的占最大比例为 26.8%，大专的占比紧随其后为 25.8%，本科及以上的占比 21.9%，初中占比 19.9%，小学及以下的占比 5.5%。对于住房状况来说，有稳定住所的社区矫正对象占比最大为 94.8%，没有稳定住所的（一年内变更三次及以上）有 5.2%。身体健康状况是能够工作的重要基础，由数据可知，他们的身体健康状况整体较好，认为自己非常健康的占比 22.2%，比较健康的占比最大为 32.5%，认为自己一般的占比 27.9%，认为自己不太健康的占比 12.3%，非常不健康的占比 5.2%，这也是失业或不就业社区矫正对象与其他两类社区矫正对象有较大差别的一个变量，可以看出失业或不就业社区矫正对象的身体健康状况相比要差一些，具体见表 6—16。

从他们的平均月收入这一变量中可以看出，失业或不就业社区矫正对象目前个人的平均月收入范围分为六个等级，其中月收入在 1160 元及以下的所占比例最大为 68.9%，月收入在 1161 元至 2480 元的所占比例排名第二，达 18.3%，月收入在 2481 元至 6504 元的所占比重为 7.9%，而月收入在 6505 元至 10000 元的所占比例为 2.8%，由此可知失业或不就业的社区矫正对象的人均月收入基本在城乡居民最低生活保障标准之下。从矫正类型来看，缓刑比重最大，达 91.5%，婚姻状况也比较稳定，已婚的占比最大为 52.4%。

---

①赵昌平：《中国人爱面子的进化心理学分析》，《心理学探新》2010 年第 5 期。

表 6－16　失业或不就业社区矫正对象基本特征（N＝775）

项目	分类	百分比（%）	项目	分类	百分比（%）
性别	男	68.6	文化程度	小学及以下	5.5
	女	31.4		初中	19.9
年龄	18—35	37.5		高中或中专	26.8
	36—60	60.7		大专	25.8
	60 以上	1.5		本科及以上	21.9
住房状况	有稳定住所	94.8	矫正类型	缓刑	91.5
	没有稳定住所	5.2		假释	3.5
月平均收入	1160 元及以下	68.9		暂予监外执行	4.6
	1161 元到 2480 元	18.3	婚姻状况	单身未婚	18.3
	2481 元到 6504 元	7.9		未婚但有伴侣	3.4
	6505 元到 10000 元	2.8		已婚	52.4
	10001 元到 15000 元	1.4		离异未再婚	19.6
	15000 元以上	0.6		离异后再婚	5.2
身体健康状况	非常健康	22.2		丧偶未再婚	0.9
	比较健康	32.5		丧偶后再婚	0.3
	一般	27.9			
	不太健康	12.3			
	非常不健康	5.2			

　　对失业或不就业社区矫正对象找工作困难的原因进行频率统计，具体见表 6—17。其中年纪偏大的所占比重最大，这也是他们认为找工作困难的主要原因；其次是服刑人员身份受到歧视，占比 17.1%；矫正的相关规定要求与上班相冲突的原因占比 15.3%；没有技术或专长的原因占比 12%；没有文凭的占比 10%。有学者对青年社区矫正对象就业歧视现状、

就业面临的困难进行问卷调查，调查结果显示，青年社区矫正对象认为最大的困难是来自他人的歧视和自身的犯罪记录，与数据分析结果一致。[①]可以看出社区矫正对象的人力资本受到极大影响。

表6-17　失业或不就业社区矫正对象找工作困难的原因统计（N＝775）

题目	频次	百分比（％）
1. 年纪偏大	380	18.6
2. 身体不好	197	9.7
3. 没有技术或专长	245	12.0
4. 没有文凭	205	10.0
5. 没有就业信息和机会	137	6.7
6. 没有熟人/朋友介绍	90	4.4
7. 服刑人员的身份受到歧视	348	17.1
8. 矫正的相关规定要求与上班相冲突	313	15.3
9. 工资太低	58	2.8
10. 工作太辛苦	21	1.0
11. 其他_____（请注明）	47	2.3

　　在问到失业或不就业社区矫正对象在就业方面需要哪些帮助时，他们认为首先应该提供就业信息，其次提供职业规划辅导，再为提供相关政策咨询，再为提供资金支持，还有求职技巧培训等。由于社会刻板印象对人们思想的影响，社会对社区矫正对象依然会存在不信任与歧视心理，其次在法律政策的否定性约束及社区矫正的低认同度的共同作用下，社区矫正对象也在承受着来自周围环境的心理压力，他们也迫切希望能够改善当下的情况。在共建共治模式下，针对社区矫正对象就业问题，需要在宏观层面建议政府引导，企业落实，社会多方共同参与为他们提供更多的就业机

[①]李光勇：《青年社区服刑人员就业歧视现状、原因与对策——基于D市三个区的调查》，《中国青年研究》2013年第5期。

会与就业信息，同时为社区矫正对象提供技能培训、职业咨询、职业生涯规划以提升社区矫正对象的劳动力素质，提升就业竞争力，但最重要的是社区矫正对象需要转变观念，主动认识到重塑自我形象的重要性，努力以积极、乐观、遵纪、守法、诚信、爱岗、敬业的新形象出现在公众面前，打消社会对他们的歧视和偏见。[①] 具体见表6—18。

表6—18　失业或不就业社区矫正对象就业方面需要的帮助情况统计（N=775）

题目	频次	百分比（%）
1. 职业规划辅导	267	15.1
2. 求职心理支持	166	9.4
3. 求职材料准备	75	4.2
4. 求职技巧培训	174	9.8
5. 职业技能培训或培训资源整合	149	8.4
6. 提供就业信息	354	20.0
7. 就业推荐或陪同求职	145	8.2
8. 相关政策咨询	204	11.5
9. 提供资金支持	184	10.4
10. 其他_____	49	2.8

二、失业或不就业社区矫正对象的身份认同状况

同上，将失业或不就业社区矫正对象的身份认同划分为身份归属、身份评估与身份适应三个维度，这三个维度相互关联，又彼此独立，对他们的身份认同状况进行描述统计，具体数据如表6—19所示。

（一）失业或不就业社区矫正对象的身份归属

由表6—19可知，失业或不就业社区矫正对象身份归属得分最大值为

---

①李树苗、杨绪松、任义科、靳小怡：《农民工的社会网络与职业阶层和收入：来自深圳调查的发现》，《当代经济科学》2007年第1期。

25 分，最小值为 11 分，中等临界值为 18 分，得分越高，说明认同程度越高，得分越低，说明认同程度越低。失业或不就业社区矫正对象身份归属平均分为 19.58，稍高于中等临界值，可知其身份归属的状况高于平均水平。

表 6-19　失业或不就业社区矫正对象身份认同状况统计（N=775）

	最小值	最大值	均值	标准偏差
身份归属	11.00	25.00	19.58	2.87
身份评估	6.00	20.00	14.08	2.48
身份适应	10.00	20.00	15.31	2.45

从访谈资料中发现，失业或不就业社区矫正对象在身份归属方面，知道别人对自己有看法有意见，会在背后议论自己，但其也存在对这些情况无所谓、不在乎的想法。

（问：社会上的人跟你们接触时，你有感觉到他们用不一样的眼光看待你们吗？）总有一些不一样的吧。有的时候就是他们的眼神给人感觉不好。我们在劳动的时候他们看我们的眼神挺怪的，不过我也无所谓，我是从来不管别人怎么看的。一起参加劳动的人说的，他们说我们在劳动的时候公园里的大叔大妈、那些晨练的人看我们的眼神挺怪的。他们知道我们的身份，他们跟公园的管理人员都认识的，我们定期去的，而且大叔大妈你知道的，喜欢多管闲事，没事会问的。（社区矫正对象 25）

失业或不就业社区矫正对象经济上享有低保，能够维持基本的生活，但是会因罪犯身份影响人际关系，受到周围的异样关注，由于个体个性特征不一，也会表现出无所谓的态度，不会受影响，因此身份归属状况较好。

（二）失业或不就业社区矫正对象的身份评估

由表 6-19 可知，失业或不就业社区矫正对象身份评估得分最大值为 20 分，最小值为 6 分，中等临界值为 13 分，得分越高，说明认同程度越高，得分越低，说明认同程度越低。失业或不就业社区矫正对象身份归属平均分为 14.08，稍高于中等临界值，表明他们的身份评估的状况高于平均水平。

（三）失业或不就业社区矫正对象的身份适应

由表6—19可知，失业或不就业社区矫正对象身份适应得分最大值为20分，最小值为10分，中等临界值为15分，得分越高，说明认同程度越高，得分越低，说明认同程度越低。失业或不就业社区矫正对象身份适应平均分为15.31，基本等同于中等临界值，表明这一类型社区矫正对象身份适应情况处于中等水平。

> （问：所以之后进入矫正后，你心里有不服吗？）没有不服，这里社工，包括这里司法所都还是比较人性化的，比如说因为我也接触过除这里以外的司法所，包括这种社区工作者，人家因为工作关系把你当犯人看待也是很正常的。但是这里还是比较人性化的，很多事情都是为我们考虑什么的，所以我心态比较好，三年真的还算可以，否则的话我估计三年以我的脾气也是很臭的。（社区矫正对象26）

社会工作者在对社区矫正对象服刑期间通过践行专业价值理念、协助解决实际问题、持续的关怀与陪伴等方面赋予社区矫正对象"社会成员"的身份，非常有利于社区矫正对象对身份的接纳。[1]

三、失业或不就业与身份认同的相互作用

在就业方面，社区矫正对象会比普通群众受到更多的限制，社区矫正对象在劳动力市场中存在体制内和体制外的社会排斥问题。体制内的社会排斥主要针对的是入狱前曾经有固定的工作单位，被判刑后原单位与之解除劳动合同；而体制外的社会排斥则包括法律性排斥对于假释犯对象实现再就业的影响，例如《刑法》《公司法》《劳动法》中都含有对犯罪分子就业排斥的规定和政策性排斥，使得假释犯对象在劳动力市场交换中处于不利的位置。另外还有来自年龄、技术、身份以及自我排斥。[2] 这些问题的存在，对于失业或不就业的社区矫正对象来说，他们的各方面状态也不是很好，具体表现为内向、自卑、做事畏首畏尾、缺少勇气等，这种心理即

---

[1] 洪佩、费梅苹：《本土社会工作实践中社区服刑人员的身份建构机制》，《中国青年研究》2018年第4期。

[2] 金碧华：《对社区矫正假释犯对象在劳动力市场中的社会排斥问题研究》，《浙江理工大学学报》2012年第5期。

使解除矫正之后依然存在，更容易引发其身份不适应、身份紧张及焦虑，因此需要探索失业与身份认同之间的关系及相互作用。

（一）失业或不就业社区矫正对象就业意愿与身份认同

探究失业与不就业社区矫正对象在就业意愿与身份认同之间的关系，是从心理层面研究社区矫正对象的就业性质与其身份认同之间的相互作用（表6－20）。

表6－20　失业或不就业社区矫正对象就业意愿与身份认同的相关分析（N＝775）

	身份认同	身份归属	身份评估	身份适应
就业意愿	0.30**	0.04**	0.09**	0.47**

＊＊．在0.01级别（双尾），相关性显著。

由失业与不就业社区矫正对象的就业意愿与其身份认同的相关性检测结果可知（表6－21），其就业意愿与身份认同之间的皮尔逊相关系数为0.30，P＝0.00＜0.01，可知失业或不就业社区矫正对象的就业意愿与其身份认同呈显著正相关，与身份归属、身份评估、身份适应同样呈显著正相关，表明其就业意愿与身份认同之间相互作用，相互影响，且就业意愿越强烈，身份认同程度越高，身份认同程度越高，就业意愿越强烈。

> 现在一年多几乎不敢做，我是取保候审缓刑，不可以外出离开上海，像我们搞运输的难免要外出的。查出来很烦的，不好做就不做了，偶尔跑跑上海附近的。外出要申请的，最多七天时间，要请假，还要跑回来销假，这个时间来回跑，都把生意跑丢了，宁愿就不做了。到时候被记起来就麻烦了，先把矫正结束了再说，钱不赚就不赚了。（社区矫正对象02）

失业或不就业社区矫正对象因犯罪被判处缓刑受到制度性规定的影响出行受到限制，其工作性质与制度性规定之间出现明显冲突，不得不放弃原有的工作，等到矫正结束再考虑就业的事情。有学者认为，制度性规定带有的歧视会限制"标签化"群体的权利，特别是对他们的就业选择影响最大，这些歧视与排斥实际是从侧面强化了"标签化"群体与其他社会成员的身份差异，受此影响可能会打破他们对现有体制的信任与期望，并剥夺了本就属于他们的社会归属感。[1][2] 失业或不就业社区矫正对象身份认同的形成，会在相当大程度上扩大他们就业选择的可能性，并会提高他们的社会地位，以便使他们有勇气寻找工作，而无法就业影响其对自我的认知从而影响自我身份认同，又影响其就业质量，两者相互作用。

（二）失业或不就业社区矫正对象工作难易程度与身份认同

失业或不就业社区矫正对象与正式就业和非正式就业不同的地方在于，失业或不就业社区矫正对象在找工作过程中会遇到比另外两类人员难度较大的困难。研究失业或不就业社区矫正对象工作难易程度与身份认同的关系，从感受方面研究社区矫正对象的就业性质与其身份认同的相互作用。

表 6-21　失业或不就业社区矫正对象工作难易程度与身份认同的相关分析（N=775）

	身份认同	身份归属	身份评估	身份适应
工作难易程度	0.18**	0.06**	0.14**	0.12**

＊＊．在 0.01 级别（双尾），相关性显著。

失业或不就业社区矫正对象获得工作的难易程度与其身份认同的相关性检验可知（表 6-21），其获得工作难易程度与其身份认同之间的皮尔逊相关系数为 0.18，P=0.00＜0.01，可知失业或不就业社区矫正对象获得工作的难易程度与其身份认同呈显著正相关，与身份归属、身份评估、身份适应同样呈显著正相关，表明其获得工作的难易程度与身份认同之间相互作用，相互影响，且获得工作越容易，身份认同程度越高，反之亦然。

自我认知的失调会对社区矫正对象带来不利影响，在市场经济背景下，失业将面临社会地位降低，生活水平下降，更严重的会导致自我认同失败。而认知失调理论强调人们会因两种及以上认知元素之间的相互作用产生矛盾，从而产生紧张的心理，也会由此产生心理压力，影响正常的个

---

①许玉镇、孙超群：《论烙印群体及其就业帮扶政策困境——以我国刑满释放人员为例》，《社会科学研究》2018 年第 4 期。

②陆治臻：《认同经济学视角下的公共部门的激励约束机制——兼评〈认同经济学：身份认同如何塑造我们的工作、薪酬以及幸福感〉》，《公共管理评论》2016 年第 2 期。

人生活。① 部分社区矫正对象因为犯罪失去原有工作，并且在进入社会后获得工作比较困难，一时间他们对这生活状态的改变无从适应，容易产生认知失调的问题，主要表现就是不愿意接受事实，家里经济压力较大，家庭冲突状况也会增加。

> 压力当然有，说实话，儿子现在结婚了，孙子也这么大了，也怕给儿媳妇压力，还有儿媳妇他爸妈也会说啊，我女儿跟你儿子结婚，出了这种事。孙子这么小，怕给他造成影响。我觉得这件事对我、我孙子还有儿媳妇压力大一点。我呢，有时候要对我老婆发发牢骚，没办法，因为这事平时心里比较烦，要发发牢骚，要发泄发泄。（社区矫正对象02）

失业社区矫正对象会因受到就业压力，出现情绪不稳定的问题，一方面急于找工作，但是又缺少人力资本和社会资本，以至于找工作比较困难，就会越来越焦虑，情绪又会受到影响，在这样的消极循环中，难以达到内在协调与平衡，身份认同也会受到影响。

> （被判刑）影响很大，被判刑以后，生活上找工作比较难。我以前有工作的，现在每个月还要参加集中教育、公益劳动，老是跟公司请假是不可能的，你也不是什么很重要的人，现在就不做了，没工作。没工作以后，我女儿吃了国家低保，经济状况不是很好。我到居委会去登记过的，他们介绍的工作我都做不了。我只有职高文凭和初中毕业证，文化程度低，很难找到工作，一般工作要求最起码要中专。他们是有推荐过一些工作，但都不合适。有的是要求文化程度要高的，有的是要有技能的，我都不适合。想过这个（创业或做个体户），但是也要有启动资金，启动资金对我来说是最难的事情了。像我这种现在没有工作的，启动资金贷款有没有优惠我也不知道。想是想过但没想到做什么，自己做个体户灵活一点，我带女儿方便。再说现在个体户也不好做，再看吧，找个机会，最重要的是要有机会。（社区矫正对象25）

失业或不就业的社区矫正对象，因为自由受到限制，还要参加公益劳动、接受教育等，这些会影响工作，而且想自己创业或者做个体户也缺乏

---

① 周嘉倪：《单位制背景下失业工人身份认同重构研究》，西南大学2017年硕士学位论文。

资金，缺少机会，这也是他们无法就业的主要因素之一，而受到的社会排斥与歧视又会影响其身份认同，容易造成身份紧张。

（三）失业或不就业社区矫正对象就业技术与身份认同

现在中国的国民素质跨度很大，既有高文凭高品质的白领工人，也有没受过良好教育、从事技术劳动的普通工人，他们依靠体力劳动，每天都会做着同样的工作，工作的技术含量较低。对失业或不就业社区矫正对象来说，他们就业困难的原因之一也与其缺少就业技术与专长有关，因此了解失业或不就业社区矫正对象就业技术与身份认同关系也尤其重要。

表6-22　失业或不就业社区矫正对象就业技术与身份认同的相关分析（N=775）

	身份认同	身份归属	身份评估	身份适应
就业技术	0.12**	0.07	0.10**	0.16**

**. 在 0.01 级别（双尾），相关性显著。

由失业或不就业社区矫正对象在找工作时有无技术或专长与其身份认同的相关性检测结果可知（表6-22），其就业技术与身份认同之间的皮尔逊相关系数为0.12，P=0.00＜0.01，可知失业或不就业社区矫正对象就业技术与其身份认同之间呈显著正相关，且与身份归属、身份评估、身份适应同样呈显著正相关，表明就业技术与身份认同之间相互作用，相互影响，技术与专长程度越高，身份认同程度越高，反之亦然。

> 我到居委会去登记过的，他们介绍的工作我都做不了。我只有职高文凭和初中毕业证，文化程度低，很难找到工作。一般工作要求最起码要中专。他们是有推荐过一些工作，但都不合适。有的是要求文化程度要高的，有的是要有技能的，我都不适合。
> （社区矫正对象25）

经济社会的快速发展，引发各式各样的行业变革的同时，也对就职人员的能力要求越来越高，一些在工作或职场中缺少职业技能的人是会被时代淘汰的。同时，信息化及互联网快速发展的时代需要的是掌握了核心的先进技术的人才，并且企业单位对这种人才需求是供不应求的，数字经济时代智能趋势的发展将导致越来越高的失业率。[1] 对失业与不就业社区矫正对象来说，首先应转变不合理的就业观念，其次应着眼于提升自我职业能力和水平，借助政府组织的技能培训、社会力量举办的就业招聘会等活动提升其在劳动力市场中的就业竞争力。

四、失业或不就业群体身份困惑的影响机制

现实生活中失业或不就业社区矫正对象与另外两类社区矫正对象相比，有不太想就业比例较大、就业难度大、收入水平低、生活靠低保救济较多的特征。在这种情况下，更容易造成失业或不就业社区矫正对象身份紧张，因此更需要研究造成其身份紧张的机制。

（一）性别差异

男女性别差异也成为引起失业或不就业社区矫正对象身份紧张的原因机制之一，对他们身份认同的性别差异进行 T 检验，结果如表 6－23 所示。

表 6－23 失业或不就业社区矫正对象身份认同的性别差异（N＝1474）

	男	女	T
	M±SD	M±SD	
身份认同	50.34±7.19	49.12±7.69	1.65**
身份归属	20.51±2.50	19.21±3.02	1.49
身份评估	14.41±2.55	14.08±2.76	2.08
身份适应	15.59±2.38	15.09±2.29	1.49**

根据 T 检验的结果可知，在身份认同方面，P＝0.009＜0.05，则认为失业或不就业社区矫正对象男女性别在身份认同方面存在显著差异。

女性社区矫正对象属于服刑人员中的特殊的弱势群体，在社区矫正过程中，相关工作人员会比较容易忽视女性的特殊特征与需求，缺少对其心理问题的有效干预与介入，最终会影响这类群体的社会融入的效果及身份认同的状况。但是从认罪服法态度上来看，女性社区矫正对象更容易对自己的犯罪行为产生后悔、自责的心理。从性别角色来看，女性社区矫正对

---

[1] 周嘉倪：《单位制背景下失业工人身份认同重构研究》，西南大学 2017 年硕士学位论文。

象的服刑人员身份使她们更容易受到社会的歧视，进而比男性社区矫正对象要承受更大的心理压力，这种压力与紧张状况更容易使失业或不就业的女性社区矫正对象产生身份危机。

> 我没有什么朋友。以前上班的时候会跟同事聊一聊，现在不上班了也没跟他们联系。以前没孩子的时候我还是会出去玩的，现在有孩子了不大出去了。有孩子跟没孩子是不一样的。也有朋友叫我出去玩的，我通常都会说带孩子没时间。（社区矫正对象25）

女性社区矫正对象只有在认同自己的合法身份，将自己与整个社会联系在一起、对整个社会足够信任时才能产生社会归属感，在此基础上才能产生身份认同感，在经历较长时间社区矫正后，出现选择性社会交往，根据别人对自己的认知和态度来选择性与人交往。换言之，她们更倾向于与家人进行交流，在面对其他亲戚朋友时想要隐藏自己的身份甚至不联系以加强自己的安全感。[①] 这种敏感的心理会影响其对自我的认知从而影响身份认同。

（二）身体健康状况

从对失业或不就业社区矫正对象基本特征的观察，发现他们的身体健康状况相比其他两类社区矫正对象来说较低。身体是革命的本钱，身体健康会影响社区矫正对象找工作，身体健康状况不太好的找工作时会受到更多限制。

表6-24 失业或不就业社区矫正对象身体健康与身份认同的相关分析（N=775）

	身份认同	身份归属	身份评估	身份适应
身体健康	0.29**	0.09**	0.13**	0.26**

＊＊．在0.01级别（双尾），相关性显著。

由失业与不就业社区矫正对象的身体健康状况与其身份认同的相关性检验结果可以看出（表6-24），其身体健康状况与身份认同之间的皮尔逊相关系数为0.29，$P=0.00<0.01$，可知失业或不就业社区矫正对象的身体健康与其身份认同呈显著正相关，且与身份归属、身份评估、身份适应

①王宇琴：《社区服刑人员的社会融入问题研究》，山东大学2019年硕士学位论文。

同样呈显著正相关，社区矫正对象身体越健康，身份认同程度越高。

　　但是在经历了刑事司法程序的社区矫正对象，当他们重新回到熟悉的开放社区生活，身份的转变、客观经历的存在，会让他们出现身体不适的状态。在访谈中，受访者也表示出现身体、心理等方面的不适应。不仅如此，在服刑之前身体健康状况就不好的社区矫正对象在服刑结束，进入社区后仍容易产生身份危机。

　　　　多梦，然后白天就很没有精神，就感觉累，打不起精神来，头比较涨，就这种密闭的空间我不能多待，多待会比较头涨。然后就每天一定要睡一下，不睡的话白天就吃不消。食欲还行吧，就是最近感觉吃什么总没味道。心情，就因为最近这个事情，感觉有点都闷吧。（社区矫正对象27）

　　严肃的刑事司法程序过程带来了一定的心理创伤，虽然开放、熟悉的生活环境使社区矫正对象的心理得到安抚，但多数受访者认为自己仍延续了羁押与监禁期的部分不良状态。进入社区矫正之后，社区矫正对象的紧张、低落等情绪依旧存在，也有个别受访者坦言自己甚至有失眠、噩梦等躯体性反应。服刑对其身体造成的不适极大影响了失业或不就业社区矫正对象的身心健康，也影响了他们的就业状况，以至于影响其身份认同。

第四节　就业行为与社区矫正对象的身份困惑

一、不同就业类型社区矫正对象身份认同的比较

　　前文已经讨论了不同就业类型社区矫正对象在身份归属、身份评估、身份适应三个维度的身份认同现状、不同就业类型与身份认同的相互作用以及不同就业类型社区矫正对象身份紧张的原因机制。为了更准确清晰地了解不同就业类型社区矫正对象身份认同的区别，还需要对三种类型社区矫正对象身份认同状况做详细比较。详情见表6—25。

表6－25　不同就业类型的社区矫正对象身份状况情况（N＝3581）

	正式就业	非正式就业	失业或不就业	F	P
	M±SD	M±SD	M±SD		
身份认同	52.67±6.41	51.53±6.09	49.45±6.19	5.67	0.00***
身份归属	21.34±2.21	20.33±2.39	19.52±2.68	5.52	0.00***
身份评估	15.10±2.55	15.01±2.28	14.21±2.47	3.23	0.05*
身份适应	16.32±3.34	16.02±3.12	15.38±3.03	5.50	0.00***

＊＊．在0.01级别（双尾），相关性显著。

（一）在身份归属方面

从表6－25中可以看出，失业或不就业社区矫正对象在身份归属方面认同危机更严重。且从单因素方差分析多重比较结果可知，在身份归属方面，正式就业社区矫正对象与非正式就业社区矫正对象之间没有显著性差异，但与失业或不就业社区矫正对象之间存在显著性差异；非正式就业社区矫正对象与失业或不就业社区矫正对象之间也存在显著性差异。

（二）在身份评估方面

从表6－25中可以看出，失业或不就业社区矫正对象在身份评估方面认同危机更严重。且从单因素方差分析多重比较结果可知，在身份评估方面，正式就业社区矫正对象与非正式就业社区矫正对象之间存在显著性差异，与失业或不就业社区矫正对象之间也存在显著性差异，即在身份评估方面，三种就业类型社区矫正对象之间都存在显著性差异。

（三）在身份适应方面

从表6－25中可以看出，失业或不就业社区矫正对象在身份适应方面认同危机更严重。且从单因素方差分析多重比较结果可知，在身份适应方面，正式就业社区矫正对象与非正式就业社区矫正对象之间存在显著性差异，与失业或不就业社区矫正对象之间也存在显著性差异，即在身份适应方面，三种就业类型社区矫正对象之间都存在显著性差异。

（四）在身份认同方面

从表6－25中可以看出，失业或不就业社区矫正对象在身份认同方面认同危机更严重。且从单因素方差分析多重比较结果可知，在身份认同方面，正式就业社区矫正对象与非正式就业社区矫正对象之间存在显著性差异，与失业或不就业社区矫正对象之间也存在显著性差异，即在身份认同方面，三种就业类型社区矫正对象之间都存在显著性差异。

二、不同就业因素对社区矫正对象身份认同的影响

社区矫正对象因为具有"服刑人员"与"社会成员"双重身份，服刑人员的身份使他们缺乏制度与公众给予的身份认同，在社会中被忽视、被歧视、被排斥，在进行监督管理与教育帮扶之后，他们对社会生活有美好憧憬，对回归社会充满期待，这也是社区矫正的根本性目标。在回归社会的过程中，他们既是社区矫正对象又是社会成员，既要受到国家监禁制度的约束，又拥有一定程度上的人身自由，可以有自己的社交圈。这样两种身份的不同要求和约束力可能会导致身份认知失调，严重的还会引发角色矛盾和冲突。本章研究想从就业方面入手，分析不同就业因素对社区矫正对象身份认同的积极的与消极的影响，来为社区矫正社会工作者介入此群体的就业问题提供一些帮助。

（一）不同就业因素对社区矫正对象身份认同的积极影响

首先，在人口统计学变量中，社区矫正对象的就业状况容易受到年龄、受教育程度、技术与经验、身体健康状况、犯罪类型等方面的影响，这些是区别劳动力质量的关键因素。

就年龄与身体健康状况方面来说，在劳动年龄范围内，越年轻且身体素质越好的社区矫正对象越容易找到工作。不少社区矫正对象因为年龄偏大及身体健康状况较差，不易找到工作。社区矫正对象因为犯罪人员的身份，雇用者在考虑经济效益的前提下很少主动接受他们的求职，因此他们大多在做外卖员、货运员、快递员、保安、保洁等类型的工作，然而这样的岗位对于身体素质有比较高的要求，适合年龄偏小的社区矫正对象，但是如果想要获得更多就业机会还需加强自身人力资本的积累。[1]

在教育水平方面，个人所拥有的学历和经验技术尤其是人力资本的关键要素。学历代表着个人的教育等级，包含了对此专业领域的信息与知识

---

[1] Smith S，Smith C，Taylor-Smith E，Fotheringham J. *Towards graduate employment：exploring student identity through a university－wide employability project*，Journal of Further & Higher Education，2019(5).

的储备量，经验技术代表着实践、操作及对工具的运用程度，拥有更多或更高质量的人力资本则会拥有更多的选择权与主动权。[①]受教育水平越高，知识、经验、技能越丰富，在劳动力市场中越占据优势，越能发挥自己的才能，获得更多的回报，从而保证生活质量与品质，维护自己的形象与身份。

就犯罪类型来说，不同的犯罪类型也会影响社区矫正对象的就业状况。社区矫正对象的犯罪类型一般分为四类：财产型犯罪、经济类犯罪、暴力性犯罪和其他类型犯罪。[②]雇佣者在考虑求职对象的工作请求时，对于曾经出现过暴力倾向主动伤人或者参与过经济诈骗的诸如此类的社区矫正对象一般不会接受其工作请求。另外，在如今日新月异的时代发展过程中，犯罪情节较严重的社区矫正对象被判处的监禁年限也较长，因此他们会与社会脱节较严重，出狱后难以适应社会的快速发展，不仅生活困难也很难找到工作，相比之下，犯罪情节较轻的社区矫正对象更容易找到工作。

其次，在就业方面的认知与行为选择上，就业意愿较强烈、工作收入较高、工作投入程度较大、对工作满意程度较高的社区矫正对象更容易获得工作，且对自我身份认同程度较高。这些就业因素与其身份认同之间呈显著正相关关系，身份认同程度越高，其就业质量越好，两者相互促进，相互影响。因此，改善社区矫正对象的偏差就业观念，使其自觉客观调整职业期待，从实际出发，对自己有信心是顺利就业的第一步。

（二）不同就业因素对社区矫正对象身份认同的消极影响

首先，社区矫正对象的身份是影响其就业的最重要的因素。众所周知，劳动力市场的本质是一系列契约性交易的结合体，而契约强调的是平等、尊重、诚信。对于有犯罪身份的社区矫正对象来说，他们由于之前的犯罪事实，受到了法律制度的惩罚，这在劳动力市场中就已经违反了契约精神，因此雇佣者会拒绝他们的求职请求，这是劳动力市场自身发展的规律。[③]不仅如此，因为前科的存在，社区矫正对象在日常工作生活中，尤其是在求职方面遭受到诸多的刁难，并且犯罪记录还将伴其一生，情节严

---

①顾琴轩、王莉红：《人力资本与社会资本对创新行为的影响——基于科研人员个体的实证研究》，《科学学研究》2009年第10期。

②骆群：《社区矫正对象在劳动力市场上的社会排斥》，《青年研究》2008年第5期。

③郝丽琼：《社区矫正对象就业问题研究》，华东理工大学2008年硕士学位论文。

重的还会影响到后代的前程。因此，社区矫正对象想要再就业肯定会受到各种阻碍，这也是他们在进入社区后身份紧张的重要原因。

其次，来自用人单位与公众的排斥与歧视。当前，一些企业普遍存在就业歧视的状况，大多涉及到残疾人、妇女、农村劳动力等，但是对社区矫正对象的排斥表现得最为强烈。企业、单位不选择雇佣社区矫正对象，可能是因为他们认为社区矫正对象在思想、行为上的不确定性可能会给其所在的企业、单位带来更多风险，从而会影响企业的经济效益，所以拒绝他们的求职请求。[①] 缺乏成功就业的土壤，社区矫正对象付出与其他公民等同的劳动与努力却不能得到平等的肯定与信任，社区矫正对象会更加无法获得相应的身份认同。[②]

第五节　本章小结

本章探究了市场环境中不同就业类型社区矫正对象的身份困惑。首先，对不同就业类型社区矫正对象的人口学特征进行描述，发现：男性占绝大多数、青壮年居多、在婚的多、中等学历的多、缓刑较多，受雇者多且收入普遍偏低。其次，对不同就业类型社区矫正对象的身份认同状况进行描述性统计，以身份归属、身份评估、身份适应作为测量维度，发现：正式就业社区矫正对象的身份归属、身份评估、身份适应状况较好，非正式就业次之，失业或不就业的身份认同状况需特别关注。再次，探究不同就业类型社区矫正对象与身份认同之间的相互作用，发现：正式就业与非正式就业社区矫正对象的就业意愿、工作投入程度、工作收入、工作满意度与身份认同之间呈显著正相关，即工作状态越好，身份认同程度越高，失业或不就业社区矫正对象的找工作难易程度、就业技术与身份认同状况呈显著正相关，这可能为他们以后能够顺利就业提供方向与路径。最后，探究不同就业类型社区矫正对象身份困惑的影响机制，对正式就业社区矫正对象来说，法律制度的限制性规定、"服刑人员"身份的标签化、性别

---

①杨彩云：《规训与调适：社区服刑人员的社会融入研究》，华东理工大学出版社 2018 年版。

②许玉镇、孙超群：《论烙印群体及其就业帮扶政策困境——以我国刑满释放人员为例》，《社会科学研究》2018 年第 4 期。

差异化是影响其身份认同状况的重要因素。对非正式就业社区矫正对象来说，经济压力大、"面子"问题是造成他们身份认同状况差异的影响因素。对失业或不就业社区矫正对象来说，性别差异与身体健康状况是影响其身份认同状况的重要变量。因此，需要进一步加强这一群体就业行为与身份认同之间关系的研究，促使其顺利回归社会。

第七章　自我与他者：
社会交往策略与社区矫正对象
的身份紧张

　　社会交往是在一定的社会历史条件下，个人与个人、个人与群体、群体与群体之间通过各种方式而进行的有关物质或精神交流的社会活动，并在经济、文化及心理等方面产生相互影响从而获得某种心理归属和身份认同的过程。身份认同在社会学领域中则意味着主体对其身份或角色合法性的确认。① 对社区矫正对象而言，他们具有"社会成员"和"服刑人员"的双重身份，不同的社区矫正对象对自己的身份侧重不同，不同的社会交往场域也会影响他们的身份认知。认同本身就是在互动中产生的过程②，想要达成顺利回归社会的社区矫正目标，需要社区矫正对象能够正确认知身份，从他人及社会获得认同感和归属感。在此过程中，良好的社会交往能够发挥积极作用，会帮助社区矫正对象形成正确的身份认同，缓解其在此过程中的身份紧张，促进其顺利回归社会。

　　根据米德的符号互动理论，认同具有反身性③，人们在交往互动中会根据他人对自身作出的反应来反思自身的角色，再通过身份认同界定自身角色，并赋予自我意义，最终建构出自我的身份认同。对于社区矫正对象来说，其特殊的身份难免会带来一些社会成员的"看法"，从而影响他们对自己的身份界定，社会交往的方式在此过程中也会产生变化。"尴尬"的身份使得社区矫正对象的交往更加困难，交往圈子发生改变。对此，社区矫正对象会对交往网络进行维持、筛选或隔断的进一步梳理，采取选择性交往的应对方式。这种选择性交往的方式可以根据样本中"出事后"交往圈子的变化将其分为三类："延续性交往""拓展或收缩性交往"和"不交往"。延续性交往是指矫正对象维持交往圈子不变，通过进一步的交往

---

　　①张淑华、李海莹、刘芳：《身份认同研究综述》，《心理研究》2012 年第 5 期。

　　②Sheldon Stryker，*Symbolic Interactionism，A Social Structural Version*，Benjamin/Cummings，1980(385).

　　③Peter J Burke，*An Identity Approachto Commitment*，Social Psychology，1991(54)：80－286.

互动强化和原有交往圈子的关系。拓展或收缩性交往是矫正对象对交往圈子进行筛选的结果，交往圈子可能变大也可能变小，拓展性交往的社区矫正对象在"出事后"会重新建立交往圈子结交新的朋友，收缩性交往社区矫正对象则会隔绝部分原先的社会交往对象，缩小自己的交往圈。不交往的社区矫正对象则几乎与过去的交往圈子断绝联系，同时拒绝建构新的交往网络。

基于问卷调查 4034 个样本的数据分析，发现"出事后"交往圈子几乎没有变化的人数占 38.8%，交往圈子变大的占 2.8%，交往圈子变小的占 58.4%。通过对不同类型交往方式社区矫正对象的身份认同进行检验，发现延续性交往和拓展或收缩性交往之间存在显著差异，拓展或收缩性交往社区矫正对象之间的身份认同不存在显著差异。本章通过对社区矫正对象的社交回避、人际信任、交往关系三方面来分析其社会交往。身份认同状况则由身份认同量表进行检测，包括身份归属、身份评估、身份适应三个维度。

第一节　延续性交往的社区矫正对象

延续性交往的社区矫正对象会选择维持"出事前"的交往圈子，通过进一步的交往互动强化和原有交往圈子的关系。

一、延续性交往社区矫正对象的人口学特征

调查样本中延续性交往社区矫正对象数占 38.8%。为能更好地了解延续性交往社区矫正对象的背景、身份认同状况以及社会交往的状况，将从其人口学特征角度进行调查研究，了解其年龄、性别、文化程度、矫正类型、经济情况等现实状况。其人口特征如下：首先，18—60 岁年龄区间的人数居多，男性占绝大多数，基本是初中以上文化水平。大多数有稳定住所，约 2.7% 的人没有固定住所，一年变更 3 次及以上等。大部分都是缓刑，已婚或有伴侣较多，基本有固定经济收入，工资水平相对还不错。从性别上看，男性占 78.5%，女性只占 21.5%，男性延续性交往社区矫正对象远远多于女性社区矫正对象；从年龄上看，青壮年居多，18—60 岁阶段的延续性交往社区矫正对象占到所有对象的 93.4%，18—35 岁占 38.3%，36—60 岁占 55.1%，未成年人和老年人比重较少，分别只占 0.1%、6.5%；从文化程度上看，延续性交往的社区矫正对象的文化水平较高，大多都在初中及以上，其中受过高等教育（大专及以上）的矫正对象占至 46.2%，高中或中专及以下的占至 53.8%；从矫正类型上看，社区矫正对

象被判处缓刑的占 95.8％，假释占 2.0％，管制占 0.3％，暂予监外执行占 1.9％。从婚姻情况来看，社区矫正对象处于已婚状态的居多，占 66.1％，单身未婚的占 13.8％，未婚但有伴侣的占 3.7％，离异未再婚的占 12.5％，离异后再婚的占 2.7％，丧偶未再婚的占 1.0％，丧偶后再婚的只占 0.2％；从户籍情况上看，大部分为本市户口占 64.3％，其中本市非农户口占 57.2％，本市农业户口 7.1％，外地户口占 35.7％，其中外地非农户口 14.4％，外地农业户口 21.3％；从经济收入来看，12.0％的人收入在 1160 元及以下，9.7％的人在 1161 元至 2480 元范围内，2481 元至 6504 元的人居多，占到了 34.4％，20.4％的人在 6505 元至 10000 元范围内，9.9％的人在 10001 元至 15000 元以内，13.5％的人在 15000 元以上，详见表 7—1。

表 7—1　延续性交往社区矫正对象的人口学特征（N＝1404）

因变量	分类	百分比	因变量	分类	百分比
性别	男	78.5	文化程度	小学及以下	7.7
	女	21.5		初中	21.9
年龄	0—17	0.1		高中或中专	24.2
	18—35	38.3		大专	24.9
	36—60	55.1		本科及以上	21.3
	60 以上	6.5	矫正类型	缓刑	95.8
住房状况	有稳定住所	97.2		假释	2.0
	没有稳定住所	2.7		管制	0.3
月平均收入	1160 元及以下	12.0		暂予监外执行	1.9
	1161 元到 2480 元	9.7	婚姻状况	单身未婚	13.8
	2481 元到 6504 元	34.4		未婚但有伴侣	3.7
	6505 元到 10000 元	20.4		已婚	66.1
	10001 元到 15000 元	9.9		离异未再婚	12.5
	15000 元以上	13.5		离异后再婚	2.7
户籍情况	本市非农户口	57.2		丧偶未再婚	1.0
	本市农业户口	7.1		丧偶后再婚	0.2
	外地非农户口	14.4			
	外地农业户口	21.3			

二、延续性交往社区矫正对象的身份认同状况

本节所使用身份认同量表，从身份归属、身份评估和身份适应三个维度对身份认同进行分析。身份认同分数越高，表示身份认同越好。身份归属分数越高，代表身份归属的认知越清晰。身份评估分数越高，代表身份评估越准确。身份适应的分数越高，代表身份适应的情况越好。延续性社会交往的社区矫正对象身份认同最大值为70，最小值为38，身份认同平均值为51.52，具体见表7—2，由表可知，社区矫正对象的身份认同状况较好，身份认同危机较低。

表 7—2   延续性交往社区矫正对象身份认同状况描述统计 （N＝1404）

	最小值	最大值	均值	标准差
身份归属	12.00	30.00	20.58	2.34
身份评估	5.00	22.00	14.00	2.81
身份适应	8.00	34.00	16.03	2.25
身份认同	38.00	70.00	51.52	4.68

（一）身份归属：双重身份认知清晰，服刑人员身份隐匿化

矫正对象对自己身份的认知是其身份认同的主要标志，从表7—2可知延续性交往的社区矫正对象身份归属的最大值为30，最小值为12，均值为20.58。延续性矫正对象的身份归属状况较好，对于"服刑人员"的身份有比较清晰的认知，并且接受度良好。

根据个案访谈分析，延续性交往的社区矫正对象在刚被判刑时，通常对于新的身份抱有恐慌及后悔的心态，随着时间的流逝，社区矫正工作的开展以及家属的安慰，延续性交往社区矫正对象逐渐能够接受自己身份的改变，他们对于自己的双重身份有明确的认知。正如有的社区矫正对象所说："我很有信心，通过这次社区矫正，以后我一定好好的。"但其他社会成员对社区矫正对象的"看法"，会造成他们的心理负担。所以，在社会交往过程中，延续性交往的社区矫正对象通常不会主动暴露自己的服刑身份，延续性交往的社区矫正对象往往想要通过隐匿身份的方式来加强安全

感。他们一般不会主动告知他人"出事"的事情，避免特殊身份给自己带来的关注。

（问：您跟朋友之间的社会交往，在进入矫正之前跟矫正之后有什么变化吗？）一开始我基本上都是说的（指被判刑这件事），但是后来发现不是告诉所有人都是对的。虽然说有的人他能够接纳我们，但有的人不是。（社区矫正对象28）

（问：出了这个事情之后跟其他人的互动还跟以前一样吗？）被判刑之后，互动跟以前一样，邻居他们并不知道，我还是跟之前一样每天在家里，有时下午跟人家打牌，上午买点菜回来烧，生活状态跟之前一样。（社区矫正对象29）

（问：你出了事情之后你跟别人的关系还是跟以前一样吗？）目前跟别人的关系还是跟以前一样，因为我没有跟人家说。（社区矫正对象30）

（问：进入矫正后，与人交往方面有什么变化吗？）与人交往方面还是正常交往，没有什么变化，主要因为我现在的工作圈子很小，就是上课下课。但我就觉得戴这个东西（电子脚铐）有点烦，因为人家有时候会问我这是什么，我就觉得不知道怎么跟人家讲。有的人知道我被判刑这件事情的话，我自己心里面还是有一点点感觉到不好意思的，因为我毕竟进去那里面（监狱）过，虽然别人也没有说我什么，但是自己内心会有那种羞耻感。（社区矫正对象31）

（问：你觉得从矫正开始到现在有没有什么差别？还是一样？）平时不太愿意让人家看（电子脚铐），毕竟人家也不知道你是因为什么事情被判刑，所以说你也解释不清，即使别人不介意，也尽量不要让人家知道。（社区矫正对象32）

（问：你的社会交往在矫正前后有没有变化？）圈子基本没有变化，平时朋友交往还是原来那样，随着时间的推移，慢慢地大家都会淡忘这件事（指被判刑的事）。（社区矫正对象33）

（二）身份评估：生活有所限制，积极改善社交

延续性交往的社区矫正对象的身份评估最大值为22，最小值为5，均值为14.00，具体见表7—2。延续性交往的社区矫正对象能够较好感受到自己的生活和工作自由度的明显变化，也觉得自己一定程度上失去了一些

发展机会。

个案访谈资料显示，延续性交往社区矫正对象对于监禁制度的看法和感受有一个变化的过程。没接触监禁制度前精神压力会比较重，会担忧害怕监禁制度会不会非常苛刻，接触一段时间后就慢慢接受了。正如有的延续性服刑人员所说："刚开始心情蛮害怕的，主要是对很多社区矫正的东西不了解，感到未知。"矫正监禁期间的定时报到规定对延续性社区矫正对象的工作和生活具有一定的阻碍，限定了其部分自由，时间上不能完全随心所欲，使得社区矫正对象时间上不太能够满足全职工作的要求，因此在此期间，他们大多以兼职为主。

> （问：目前工作状况如何？）找工作好像有点不太方便，因为早上这个时候要签到，然后星期二要去另外的地方签一下，所以就是不好找工作。反正我现在是兼职。（社区矫正对象31）

不仅时间自由受到限制，生活空间上也由于社区矫正对象的自卑和社交回避心理而有所缩减，除了必要的工作、家庭和休闲场所，社区矫正对象几乎不会扩张活动场所。

> （问：你初步进入社区矫正之后，你怎么样看待自己这个身份？）我觉得其实我也是平常心，没什么事的时候，我几乎是不出门的，我天天定位都在家里面，除非很偶尔才会出个门，也就在这附近走走。（社区矫正对象30）

除了时间和空间上的自由受到限制，工作机会也因为"这件事"受到影响，有所损失。对于延续性社区矫正对象而言，他们还希望保持"出事前"的生活方式，但由于犯罪经历，对其工作和生活都有影响，最直接的影响就是使他们失去了很多原本拥有的机会，正如有的社区矫正对象所说："之前我可以在京东上班，现在服刑完了，再回去京东上班，公司马上就解雇我了。"特殊的身份和经历使得社区矫正对象在求职方面受到诸多限制，对于这种失去，部分延续性交往的社区矫正对象通常会对自己的犯罪行为感到懊悔，但同时也表示接受，他们认为："这是因果循环，如果不去干这件事情，就肯定不会有这种结果，这是自己应该承担的惩罚。"

（三）身份适应：社会支持比较高，身份认同均衡化

延续性交往的社区矫正对象的身份适应最大值为34，最小值为8，均值为16.03，具体见表7—2。延续性交往的社区矫正对象在特殊身份的适

应方面适应较均衡，能够积极面对新的身份并努力融入社会。

访谈资料表明，社区矫正对象的社会网络在亲缘网络中是比较稳固的，当社区矫正对象进行社区矫正时，该层的社会关系并未发生过于强烈的断裂①，一般"出事后"社区矫正对象倾向于和家人深入交流，对家人主动关心与照顾，以此弥补由于违法犯罪行为给家庭带来伤害的愧疚感，通过情感回馈的方式实现家庭关系的维持。当然，这种情感维持是相互的的，矫正对象的家属也会更加注重自身的言语表达，关注他们的心理状况，希望能帮助其摒弃过去重新开始，更好地融入社会。

（问：目前你的家庭关系如何？）当然家庭关系肯定是更紧密了，那是肯定的，因为毕竟出事在里面，那段时间家人倾尽全力来帮我，然后我一出来，他们又感到一种慰藉，感到一种幸运，所以反而感情会更加紧密。（社区矫正对象33）

（问：出事情后，子女有责怪你吗？）刚出事情的时候，他们（指子女）肯定是怪我的，他们讲的是对的，我这么大年纪了干吗一时冲动做这个事情。（社区矫正对象29）

（问：跟家人的关系有因为被判刑而改变吗？）我儿子知道我出这个事儿（判刑的事）的时候没有说什么，我儿子还是比较懂事的，也可能是因为还小。（社区矫正对象28）

（问：目前跟外界关系如何？）外界关系方面，跟原来保持的差不多，每天就是在家里照顾妻子和小孩，因为这些事情我现在没法去工作。（社区矫正对象34）

对于关系亲密的朋友，社区矫正对象还是延续过去的交往方式，这种交往的维持主要缘于朋友对社区矫正对象的无差别对待。对于部分由于法律意识不强导致的违法犯罪行为，有些朋友会表现出同情，这给了社区矫正对象信心和勇气。他们觉得："关系好的朋友即使知道我被判刑这件事情也不会改变。"

另外，在访问中发现有部分社区矫正对象并不认同自己的罪犯身份，他们觉得自己只是不小心才违法犯罪，他们不会用"有色眼镜"审视自身，给自己贴上"犯罪"的标签，在遵守矫正规定的前提下，他们会积极

---

① 杨春香：《社区矫正人员的交往形态与网络重塑——以 Y 市 N 区为例》，《社会福利（理论版）》2019 年第 8 期。

地开展工作和生活。

> （问：对于社区矫正的身份你怎么看待？）我不会觉得因为这个事情觉得自己不够好或者是自卑或者是怎么样。（社区矫正对象30）

> （问：目前你跟其他人关系有没有改变？）最大的改变是跟以前的一些朋友很少联系了，但是这件事情不是说我要主动去打别人，是我朋友先被别人打，然后我才上去帮忙，才导致失手把别人打伤了。（社区矫正对象22）

可以发现，延续性交往的社区矫正对象对于双重身份具有较良好的适应，能够根据社会交往场合的变化不断调适自我的身份认同。他们通常不会觉得与他人的交往有困难，主要是因为他们的犯罪类型多属于经济类或是由于法律意识淡薄造成的犯罪，对于这些种类的犯罪，周边人对他们的看法不太会改变。例如有的社区矫正对象所说："这个问题就是在于我们是犯什么罪，如果我的案子很龌龊的话，大家对我的评价肯定就是不好的。"并且亲近的交往圈层也并不会因此出现隔断。

三、延续性交往与身份认同的相互作用

本章中社会交往从社交回避、人际信任、交往关系三个维度进行分析。社交回避分数越高，表明回避程度越高；交往关系分数越高，表明交往关系越差；人际信任分数越高，表明信任程度越低。为检验延续性社会交往矫正对象的社会交往、身份认同之间的相关关系，本文将社交回避、交往关系、人际信任分别与身份认同及其三个维度身份归属、身份评估、身份适应进行相关分析。

（一）社交回避与身份认同

不确定的身份感知，会使社区矫正对象产生社交回避和社交苦恼。社区矫正对象在意识到自己的身份特殊性时，通常会有不同程度的社交回避，通过逃避社交的方式保护自己的自尊心或"面子"。本章所用到的研究数据社交回避量表（social avoidance and distress scale）由 Watson 等人于 1969 年编制，分为两个维度：社交回避与社交苦恼。本研究选取其中16 个题目，采用五级计分方式：1 代表"非常不符合"到 5 代表"完全符合"，分数越高表示其社交回避与苦恼程度越严重。从表 7-3 可知，延续性交往的社区矫正对象的社会回避程度最大值为 60，最小值为 12，均值为

30.53。由表 7-3 可知，延续性社会交往的社区矫正对象，其社交回避与苦恼程度比较低。

表 7-3　延续性交往社区矫正对象社交回避状况描述统计（N=1404）

	极小值	极大值	均值	标准差
社交回避	12.00	60.00	30.53	6.93

由表 7-4 延续性交往社区矫正对象社交回避与身份认同的相关性检测结果可知，其社交回避与身份认同之间的皮尔逊相关系数为 -0.61，P=0.00<0.01，可知社区矫正对象社交回避与身份认同呈显著负相关，延续性交往社区矫正对象的社交回避程度越高，身份认同危机越严重。可见，对于延续性社会交往矫正对象而言，特殊的身份必然给他们带来一定程度的压力，包括内在以及外界的各种原因，例如：社会成员异样的眼光和看法、自卑心理、工作压力等，这些因素都对他们产生影响，使其产生社交回避的行为，社交回避行为让延续性交往社区矫正对象"屏蔽"周围的信息，只沉浸在自己的世界里，没有了社会支持和行为参照，其身份认同自然就会产生危机，社区矫正对象会扩大自己的"服刑人员"身份，进而会越来越自卑，社交回避的程度也随之加重。

表 7-4　延续性交往社区矫正对象社交回避与身份认同的相关性检测（N=1404）

	身份认同	身份归属	身份评估	身份适应
社交回避	-0.612**	-0.363**	-0.210**	-0.650**

＊＊．在 0.01 级别（双尾），相关性显著。

（1）社交回避与身份归属

通过延续性交往社区矫正对象社交回避与身份归属的相关性检验结果可知，其社交回避与身份归属间的皮尔逊相关系数为 -0.36，P=0.00<0.01，可知社区矫正对象社交回避与身份归属呈显著负相关，延续性交往社区矫正对象的社交回避分数越低，身份归属分数越高。由此可知，延续性交往社区矫正对象的社交回避程度越低，身份归属认知越清晰，反之亦

然。可见，对于延续性社会交往矫正对象而言，社会交往过程中，身份归属认知清晰的延续性交往矫正对象并不会主动提及自己的服刑身份，在一些场合他们会选择隐瞒，这种将服刑身份隐藏的方式，为他们的社会交往减少了麻烦，社交回避程度也随之降低。

（2）社交回避与身份评估

由表7—4可知，延续性交往社区矫正对象的社交回避与身份评估间的皮尔逊相关系数为－0.21，P＝0.00＜0.01，可知社区矫正对象社交回避与身份评估呈显著负相关，延续性交往社区矫正对象的社交回避分数越低，身份评估分数越高。由此可知，延续性交往社区矫正对象的社交回避与身份归属相互作用，延续性交往社区矫正对象的社交回避程度越高，身份评估认知越不准确，反之亦然。可见，对于延续性社会交往矫正对象而言，清晰的身份评估意味着是否能够正视生活中的改变与限制，这种接纳的态度帮助延续性交往社区矫正对象降低社交回避的程度。社交回避降低，提升了社区矫正对象的自信心，自然就会正视改变，拥有较好的身份评估。

（3）社交回避与身份适应

延续性交往社区矫正对象社交回避与身份适应的相关性检测结果显示，其社交回避与身份适应之间的皮尔逊相关系数为－0.65，P＝0.00＜0.01，可知社区矫正对象社交回避与身份适应呈显著负相关，延续性交往社区矫正对象的社交回避分数越低，身份适应分数越高。所以可知，延续性交往社区矫正对象的社会交往与身份适应相互作用，相互影响。这说明，良好的社会交往会帮助延续性交往社区矫正对象的身份适应，这可能缘于良好的社会交往过程中，延续性社区矫正对象能够更好地对照自己的行为，并根据情况做出适当的改变，这种对自身行为的把握，可以帮助延续性社区矫正对象更好地适应新身份。

（二）交往关系与身份认同

本章中交往关系是指社区矫正对象与配偶、男/女朋友、父母、子女、兄弟姐妹、其他亲属、朋友、同学/同事、邻居、社工和司法行政工作人员之间关系的好坏。在社会生活中，每个个体都处在各种各样的社会交往与网络联结之中，通过交往可以获得物质、精神需求，也可以传递自己的价值，社区矫正对象在此过程中能够获得社会支持，从而促进良好身份认同的建立。从延续性交往社区矫正对象交往关系的统计数据中可以发现，他们与社工（83.9%）、司法行政人员（83.9%）、父母（80.3%）关系最好，其次是子女（75.9%）、朋友（74.1%）、兄弟姐妹（73.2%）、同学/同事（70.6%），最后是配偶（68.7%）、其他亲属（66.1%）、邻居（64.3%）。同时与其关系不好的即压力源主要来自其他亲属（4.5%）、配偶（2.7%）、父母（1.8%）、子女（1.8%）、社工（0.9%）、司法行政人员（0.9%）、朋友（0.9%）、兄弟姐妹（0.9%）、同学/同事（0.9%）、邻居（0%），具体见表7—5。由此可见，对于延续性交往社区矫正对象来说，社工、司法行政人员以及父母是其关系最好的交往对象，能够给予他们一定程度的帮助和社会支持。延续性交往矫正对象与父母和子女的关系既是支持关系也是压力关系。这些交往既能满足延续性交往矫正对象在矫正过程中的经济、工作或情感需求，给予矫正对象社会支持，同时也容易转化为压力，这种压力很大一部分来自父母与子女的责备及期望，具体见表7—5。

表7—5　目前延续性交往社区矫正对象与以下对象的交往关系（%，N=1404）

	非常好	较好	一般	较紧张	很紧张	不适用
配偶、男/女朋友	47.3	21.4	21.4	2.7	0	7.1
父母	58	22.3	13.4	1.8	0	4.5
子女	55.4	20.5	10.7	0.9	0.9	11.6
兄弟姐妹	53.6	19.6	18.8	0	0.9	7.1
其他亲属	42.9	23.2	25.9	3.6	0.9	3.6
朋友	45.5	28.6	21.4	0	0.9	3.6
同学/同事	42	28.6	23.2	0.9	0	5.4
邻居	39.3	25	29.5		0	6.3
社工	50	33.9	11.6	0.9	0	3.6
司法行政人员	51.8	32.1	11.6	0.9	0	3.6

在延续性交往社区矫正对象遇到困难时，无论是生活上还是情感上的

困难，他们都会求助这三类对象：家人（父母/子女/兄弟姐妹）（86.6%）、亲戚（45.5%）、朋友（50%）。这与上表所述交往对象并不完全相同。由此可见，延续性交往社区矫正对象在遇到麻烦时，最主要的支持系统还是在亲缘系统，具体见表7—6。

表7—6　延续性社区矫正对象遇到困难时会寻求帮助的前三名社会交往对象

（N＝1404）

	第一	第二	第三
遇到生活（住房/经济收入/工作等）困难	家人（父母/子女/兄弟姐妹）（86.6%）	亲戚（45.5%）	朋友（50%）
遇到情绪（情感）困难	家人（父母/子女/兄弟姐妹）（73%）	亲戚（41%）	朋友（38.1%）

交往关系分数越高，表示社区矫正对象交往关系越差。身份认同分数越高代表社区矫正对象身份认同状况越好。经检验，由表7—7延续性交往社区矫正对象交往关系与身份认同的相关性检测结果可知，其交往关系与身份认同之间的皮尔逊相关系数为-0.36，$P=0.00<0.01$，可知社区矫正对象交往关系与身份认同呈显著负相关，延续性交往社区矫正对象的交往关系分数越高，身份认同分数越低。由此可知，交往关系越差，身份认同状况越差，延续性交往社区矫正对象的交往关系与身份认同相互作用，相互影响。可见，延续性交往的社区矫正对象，在交往关系中获得了较大的支持，尤其是在家庭中获得的支持更多，这些社会支持系统帮助延续性社会交往的社区矫正对象更好地融入社会，身份认同危机随着交往关系的改善，其危机也逐步解除。

表7—7　延续性交往社区矫正对象交往关系与身份认同的相关性检测（N＝1404）

	身份认同	身份归属	身份评估	身份适应
交往关系	-0.36^{**}	-0.29^{**}	-0.11^{**}	-0.37^{**}

**．在0.01级别（双尾），相关性显著。

（1）交往关系与身份归属

通过延续性交往社区矫正对象交往关系与身份归属的相关性检测结果，具体见表7-7，可知其交往关系与身份归属之间的皮尔逊相关系数为-0.29，P=0.00<0.01，可知社区矫正对象交往关系与身份归属呈显著负相关，延续性交往社区矫正对象的交往关系分数越高，身份归属分数越低，即交往关系越差，身份归属越不明确。由此可知，延续性交往社区矫正对象的交往关系与身份归属相互作用，相互影响。延续性交往社区矫正对象如果拥有良好的交往关系，减少他人"看法"的吸收，能够提高社区矫正对象的自我评价、自我选择和自我表现，从而更好地明确自己对身份归属的认知，与他人的交往关系也会随着身份归属的明确而变得更好。

（2）交往关系与身份评估

表7-7中延续性交往社区矫正对象交往关系与身份评估的相关性检测结果显示，交往关系与身份评估之间的皮尔逊相关系数为-0.11，P=0.00<0.01，可知社区矫正对象交往关系与身份评估呈显著负相关，延续性交往社区矫正对象的交往关系分数越高，身份评估分数越低，即交往关系越差，身份评估存在的偏差越大。由此可知，延续性交往社区矫正对象的交往关系与身份评估相互作用，相互影响，具有良好的交往关系，其身份评估的偏差也会更小。可见，如果与他人保持良好的交往关系，延续性社区矫正对象在工作和生活中就能够多方面接收信息并有所对比，反观自己的状况就能正确认识到自己由于特殊身份而受到的限制和失去，身份评估偏差较小。

（3）交往关系与身份适应

由表7-7延续性交往社区矫正对象交往关系与身份适应的相关性检测结果可知，交往关系与身份适应之间的皮尔逊相关系数为-0.37，P=0.00<0.01，社区矫正对象交往关系与身份适应呈显著负相关，延续性交往社区矫正对象的交往关系分数越高，身份适应分数越低，即交往关系越差，身份适应越不好。由此可知，延续性交往社区矫正对象的交往关系与身份适应相互作用，相互影响。可见，与他人保持良好交往关系的延续性交往社区矫正对象，能够得到更多的社会支持，从而更容易回归社会，对"服刑人员"的身份接纳度也更高，身份适应良好。

（三）人际信任与身份认同

本章人际信任是指社区矫正对象对配偶、男/女朋友、父母、子女、兄弟姐妹、其他亲属、朋友、同学/同事、邻居、社工和司法行政人员这些人员的信任程度。从社会交往的人际信任来看，社区矫正对象对关系人的信任程度由高到低的顺序是：父母（88.1%）、社工（83.9%）、司法行政人员（83.8%）、配偶、男/女朋友（81.8%）、兄弟姐妹（80.4%）、子女（78.2%）、朋友（73.1%）、其他亲属（69.3%）、同学/同事（65.1%），具体如表7-8。由此可见延续性交往的社区矫正对象对父母、配偶、社工以及司法行政人员的信任程度较高。

表7-8 延续性交往社区矫正对象社会交往中的人际信任（%，N＝1404）

	完全可信	大多可信	一般	大多不可信	完全不可信	不适用
配偶、男/女朋友	63.3	18.5	12.1	0.4	0.3	5.4
父母	78.5	9.6	7.9	0.4	0.3	3.3
子女	67	11.2	8.4	0.3	0.2	12.9
兄弟姐妹	60.3	20.1	12.1	0.4	0.5	6.6
其他亲属	27.4	41.9	27.8	1.1	0.3	1.5
朋友	23.7	49.4	24.3	1.5	0.3	0.8
同学/同事	20.7	44.4	31.6	1.5	0.3	1.5
邻居	18	36	40.3	2.5	0.3	2.9
社工	53.9	30	14.8	0.7	0.1	0.5
司法行政人员	55.7	28.1	14.8	0.6	0.3	0.5

本章测量的人际信任，分数越高表明信任程度越低。经检验，由表7-9延续性交往社区矫正对象人际信任与身份认同的相关性检测结果可知，人际信任与身份认同之间的皮尔逊相关系数为-0.32，$P＝0.00<0.01$，社区矫正对象人际信任与身份认同呈显著负相关，延续性交往社区矫正对象的人际信任分数越高，身份认同分数越低，即人际信任程度越低，身份认同越不好。由此可知，延续性交往社区矫正对象的人际信任与

身份认同相互作用，相互影响。可见，人际信任良好，一方面体现了延续性交往矫正对象融入社会的意愿较强，另一方面体现了他们受到来自周围的排斥较少，所以才能够对身边的人保持信任，因此，他们会积极适应新身份，适应改变，所以身份认同危机比较低。

表7-9　延续性交往社区矫正对象人际信任与身份认同的相关性检测（N=1404）

	身份认同	身份归属	身份评估	身份适应
人际信任	-0.32**	-0.26**	-0.09**	-0.35**

＊＊．在0.01级别（双尾），相关性显著。

（1）人际信任与身份归属

由表7-9延续性交往社区矫正对象人际信任与身份归属的相关性检测结果可知，人际信任与身份归属之间的皮尔逊相关系数为-0.26，P=0.00<0.01，社区矫正对象人际信任与身份归属呈显著负相关，延续性交往社区矫正对象的人际信任分数越高，身份归属分数越低，即人际信任程度越低，身份归属越不清晰。由此可知，延续性交往社区矫正对象的人际信任与身份归属相互作用，相互影响。可见，对于这一群体而言，较好的人际信任能够增加服刑人员的自信，熟悉的交往圈子也给他们带来较大的安全感，在这种情况下，延续性交往社区矫正对象更愿意去接受"出事"的事实，进而接受自己的双重身份，对自己的身份归属有清晰的认知。

（2）人际信任与身份评估

通过延续性交往社区矫正对象人际信任与身份评估的相关性检测结果，具体见表7-9，可知，延续性交往社区矫正对象的人际信任与身份评估之间的皮尔逊相关系数为-0.09，P=0.00<0.01，社区矫正对象人际信任与身份评估呈显著负相关，延续性交往社区矫正对象的人际信任分数越高，身份评估分数越低，即人际信任程度越低，身份评估越不清晰。由此可见，延续性交往社区矫正对象的人际信任与身份评估相互作用，相互影响，人际信任越好，身份评估越准确。这可能是因为这一群体的罪行较轻，感受到的社会排斥比较少，所以能够有一个比较好的心态，拥有较准确的身份评估。

（3）人际信任与身份适应

表7-9中延续性交往社区矫正对象人际信任与身份适应的相关性检测

结果显示，人际信任与身份适应之间的皮尔逊相关系数为 -0.35，$P=0.00<0.01$，可知社区矫正对象人际信任与身份适应呈显著负相关，延续性交往社区矫正对象的人际信任分数越高，身份适应分数越低，即人际信任程度越低，身份适应越差。由此可知，延续性交往社区矫正对象的人际信任与身份适应相互作用，相互影响，人际信任越好，身份适应越好。可见，社会交往过程中，延续性交往社区矫正对象在信任关系中能够获得支持，这帮助其在融入社会过程中能更好地适应。

四、延续性交往的发生机制

（一）"服刑人员"身份隐匿化

在熟人场域，社区矫正对象会产生明显的紧张和压力，往往想要通过隐匿自己的身份来加强安全感。"服刑人员"身份的隐匿比较容易，这种方式使得延续性交往社区矫正对象能够减少服刑身份所带来的压力，给他们营造一个相对安全的环境，帮助其逐步适应社会，融入社会。

（二）家庭支持力量，促进身份融入

社区矫正对象由于情感性需求会对家人进行延续性交往的选择，社区矫正对象作为一种特殊的群体，在回归社会过程中需要各方面给予支持，家庭成员应支持服刑人员的矫正行为，创造一个有利于服刑人员自我改造的环境。[①] 因此，家庭功能的发挥能够增进家庭系统对社区矫正对象的支持，成为社区矫正对象的坚强后盾与动力源泉，促进其顺利融入社会。[②]

（三）社会排斥低，身份认同均衡

延续性交往社区矫正对象的犯罪类型主要包括经济类、交通类、非法售卖等罪行较轻的类型。社会对于这些犯罪类型的接受程度比较高，亲近的交往圈层也不会因此产生断裂，反而会更亲密。社区矫正对象会通过各种方式强化与血缘圈层的亲密程度，血缘圈层也会进行反馈，希望能帮助社区矫正对象顺利进行社会融入。业缘和地缘的好朋友也不会因为这类型的犯罪对服刑人员产生"看法"，甚至有些会为服刑人员打抱不平。这让他们觉得自己和普通人并无二致，能够作为"社会成员"生活的可能

---

① 吴军：《社区服刑人员适应性帮扶问题的思考》，《太原城市职业技术学院学报》2018 年第 10 期。

② 冯佳琪：《社区服刑人员的社会融入研究——以昆明市 C 区为例》，《统计与管理》2018 年第 12 期。

性，促进了社区矫正对象的社会性交往。

第二节　拓展或收缩性交往
的社区矫正对象

为消弭"服刑人员"身份对自己的不利影响，社区矫正对象会对自己社会交往对象进行筛选，同时重建自己的社会交往网络。筛选的结果就造成交往圈子变大或变小，拓展或收缩性交往的矫正对象会重新建立其交往圈。

一、拓展或收缩性交往社区矫正对象的人口学特征

数据分析显示，交往圈子变化的社区矫正对象占 61.2%，其中交往圈子变大的占 2.8%，也就是说进行拓展性交往的社区矫正对象占 2.8%。拓展性交往的社区矫正对象的人口特征如下：首先，男性占绝大多数，没有未成年人，青壮年人数最多，文化水平一般，大多数有稳定住所，约6.3% 的人没有固定住所，大多数为缓刑，已婚或有伴侣较多，基本有固定经济收入，工资水平相对还错。从性别上看，男性占 84.8%，女性只占15.2%，男性延续性交往社区矫正对象远远多于女性社区矫正对象；从年龄上看，18—60 岁阶段的延续性交往社区矫正对象占到所有对象的84.8%，18—35 岁占 40.2%，36—60 岁占 44.6%，老年人比重较少，分别只占 5.4%；从文化程度上看，延续性交往的社区矫正对象的文化水平较高，大多都在初中及以上，其中受过高等教育（大专及以上）的社区矫正对象占至 39.3%，高中或中专及以下的占至 60.7%；从矫正类型上看，近 92.9% 的社区矫正对象是被判处缓刑的罪犯，假释占 1.8%，管制为 0，暂予监外执行占 5.4%。

表7－10　拓展性交往社区矫正对象的人口学特征（N＝112）

因变量	分类	百分比	因变量	分类	百分比
性别	男	84.8	文化程度	小学及以下	9.8
	女	15.2		初中	24.1
年龄	0－17	0		高中或中专	26.8
	18－35	40.2		大专	22.3
	36－60	44.6		本科及以上	17
	60以上	5.4	矫正类型	缓刑	92.9
住房状况	有稳定住所	93.8		假释	1.8
	没有稳定住所	6.3		管制	0
月平均收入	1160元及以下	17.9		暂予监外执行	5.4
	1161元到2480元	8.0	婚姻状况	单身未婚	17.9
	2481元到6504元	31.3		未婚但有伴侣	3.6
	6505元到10000元	23.2		已婚	57.1
	10001元到15000元	8.0		离异未再婚	17
	15000元以上	11.6		离异后再婚	3.6
户籍情况	本市非农户口	53.6		丧偶未再婚	0.9
	本市农业户口	5.4		丧偶后再婚	0
	外地非农户口	15.2			
	外地农业户口	25.9			

　　从婚姻状况来看，已婚状态的社区矫正对象居多，占57.1％，单身未婚的占17.9％，未婚但有伴侣的占3.6％，离异未再婚的占17％，离异后再婚的占3.6％，丧偶未再婚的占0.9％，丧偶后再婚为0；从户籍情况上看，大部分为本市户口占59％，其中本市非农户口占53.6％，本市农业户

口占 5.4%。外地户口占 41.1%，其中外地非农户口占 15.2%，外地农业户口 25.9%；从经济收入来看，17.9%的人收入在 1160 元及以下，8.0%的人在 1161 元至 2480 元范围内，2481 元至 6504 元的人居多，占到了 31.3%，23.2%的人在 6505 元至 10000 元范围内，8.0%的人在 10001 元至 15000 元以内，11.6%的人在 15000 元以上，详见表 7—10。

收缩性社会交往的社区矫正对象占 58.4%。收缩性交往的社区矫正对象的人口特征如下：首先，男性占绝大多数，18—60 年龄区间的人数居多，基本是初中以上文化水平，本市和外市人员各占一定比例，大多数有稳定住所，其中约 6.5%的人没有固定住所，大部分都是缓刑，已婚或有伴侣较多，基本有固定经济收入，工资水平相对较低。从性别上看，男性占 71.8%，女性只占 28.2%，收缩性交往社区矫正对象男性远远多于女性；从年龄上看，青壮年居多，18—60 岁阶段的收缩性交往社区矫正对象占到所有对象的 93.3%，18—35 岁占 35.9%，36—60 岁占 57.4%，未成年人和老年人比重较少，分别只占 0.2%、6.5%；从文化程度上看，收缩性交往的社区矫正对象的文化水平较高，大多都在初中及以上，其中受过高等教育（大专及以上）的矫正对象占至 48.1%，高中或中专及以下的占至 51.9%；从矫正类型上看，近 92.6%的社区矫正对象是被判处缓刑的罪犯，假释占 2.8%，管制占 0.3%，暂予监外执行占 4.3%。从婚姻状况来看，已婚状态的社区矫正对象居多，占 60.1%，单身未婚的占 14.2%，未婚但有伴侣的占 3.4%，离异未再婚的占 16.9%，离异后再婚的占 3.9%，丧偶未再婚的占 1.4%，丧偶后再婚的只占 0.1%；从户籍情况上看，大部分为本市户口占 69.2%，其中本市非农户口占 62.4%，本市农业户口占 6.8%。外地户口占 30.8%，其中外地非农户口占 12.6%，外地农业户口占 18.2%；从经济收入来看，21.2%的人收入在 1160 元及以下，14.8%的人在 1161 元至 2480 元范围内，2481 元至 6504 元的人居多，占到了 35.4%，15.7%的人在 6505 元至 10000 元范围内，6.0%的人在 10001 元至 15000 元以内，6.9%的人在 15000 元以上，详见表 7—11。

表 7-11　收缩性交往社区矫正对象的人口学特征 （N＝2069）

因变量	分类	百分比	因变量	分类	百分比
性别	男	71.8	文化程度	小学及以下	5.5
	女	28.2		初中	20.9
年龄	0-17	0.2		高中或中专	25.5
	18-35	35.9		大专	24.7
	36-60	57.4		本科及以上	23.4
	60 以上	6.5	矫正类型	缓刑	92.6
住房状况	有稳定住所	96		假释	2.8
	没有稳定住所	4.0		管制	0.3
月平均收入	1160 元及以下	21.2		暂予监外执行	4.3
	1161 元到 2480 元	14.8	婚姻状况	单身未婚	14.2
	2481 元到 6504 元	35.4		未婚但有伴侣	3.4
	6505 元到 10000 元	15.7		已婚	60.1
	10001 元到 15000 元	6.0		离异未再婚	16.9
	15000 元以上	6.9		离异后再婚	3.9
户籍情况	本市非农户口	62.4		丧偶未再婚	1.4
	本市农业户口	6.8		丧偶后再婚	0.1
	外地非农户口	12.6			
	外地农业户口	18.2			

二、拓展或收缩性交往社区矫正对象的身份认同状况

本节依然遵循身份认同分数越高，表示身份认同越好，身份归属分数越高，代表身份归属的认知越清晰，身份评估分数越高，代表身份评估越

准确，身份适应的分数越高，代表身份适应的情况越好的原则。根据表7—12，拓展性社会交往的社区矫正对象身份认同最大值为65，最小值为25，身份认同平均值为49.11。收缩性社会交往的社区矫正对象身份认同最大值为60，最小值为24，身份认同平均值为48.91。

表7—12　拓展或收缩性交往社区矫正对象身份认同状况描述统计

		极小值	极大值	均值	标准差
拓展性交往 （N＝108）	身份认同	25	65	49.11	5.12
	身份归属	12	28	19.50	2.41
	身份评估	6	24	15.01	2.57
	身份适应	8	26	15.75	2.57
收缩性交往 （N＝2068）	身份认同	24	60	48.91	4.53
	身份归属	12	33	19.47	2.41
	身份评估	5	22	13.95	2.48
	身份适应	8	28	15.33	2.10

根据 t 检验的结果可知，在身份认同方面，$p＝0.912＞0.05$，则拓展性交往与收缩性交往在身份认同上没有显著差别。拓展性交往与收缩性交往都是社区矫正对象对交往圈子进行筛选形成的结果，因此两者在身份认同上状况一致。

表7—13　拓展或收缩性交往社区矫正对象身份认同独立样本检验

	拓展性交往	收缩性交往	T
	M±SD	M±SD	
身份认同	49.11±5.12	48.91±4.53	8.965
身份归属	19.50±2.39	19.47±2.41	0.601*

	拓展性交往	收缩性交往	T
	M±SD	M±SD	
身份评估	15.01±2.57	13.95±2.48	2.621***
身份适应	15.75±2.57	15.33±2.10	2.680**

（一）身份归属：存在排斥情绪，逐渐认同服刑身份

从表7—12可知，拓展性交往身份归属最大值为28，最小值为12，均值为19.50。收缩性交往的社区矫正对象身份归属的最大值为33，最小值为12，均值为19.47。

根据表7—13，t检验的结果可知，在身份归属方面，p＝0.02＜0.05，则拓展性交往与收缩性交往身份归属上有显著差别。根据身份归属数值越高，身份归属越清晰的原则，拓展性交往的身份归属值较高，由此可知，拓展性交往社区矫正对象的身份归属认知比收缩性社会交往社区矫正对象要好，拓展性交往社区矫正对象对于双重身份的认知比较清晰。

访谈资料显示，拓展性交往社区矫正对象的交往圈子发生了较大的改变，远离了原来的交友圈，重新建立了交往圈子，原先交往圈只留下少数亲人。相较于家人的关系，与朋友的关系更容易发生破裂，在没有血缘关系的基础上，成员间的互动相较而言较少，当个体自我认知出现失调甚至断裂时，就很容易自动脱离群体，也有少数通过逐渐远离原先的社会关系网，重建自身的关系网络。拓展性交往社区矫正对象在接受访谈时谈到对自己身份的认同，感觉自己是"另类人"。对于"服刑人员"的身份感到不舒服，但能够正确认识到自己的双重身份，并对此报以积极接受的态度。正如有的拓展性交往的社区矫正对象所说的那样："矫正身份的感受肯定是不太舒服的，要被人家看管，还要进行思想汇报，但总归是自己做错事情，自己要承担责任。"同时，在社会交往过程中，拓展性交往的社区矫正对象更敏感，能够感觉到他人的"看法"："感受得到，人总会有点歧视的，不但社会歧视你，朋友、亲人也一样。"

收缩性交往的社区矫正对象由于身份的特殊性，原有的社会关系容易断裂，从而产生社会排斥。特别是在社区矫正对象中有监禁经历的人，他

们的社会关系更容易发生断裂，而且一旦发生断裂便很难恢复。主要原因是监禁对于个人的人身自由具有一定的管束，且所交往的范围多数都是家庭成员，在这种客观的种种因素下导致矫正对象中断了部分原有的交往圈，再加上服刑期的长短，收缩性交往社区矫正对象的一些社会交往就此终结。① 对于交往圈子变小，收缩性交往的社区矫正对象也能够以一个良好的心态接受："其实真正跟你交情特别深的人，其实也就那么几个而已，两三个就够了。"和拓展性交往社区矫正对象一样，收缩性交往的社区矫正对象对于自己服刑身份一开始是比较排斥的，不能很好地接纳身份上的改变，没有对自己的身份有正确的认知。在社区矫正初期对于社区矫正活动也存在排斥，行动和空间上的限制也使得他们感到不高兴。在社会交往过程中收缩性交往的社区矫正对象也比较在意他人的态度，会因为服刑人员的身份感到自卑，害怕别人对自己"另眼相看"，随着时间的推移，才逐渐接受自己的服刑身份。

（问：能说一下您刚刚进入社区矫正时候的感受吗？）前期到矫正中心的时候，我并不是心甘情愿来，有一点自己被迫过来的性质。所以相对来说对矫正中心没有什么好感。（社区矫正对象19）

（问：刚刚进入矫正的感受是怎么样的？）觉得很冤枉，我虽然不是本意犯罪，但我现在是个罪犯，就感觉跟别人不一样，害怕别人对我有看法，因为不可能对每个人去解释我是冤枉的，或者说我不是本意去犯罪。（社区矫正对象18）

（二）身份评估：生活受到限制，社交随之改变

根据表7-12，拓展性社会交往的社区矫正对象身份评估最大值为24，最小值为6，身份评估平均值为15.01。收缩性社会交往的社区矫正对象身份评估最大值为22，最小值为5，身份认同平均值为13.95。

根据表7-13，t检验的结果可知，在身份评估方面，$p=0.00<0.05$，则拓展性交往与收缩性交往在身份评估上有显著差别。根据身份评估得分越高，身份评估越准确的原则，收缩性交往的身份评估值较低，由此可知，收缩性交往社区矫正对象的身份评估状况比拓展性社会交往社区矫正

① 杨春香：《社区矫正人员的交往形态与网络重塑——以 Y 市 N 区为例》，《社会福利（理论版）》2019 年第 8 期。

对象更不好，收缩性交往社区矫正对象对于生活上的改变和限制更加敏感，能够认识到"出事后"的变化，这种"敏感"也造成了收缩性交往社区矫正对象在社会交往中的逃避，从而缩小交往圈子。日常生活由于监管原因，场域变化比较单一，几乎天天三点一线，例如：家－学校－菜场。工作方面则由于个人技能缺乏、时间限制等等原因，目前较多处于待业状态。

个案资料显示，拓展性交往社区矫正对象觉得监管制度限制了自己部分自由，没办法和外地朋友联系，这也是其断绝了过去交往圈的原因之一。对于监管制度的看法他觉得"这个是很正确的，犯了错误，肯定要接受教育"。然而，较轻的罪行使得工作中同事的看法改变不大，正如有的拓展性交往的服刑人员所说："他们知道这件事（指犯罪这件事），但是他们也不在乎，因为我做的也不是打架斗殴、杀人放火，我们是经济案，这个东西不存在个人的一个主观恶念。"

收缩性交往的社区矫正对象对于自己时间空间及行动上的限制感受强烈，能够明确知道自己是受管制的，他们知道"平时要约束一下自己"，这种管制给他们带来了部分不便，使得他们的交往圈子进行了收缩，例如"过年的时候去外面洗澡，不大敢洗，因为怕脚上戴的东西（电子脚环）被看到"。

（三）身份适应：拒绝部分交往，适应认知合理化

根据表7－12，拓展性社会交往的社区矫正对象身份适应最大值为26，最小值为8，身份适应平均值为15.75。收缩性社会交往的社区矫正对象身份适应最大值为28，最小值为8，身份适应平均值为15.33。

根据表7－13，t检验的结果可知，在身份适应方面，p＝0.01＜0.05，则拓展性交往与收缩性交往在身份适应上有显著差别。根据身份适应得分越高，身份适应越好的原则，拓展性交往的身份适应值较高，由此可知，拓展性交往社区矫正对象的身份适应状况比收缩性社会交往社区矫正对象要好，拓展性交往社区矫正对象在社会交往中会采取更加积极的方式去应对特殊身份带来的状况，所以在身份适应方面更加均衡。

访谈资料显示，拓展性交往社区矫正对象"出事后"身边的朋友所剩无几，只留下家人在其左右，再加上社会大环境对矫正对象身份的不认可以及监管的管制，很大地影响了他们的社会交往情况。久而久之，就与原来的交往圈层隔绝了，因此建立新的交往圈层。面对新的圈层，拓展性交往社区矫正对象不会刻意隐瞒，并且觉得自己有点冤枉。"基本上周围邻居都知道我的事情，我从来没犯过事，只是有一次在火车上，车厢已经没

人了，有个包摆在台子上，我想如果是有人掉了呢，就把它收起来了，我是没有恶意的。"

收缩性交往的社区矫正对象在社会交往过程中会根据不同场域的身份认同以及别人对自己的认知和态度来选择性地与他人交往。交往对象上基本只维持家人、亲近的朋友以及同事之间的关系，并且与这些对象的交往关系不会产生变化："跟朋友还有家人的关系，亲密程度是没有变化的，我觉得还是跟原来一样。"这类型的社区矫正对象通常觉得自己被判刑很冤枉，是由于自己法律意识淡薄比较"倒霉"，所以才会有犯罪结果："当时那个心情就是觉得我很冤枉。因为我根本不知道，我只是个业务员，我自己也亏了很多钱，我也是受害人，就想不通了。"收缩性交往的社区矫正对象通常会放大自己罪犯的身份，但这些负面的情绪通过社区矫正以及与家人交流等方式会得到有效的排解，从而明确自己的状态和未来。

（问：平时心情不好会向朋友倾诉还是家人倾诉？）我现在发现自己更强大了，出来之后我觉得很不开心，经历了坎儿之后就觉得都很平淡，什么好的我也接受，不好的我也接受。（社区矫正对象21）

三、拓展或收缩性交往与身份认同的相互作用

为检验拓展或收缩性社会交往矫正对象的社会交往、身份认同之间的相关关系，将社交回避、交往关系、人际信任分别与身份认同及其三个维度身份归属、身份评估、身份适应进行相关分析。

（一）社交回避与身份认同

拓展或收缩性社区矫正对象和普通公民一样生活在社区里，但在身份上，他们又是罪犯，其自由受到一定的限制，又有与监狱服刑罪犯相似的心理。因此他们的身份认同，难免出现困惑，难以在矫正后顺利回归社会，由此伴生社交回避的结果。根据表7-14，拓展性社会交往的社区矫正对象社交回避最大值为47，最小值为14，社交回避平均值为31.28。收缩性社会交往的社区矫正对象社交回避最大值为60，最小值为12，社交回避平均值为33.79。

表7—14　拓展或收缩性交往社区矫正对象社交回避状况

	N	极小值	极大值	均值	标准差
拓展性交往	112	14	47	31.28	6.888
收缩性交往	2357	12	60	33.79	6.911

　　将拓展和收缩性交往的社交回避进行独立样本 t 检验，根据表7—15，结果可知：在身份适应方面，P＝0.00＜0.05，则拓展性交往与收缩性交往在身份适应上有显著差别。根据社交回避数值越高，社交困惑和问题越大的原则，相较而言，拓展性交往社区矫正对象的社交回避状况比收缩性社会交往社区矫正对象要好。

表7—15　拓展和收缩性交往社区矫正对象社交回避情况独立样本检验

	拓展性交往	收缩性交往	T
	M±SD	M±SD	
社交回避	31.28±6.888	33.79±6.911	0.995***

　　由表7—16拓展性交往社区矫正对象社交回避与身份认同的相关性检测结果可知，拓展性社区矫正对象社交回避与身份认同之间的皮尔逊相关系数为－0.62，P＝0.00＜0.01，可知社区矫正对象社交回避与身份认同呈显著负相关，拓展性交往社区矫正对象的社交回避程度越高，身份认同状况越不好。由此可知，拓展性交往的社区矫正对象在社会交往过程中，其社交回避与身份认同会相互影响，相互作用。拓展性交往社区矫正对象在交往过程中由于新的身份，隔绝原来的圈子，建立新的交往圈，这种新的交往方式和交往对象或多或少对其身份认同会产生积极影响。

表7—16　拓展或收缩性交往社区矫正对象的身份认同与社交回避相关分析

		身份认同	身份归属	身份评估	身份适应
社交回避	拓展性交往（N=112）	－0.62**	－0.47**	－0.26**	－0.62**
	收缩性交往（N=2357）	－0.56**	－0.30**	－0.09**	－0.65**

收缩性交往社区矫正对象社交回避与身份认同之间的皮尔逊相关系数为−0.56，P＝0.00＜0.01，可知收缩性社区矫正对象社交回避与身份认同呈显著负相关，收缩性交往社区矫正对象的社交回避程度越高，身份认同状况越不好。由此可知，收缩性交往的社区矫正对象在社会交往过程中，社交回避与身份认同同样互相影响。收缩性社区矫正对象由于对特殊身份的自卑心理，屏除可能给自己带来困惑的社会交往对象，缩小自己的交往圈，最终导致交往圈子非常单一，身份认同危机在缺少社会支持的情况下变得更严重。

（1）社交回避与身份归属

由表7−16拓展性交往社区矫正对象社交回避与身份归属的相关性检测结果可知，拓展性社区矫正对象社交回避与身份归属之间的皮尔逊相关系数为−0.47，P＝0.00＜0.01，可知社区矫正对象社交回避与身份归属呈显著负相关，拓展性交往社区矫正对象的社交回避程度越高，身份归属越不清晰。由此可知，拓展性交往的社区矫正对象在社会交往过程中，其社交回避与身份归属会相互影响，相互作用。对于拓展性社会交往矫正对象而言，特殊身份带来的社会成员异样的眼光和看法对他们形成了一定的排斥力，为了缓解身份变化带给生活的冲击，拓展性社区矫正对象会选择凸显"社会成员"身份场域进行交往，使其产生社交回避的行为，这就造成了其身份归属的偏差。

收缩性交往社区矫正对象社交回避与身份归属之间的皮尔逊相关系数为−0.30，P＝0.00＜0.01，可知收缩性社区矫正对象社交回避与身份归属呈显著负相关，收缩性交往社区矫正对象的社交回避程度越高，身份归属越不清晰。由此可知，收缩性交往的社区矫正对象在社会交往过程中，社交回避与身份归属同样互相影响。收缩性社区矫正对象在身份归属方面与拓展性交往的社区矫正对象刚好相反，拓展性交往社区矫正对象过分注重"社区人员"身份的建立，收缩性交往社区矫正对象则过分沉浸在自己"服刑人员"的身份里，逃避社交。

（2）社交回避与身份评估

由表7−16拓展性交往社区矫正对象社交回避与身份评估的相关性检测结果可知，拓展性社区矫正对象社交回避与身份评估之间的皮尔逊相关系数为−0.26，P＝0.00＜0.01，可知社区矫正对象社交回避与身份评估呈显著负相关，拓展性交往社区矫正对象的社交回避分数越高，身份评估分数越低，即社交回避程度越高，身份评估偏差越大。由此可知，拓展性交往的社区矫正对象在社会交往过程中，其社交回避与身份评估会相互影响，相互作用。

收缩性交往社区矫正对象社交回避与身份评估之间的皮尔逊相关系数为 -0.09，$P=0.00<0.01$，可知收缩性社区矫正对象社交回避与身份评估呈显著负相关，收缩性社区矫正对象的社交回避程度越高，身份评估偏差越大。由此可知，收缩性交往的社区矫正对象在社会交往过程中，社交回避与身份评估同样互相影响。可见，对于拓展或收缩性社会交往矫正对象而言，社交回避的行为，隔绝了一些外界压力，这会使得拓展或收缩性社会交往社区矫正对象在身份评估时产生偏差。

（3）社交回避与身份适应

由表 7—16 拓展性交往社区矫正对象社交回避与身份适应的相关性检测结果可知，拓展性社区矫正对象社交回避与身份适应之间的皮尔逊相关系数为 -0.62，$P=0.00<0.01$，可知社区矫正对象社交回避与身份适应呈显著负相关，拓展性社区矫正对象的社交回避分数越高，身份适应分数越低，即社交回避程度越高，身份适应越差。由此可知，拓展性交往的社区矫正对象在社会交往过程中，其社交回避与身份适应会相互影响，相互作用。

收缩性交往社区矫正对象社交回避与身份适应之间的皮尔逊相关系数为 -0.65，$P=0.00<0.01$，可知收缩性社区矫正对象社交回避与身份适应呈显著负相关，收缩性社区矫正对象的社交回避程度越高，身份适应越差。由此可知，收缩性交往的社区矫正对象在社会交往过程中，社交回避与身份适应同样互相影响。可见，对于拓展或收缩性社会交往矫正对象而言，社交回避的行为，会使得矫正对象缺乏归属感，这种不安全感对于身份适应的情况会有不好的影响。

（二）交往关系与身份认同

从拓展或收缩性交往社区矫正对象交往关系的统计数据中可以发现，拓展性交往社区矫正对象与父母（84.3%）、社工（82.8%）、朋友（81.5%）、司法行政人员（79.7%）关系较好，其次是配偶（78.4%）、兄弟姐妹（77.5%）、同学/同事（75.9%）、子女（75.7%），最后是其他亲属（72.2%）、邻居（68.3%）。同时与其关系不好的压力源主要来自其他亲属（1.6%）、配偶（1.4%）、子女（1.2%）、邻居（1.2%）、司法行政人员（1.2%）、父母（1.1%）、兄弟姐妹（1.1%）、其他亲属（1.1%）、社工（1.1%）、朋友（1.0%）、同学/同事（0.7%），具体见表7—17。由此可见对于拓展性交往社区矫正对象来说，父母、社工和司法人员以及朋友是其关系最好的交往对象，能够给予他们一定程度的帮助和社会支持。父母和社工的帮助促进他们适应并接纳新的身份，帮助其增强身份认同。

收缩性交往社区矫正对象，他们与父母（79.9％）、社工（78.9％）、司法行政人员（75％）、子女（72.4％）关系较好，其次是配偶（71.9％）、兄弟姐妹（67.4％）、朋友（65.1％），最后是同学/同事（57.8％）、其他亲属（55.2％）、邻居（52.7％）。同时与其关系不好的压力源主要来自配偶（3.6％）、其他亲属（3％）、兄弟姐妹（2.5％）、父母（2.1％）、邻居（2.1％）、同学/同事（1.8％）、朋友（1.7％）、子女（1.7％）、司法行政人员（1.5％）、社工（1.2％），具体见表7－17。可见，对于收缩性交往社区矫正对象来说，父母、社工和司法人员以及子女是其关系最好的交往对象，这与拓展性交往的社区矫正对象有重合的部分。

表7－17　目前拓展或收缩性交往社区矫正对象与以下对象的交往关系（％）

		非常好	较好	一般	较紧张	很紧张	不适用
拓展性交往（N＝112）	配偶、男/女朋友	56.9	21.5	14.1	1	0.4	6
	父母	65.1	19.2	10.9	0.8	0.3	3.7
	子女	58.8	16.9	9.8	0.8	0.4	13.3
	兄弟姐妹	54.3	23.2	14.2	0.7	0.4	7.2
	其他亲属	37.8	34.4	25.4	0.8	0.3	1.3
	朋友	42.5	39	17	0.7	0.3	0.5
	同学/同事	36.7	39.2	21.9	0.4	0.3	0.3
	邻居	33.2	35.1	28.4	0.8	0.4	2
	社工	44.7	38.1	15.7	0.9	0.2	0.4
	司法行政人员	42.6	37.1	18.5	0.8	0.4	0.7

续　表

		非常好	较好	一般	较紧张	很紧张	不适用
收缩性交往 （N＝2357）	配偶、男/女朋友	47.3	24.6	19.7	2.1	1.5	10.7
	父母	55.3	24.6	12.6	1.3	0.8	5.3
	子女	52.3	20.1	11.1	1.1	0.6	14.9
	兄弟姐妹	42.2	25.2	18.7	1.6	0.9	11.3
	其他亲属	23.6	31.6	36.7	2.2	0.8	5.1
	朋友	25.2	39.9	31.3	1.2	0.5	2
	同学/同事	21.4	36.4	37.1	1.2	0.6	3.4
	邻居	19.4	33.3	40.9	1.3	0.8	4.4
	社工	35.9	43	19.4	0.7	0.5	0.5
	司法行政人员	33.7	41.3	22.6	1.1	0.4	0.9

拓展性交往社区矫正对象在遇到生活的困难时，他们都会求助这三类对象：家人（父母/子女/兄弟姐妹）（87.5%）、亲戚（51.4%）、朋友（47.7%）。在遇到情感的困难时，他们会求助：家人（父母/子女/兄弟姐妹）（67%）、亲戚（42%）、朋友（38.4%）。这与上表所述交往对象的区别在于少了社工和司法行政人员。由此可见，拓展性交往社区矫正对象在遇到麻烦时，他们一般不会主动向社工求助，与社工以及司法人员的接触更多是一种制度规定下的接触与交往，具体见表7－18。

同上，收缩性交往社区矫正对象在遇到生活的困难时，他们会求助这三类对象：家人（父母/子女/兄弟姐妹）（86.9%）、亲戚（47.1%）、朋友（41.5%）。在遇到情感的困难时，他们会求助：家人（父母/子女/兄弟姐妹）（70.2%）、亲戚（34%）、朋友（31.3%），收缩性交往社区矫正对象基本也是向家人朋友求助，不会向社工以及司法人员求助。作为社区矫正对象应该用积极的心态去对待自己的社会交往，只有打开自己，接受现实，取得进步，才能更好地融入社会并获得支持①，具体见表7－18。

①王艳华：《新生代农民工市民化的社会学分析》，《中国青年研究》2007年第5期。

表 7－18　　拓展或收缩性社区矫正对象遇到生活困难时寻求帮助的前三名交往对象

拓展性交往（N＝112）	遇到生活（住房/经济收入/工作等）困难	家人（父母/子女/兄 弟 姐 妹）（87.5％）	亲戚（51.4％）	朋友（47.7％）
	遇到情绪（情感）困难	家人（父母/子女/兄弟姐妹）（67％）	亲戚（42％）	朋友（38.4％）
收缩性交往（N＝2357）	遇到生活（住房/经济收入/工作等）困难	家人（父母/子女/兄 弟 姐 妹）（86.9％）	亲戚（47.1％）	朋友（41.5％）
	遇到情绪（情感）困难	家人（父母/子女/兄 弟 姐 妹）（70.2％）	亲戚（34％）	朋友（31.3％）

交往关系分数越高，表示社区矫正对象与交往对象的交往关系越差。身份认同分数越高代表社区矫正对象身份认同状况越好。经检验，由表 7－19 拓展性交往社区矫正对象交往关系与身份认同的相关性检测结果可知，拓展性社区矫正对象交往关系与身份认同之间的皮尔逊相关系数为 －0.39，P＝0.00＜0.01，可知社区矫正对象交往关系与身份认同呈显著负相关，拓展性交往社区矫正对象的交往关系分数越高，身份认同分数越低，即交往关系越差，身份认同越差。由此可知，拓展性交往的社区矫正对象在社会交往过程中，其交往关系与身份认同会相互影响，相互作用。

收缩性交往社区矫正对象交往关系与身份认同之间的皮尔逊相关系数为 －0.36，P＝0.00＜0.01，可知收缩性社区矫正对象交往关系与身份认同呈显著负相关，收缩性交往社区矫正对象的交往关系分数越高，身份认同越差。由此可知，收缩性交往的社区矫正对象在社会交往过程中，交往关系与身份认同互相影响。可见，对于拓展或收缩性社会交往矫正对象而言，他们能够在交往关系中获得支持，家人和朋友是主要的支持来源，这些支持帮助拓展性和收缩性社会交往的社区矫正对象更好地融入社会，建立适当的身份认同。

表 7-19　拓展或收缩性交往社区矫正对象交往关系与身份认同相关性检验

		身份认同	身份归属	身份评估	身份适应
交往关系	拓展性交往（N=112）	-0.39**	-0.22*	-0.13	-0.46**
	收缩性交往（N=2357）	-0.36**	-0.28**	-0.12**	-0.33**

（1）交往关系与身份归属

由表 7-19 拓展性交往社区矫正对象交往关系与身份归属的相关性检测结果可知，拓展性社区矫正对象交往关系与身份归属之间的皮尔逊相关系数为-0.22，P=0.00<0.01，可知社区矫正对象交往关系与身份归属呈显著负相关，拓展性社区矫正对象的交往关系分数越高，身份归属分数越低，即交往关系越差，身份归属越差。由此可知，拓展性交往社区矫正对象的交往关系与身份归属相互作用，相互影响。

收缩性交往社区矫正对象交往关系与身份归属之间的皮尔逊相关系数为-0.28，P=0.00<0.01，可知收缩性社区矫正对象交往关系与身份归属呈显著负相关，收缩性社区矫正对象的交往关系越差，身份归属越差。由此可知，收缩性交往社区矫正对象的交往关系与身份归属相互作用，相互影响。可见，拓展或收缩性交往社区矫正对象如果拥有良好的交往关系，减少负面情绪的吸收，能够降低自卑感，从而更好地明确自己对身份归属的认知，与他人的交往关系也会随着身份归属的明确而变得更好。

（2）交往关系与身份评估

通过拓展性交往社区矫正对象交往关系与身份评估的相关性检测结果，具体见表 7-19，可知拓展性社区矫正对象交往关系与身份评估之间的皮尔逊相关系数为-0.13，P=0.00<0.01，可知社区矫正对象交往关系与身份评估呈显著负相关，拓展性社区矫正对象的交往关系分数越高，身份评估分数越低，即交往关系越差，身份评估越不明确。由此可知，收缩性交往社区矫正对象的交往关系与身份评估相互作用，相互影响，具有良好的交往关系，其身份评估的偏差也会更小。这可能缘于如果不能保持良好的交往关系，便不能够客观地看待自己的情况，就会产生身份偏差。

（3）交往关系与身份适应

表 7-19 中拓展性交往社区矫正对象交往关系与身份适应的相关性检

测结果显示，拓展性社区矫正对象交往关系与身份适应之间的皮尔逊相关系数为－0.46，P＝0.00＜0.01，可知社区矫正对象交往关系与身份适应呈显著负相关，拓展性交往社区矫正对象的交往关系分数越高，身份适应分数越低，即交往关系越差，身份适应越差。

收缩性交往社区矫正对象交往关系与身份适应之间的皮尔逊相关系数为－0.33，P＝0.00＜0.01，可知收缩性社区矫正对象交往关系与身份适应呈显著负相关，收缩性交往社区矫正对象的交往关系越差，身份适应越差。由此可知，拓展或收缩性交往社区矫正对象的交往关系与身份适应相互作用，相互影响。可见，交往关系良好的社区矫正对象，对"服刑人员"的身份接纳度更高，这可能缘于交往过程中获得了社会支持，这些外界的力量协助拓展或收缩性矫正对象融入社会。

（三）人际信任与身份认同

从社会交往的人际信任来看，拓展性社区矫正对象对关系人的信任程度由高到低的顺序是：父母（86.6％）、司法行政人员（83％）、社工（81.3％）、子女（81.2％）、配偶/男/女朋友（75.9％）、兄弟姐妹（75.9％）、朋友（66.1％）、其他亲属（66.1％）、同学/同事（59.8％），具体如表7－20。由此可见拓展性交往的矫正对象对父母、子女、社工以及司法行政人员的信任程度较高。

与拓展性交往社区矫正对象一样，收缩性交往社区矫正对象对关系人的信任程度由高到低的顺序也是：父母（86.6％）、司法行政人员（81.9％）、社工（81.9％）、子女（76.6％）、配偶/男/女朋友（73.4％）、兄弟姐妹（72％）、朋友（55.6％）、其他亲属（55.3％）、同学/同事（49％），具体如表7－20。可见，收缩性交往的社区矫正对象与拓展性社区矫正对象的人际信任状况相同，都对父母、子女、社工以及司法行政人员的信任程度较高。

表 7－20　拓展或收缩性交往社区矫正对象社会交往中的人际信任（%）

		完全可信	大多可信	一般	大多不可信	完全不可信	不适用
拓展性交往（N＝112）	配偶、男/女朋友	58	17.9	15.2	2.7	0.9	5.4
	父母	77.7	8.9	8.9	0.9	0	3.6
	子女	69.6	11.6	7.1	0	0.9	10.7
	兄弟姐妹	59.8	16.1	15.2	3.6	0	5.4
	其他亲属	25.9	40.2	28.6	1.8	0	3.6
	朋友	22.3	43.8	25.9	3.6	1.8	2.7
	同学/同事	19.6	40.2	33	2.7	0.9	3.6
	邻居	18.8	36.6	35.7	2.7	0	6.3
	社工	54.5	26.8	14.3	0.9	0.9	2.7
	司法行政人员	59.8	23.2	13.4	0.9	0.9	1.8
收缩性交往（N＝2357）	配偶、男/女朋友	52.8	20.6	15.7	0.9	1.1	8.8
	父母	75.3	11.3	7.6	0.5	0.3	5.1
	子女	63.7	12.9	8.9	0.4	0.3	13.8
	兄弟姐妹	50.3	21.7	16.2	0.9	0.7	10.1
	其他亲属	18	37.3	36.6	2.4	0.9	4.8
	朋友	14.3	41.3	38.7	2.8	0.8	2
	同学/同事	12	37	43.9	3.1	0.7	3.4
	邻居	10.3	27.7	51.5	3.5	1.5	5.5
	社工	52.7	29.2	16.6	0.5	0.3	0.6
	司法行政人员	53.7	28.2	16.5	0.5	0.5	0.6

本章测量的人际信任，分数越高表明信任程度越低。由表7－21拓展性交往社区矫正对象人际信任与身份认同的相关性检测结果可知，拓展性社区矫正对象人际信任与身份认同之间的皮尔逊相关系数为－0.28，P＝0.00＜0.01，可知社区矫正对象人际信任与身份认同呈显著负相关，拓展性交往社区矫正对象的人际信任分数越高，身份认同分数越低，即人际信任程度越低，身份认同越差。

收缩性交往社区矫正对象人际信任与身份认同之间的皮尔逊相关系数为－0.33，P＝0.00＜0.01，可知收缩性社区矫正对象人际信任与身份认同呈显著负相关，收缩性社区矫正对象的人际信任越差，身份认同越差。由此可知，拓展或收缩性交往社区矫正对象的人际信任与身份认同相互作用，相互影响。可见，交往过程中，人际信任良好，代表了很多积极层面的意义。一方面体现了社会融入意愿较强，另一方面体现了接受的社会排斥较少，所以才能够对身边的人保持信任，因此，他们会积极适应新身份，适应改变，所以身份认同危机比较低。

表7－21　拓展或收缩性交往社区矫正对象人际信任与身份认同相关性检验

		身份认同	身份归属	身份评估	身份适应
人际信任	拓展性交往（N＝112）	－0.28**	－0.25**	0.003	－0.38**
	收缩性交往（N＝2357）	－0.33**	－0.26**	－0.09**	－0.32**

（1）人际信任与身份归属

由表7－21拓展或收缩性交往社区矫正对象人际信任与身份归属的相关性检测结果可知，拓展性社区矫正对象人际信任与身份归属之间的皮尔逊相关系数为－0.25，P＝0.00＜0.01，可知社区矫正对象人际信任与身份归属呈显著负相关，拓展性交往社区矫正对象的人际信任分数越高，身份归属分数越低，即人际信任程度越低，身份归属越差。

收缩性交往社区矫正对象人际信任与身份归属之间的皮尔逊相关系数为－0.26，P＝0.00＜0.01，可知收缩性社区矫正对象人际信任与身份归属呈显著负相关，收缩性社区矫正对象的人际信任程度越低，身份归属越差。由此可知，拓展或收缩性交往社区矫正对象的人际信任与身份归属相互作用，相互影响。可见，对于拓展或收缩性交往的社区矫正对象而言，如果能够有较好的人际信任就能够强化社区矫正对象的社会关系，从而增强增加社会融入的底气，"服刑人员"身份也变得容易接受。

（2）人际信任与身份评估

收缩性交往社区矫正对象人际信任与身份评估之间的皮尔逊相关系数为−0.09，P＝0.00＜0.01，可知收缩性社区矫正对象人际信任与身份评估呈显著负相关，收缩性交往社区矫正对象的人际信任得分越高，身份评估得分越低，即人际信息程度越差，身份评估越不明确。由此可见，收缩性交往社区矫正对象的人际信任与身份评估相互作用，相互影响。可见，收缩性交往社区矫正对象会在社会交往中感受到"服刑人员"身份的特殊，从而将这种感受与身份评估相结合。

（3）人际信任与身份适应

通过拓展或收缩性交往社区矫正对象人际信任与身份适应的相关性检测结果，具体见表7−21，可知拓展性社区矫正对象人际信任与身份适应之间的皮尔逊相关系数为−0.38，P＝0.00＜0.01，可知社区矫正对象人际信任与身份适应呈显著负相关，拓展性交往社区矫正对象的人际信任分数越高，身份适应分数越低，即人际信任程度越低，身份适应越差。

收缩性交往社区矫正对象人际信任与身份适应之间的皮尔逊相关系数为−0.32，P＝0.00＜0.01，可知收缩性社区矫正对象人际信任与身份适应呈显著负相关，收缩性交往社区矫正对象的人际信任程度越低，身份适应越差。由此可知拓展或收缩性交往社区矫正对象的人际信任与身份适应相互作用，相互影响。可见，社会交往过程中，拓展或收缩性交往社区矫正对象如果能保持良好的人际信任，这代表其拥有健康的自我认知，从而用积极的态度适应身份和融入社会。反之，拓展或收缩性交往社区矫正对象就会产生认知偏差，难以融入社会。

四、拓展或收缩性交往的发生机制

（一）社会排斥导致的身份倾向

拓展或收缩性交往的矫正对象在社会交往中或多或少地受到一定程度的社会排斥，社会群体将其排除在外，对其持不接纳的态度，这就导致了矫正人员社会交往受阻碍且极易使其产生心理落差。即使是解矫后，原先的交往圈里的成员也可能不愿和其恢复以往的亲密联系，社区矫正对象在原有的交往圈子里遭受到了一定程度的疏远和社会排斥。这其中也包括了他人的排斥以及对自我的排斥。① 因此拓展性社区矫正对象为了强调自己的普通人身份，从而会对交往圈子筛选，进行重建。收缩性社区矫正对象则会缩小交往圈，减少社交行为，从而避免"麻烦"。

（二）社会归属感较低，身份认同感弱

社会归属感主要表现为对自己所在群体的认同和信任。社区矫正对象作为特殊群体，在社会中都处于弱势地位，因此他们的社会归属感普遍比较低。社会归属感较低使得社区矫正对象对交往对象进行筛选，从而在较轻松的氛围内寻找"安全感"，他们身边主要是最亲密的亲人，社会支持不足，社会交往情况也很单一。

第三节　不交往的社区矫正对象

本节试图通过对不交往矫正对象的个案访谈记录进行案例研究，分析其社会交往的特征以及身份认同的状况。

一、不交往社区矫正对象的身份认同状况

（一）身份归属：身份认知边缘化

不交往的社区矫正对象往往对生活缺乏信心，对周围人也缺乏信任，认为自己是被排斥在社会之外的，处于社会的边缘，总觉得别人在用歧视的眼光看待自己，正如不交往社区矫正对象所说："有的时候他人的眼神给人感觉不好，我们在劳动的时候他们看我们的眼神挺怪的。"并且不交往矫正对象也不会主动和亲戚说起判刑的事情，他们认为："亲戚不知道反而轻松一点。这种事情去告诉别人没什么意思。"久而久之，他们便把自己封闭在狭小的圈子里，因此也就不愿与人交流，除了极少数特定亲人几乎不与其他人建立交往关系，从而形成不交往的社会交往方式。

> （问：您出了事情之后跟别人的关系如何？）我把所有的关系都屏蔽了，这三年我的手机号码除了我儿子，其他人都没有，之前的圈子全部都不接触，可以讲这对我打击很大的。（社区矫正对象 26）

---

① 杨春香：《社区矫正人员的交往形态与网络重塑——以 Y 市 N 区为例》，《社会福利（理论版）》2019 年第 8 期。

（问：判刑以后对你的社交生活有影响吗？）以前没孩子的时候我还是会出去玩的，现在有孩子了不大出去了，也有朋友叫我出去玩的，我通常都会说带孩子没时间。（社区矫正对象25）

另外，访谈中还发现不交往的社区矫正对象倾向于放弃自己作为社会成员的身份，过分强调罪犯的标签，继而建构和标识出社会成员的群体符号边界，逐渐形成"我群"与"他群"的类属划分。① 正如不交往社区矫正对象所说："我以前的朋友都不联系了，我出来以后手机号码都换掉了，不去联系他们，没必要给人家看到自己低谷的那一面。"

"出事"前后的巨大落差让不交往的社区矫正对象感到强烈的失落感，家人的责备、朋友的疏离、社区邻居的躲避等等情况使得社区矫正对象对周围的人感到不信任，从而产生逃避社交的行为，拒绝与原先的交往圈层接触，并且不敢轻易尝试建立新的社会交往。针对这种落差感，部分不交往社区矫正对象会选择读佛经、听梵音的方式来缓解。

（二）身份评估：生活受到限制，被动社会交往

社区矫正机构强调对社区矫正对象的管理和监督，重惩罚性而轻恢复。对于社区矫正对象精神需求常常无法满足，难以提供给他们情感支持，难以达到社会融入的效果。生活方面不交往社区矫正对象觉得目前的生活失去了一定自由，很多行为受到限制，觉得"跟之前有很大的差别"，工作方面也因为监禁原因受到时间和地点上的限制，从而使得在找工作过程中遇到很多障碍，失去一些机会。

（问：您在出事之后有新的工作吗？）我现在不工作，这几年我一直拿低保，因为有很多限制，这里不能去那里不能去，如果我现在当销售的话，肯定老是要出差的，不可能一直请假。被判刑这件事影响很大，被判刑以后找工作比较难。（社区矫正对象26）

（问：被判刑这件事情对你自己及家人影响大吗？）我以前有工作的，现在每个月还要参加集中教育、公益劳动，老是跟公司请假是不可能的，就没工作了。没工作以后，我女儿吃了国家低保，经济状况不是很好。（社区矫正对象25）

---

① 杨彩云：《流动性体验与差序化认同：基于社区服刑人员的实证研究》，《社会科学》2018年第5期。

（三）身份适应：身份接纳度低，觉得自己冤枉

对于判刑结果，部分不交往矫正对象觉得冤枉，认为自己是有机会不被判刑的，这体现了个案对自己犯罪事实的认识不清，法律意识不够强，对于自己的"服刑人员"身份不接受："我是帮别人顶罪，但是如果我把事情说出来的话，后面那个人肯定是以受贿罪吃官司的，所以我没讲，但我真的很冤枉。"同时，不交往社区矫正对象会产生自欺欺人的安慰心理，告诉自己判刑后生活没什么不同，忽略判刑事实带给生活的改变，逃避社区矫正对象的身份："其实也没有什么不一样的，日子还是这样过，因为服刑和不服刑都是在外面，生活没有太大变化。"

二、不交往策略与身份认同的相互作用

（一）身份认同对社会交往的影响

不交往社区矫正对象回归社会时，往往遇到了各方面的问题，其中很大一部分原因来自社会排斥。为了维护自己的"面子"，避免这些排斥对自己的影响，社区矫正对象会隔绝以往的社交圈，选择性地"遗忘"这件事，从而凸显自己的社会成员身份，又因种种原因，社会交往的主动意愿遭到不断的打击，最终导致社区矫正对象拒绝交往，正如有的社区矫正对象所说："我这人本身不太愿意到公共场所去，打麻将打牌都不会，不大想出去。"社区矫正对象可能对社区矫正的严肃性认识不足[1]，例如不交往社区矫正对象中的青少年在社会交往中会遇到更大的困难，这主要来源于他们自身，对于"服刑人员"身份没有一个正确的认识，抗拒矫正，不遵守矫正的规则。他们会采取破罐子破摔、无所谓的消极态度面对社会交往。正如有的不交往社区矫正对象所说："除了父母以外，没有家人亲戚朋友知道我被判缓刑了，不想找工作，太累了，社工给我介绍的工作我是不会去的。"青少年不交往社区矫正对象以"随便"的态度应对社区矫正的管制，对社区矫正对象的身份极度排斥不接受，多次违反矫正规则，排斥矫正人员，不配合矫正。这样不清晰的身份认同使得社会交往行为产生变化，青少年不交往社区矫正对象逐渐排斥融入社会的行为，拒绝交往。

（二）社会交往对身份认同的反作用

由于"拒绝打扰"的社会交往方式，不交往社区矫正对象的社会交往非常单一，仅限于联系家人，由此导致其缺乏社会支持，长此以往负面情

---

[1]杨彩云：《制度约束下社区服刑人员的"守法逻辑"及社会工作介入》，《华东理工大学学报（社会科学版）》，2016年第4期。

绪不能够得到安慰，很难融入社会，从而与社会越来越远离。远离主流社会的过程中，不交往社区矫正对象的身份认知会逐渐两极化，不交往人群极可能抛弃"社会成员"的身份，不断放大"服刑人员"的身份，从而更加难以回归社会。例如工作方面，不交往矫正对象会因为自身的特殊身份产生不同程度的排斥情绪和畏难心理，导致就业意愿降低。就业意愿降低，拒绝就业后，交往圈子不能得到扩大，无法得到适当的社会支持，社区矫正对象就会持续沉浸在自己的世界里。

> （问：您在出事之后有新的工作吗？）因为我是吃低保的，居委会会帮我介绍工作，但基本上他们给我讲的工作我是不会去的，主要我现在的就业意愿也不是很强，我女儿还小需要人照顾。（社区矫正对象25）

不交往的社交状态还会导致社区矫正对象的自信心不断降低，从而怀疑自己的能力，对于"出事前"能够做到的事情"出事后"不敢做了，觉得自己做不到。以前的朋友也不敢联系，就这样产生恶性循环，越不交往越不想交往，最终彻底不交往。"出事前有些找关系的事情很容易，但现在很多关系我也不愿意再去接触了，因为这件事一下子感觉很失落，对别人信任也没有了，现在很多事情都得限制，都得管束着。"在这样的社会交往过程中"社会成员"的身份则不断弱化，"服刑人员"身份凸显，社区矫正对象因此无法顺利地重新融入社会。

三、"拒绝打扰"的考量

在社区矫正对象群体中，存在部分拒绝外界打扰的对象。他们希望社工等助人者尽可能少联系他们，少影响其日常的工作和生活，原因主要有如下几点：

（一）落差感大，注重面子

不交往社区矫正对象由于"面子"方面的顾虑，拒绝和原先的好友进行联系，这类矫正对象在矫正之前生活地位较高，由于一些非主观上的原因导致自己的犯罪行为。他们觉得自己的事情是不光彩的，"出事"前后的状况使得不交往社区矫正对象的落差感较大，所以他们会通过"拒绝打扰"的方式来维护自尊和自身的威望。

（二）自我认知边缘化

社区矫正的管理模式时刻提醒社区矫正对象自己是一名罪犯，这在一定程度使社区矫正对象产生了自卑心理和严重的心理障碍，从而拒绝与人交往，想把自己藏起来获得安全感，从而产生不交往的行为。

（三）重要他人不认可

身份认同同时受到客观身份和主观感知的共同影响，感受到排斥会对身份认同产生影响。[1] 社区矫正对象在自己遭到身边重要他人不认可后，这加剧了他们对自我的怀疑，从而产生不交往的行为。

第四节　社会交往的圈层效应：认同与选择

对于社区矫正对象而言，社会交往中面对不同的他人反馈，不同社区矫正对象的接纳程度会有所差异，他们会基于情感或工具性需要的目的进行选择性亲和或疏离，即社区矫正对象会根据不同场域的身份认同以及别人对自己的认知和态度来选择性地与他人交往，从而形成延续性交往、拓展或收缩性交往、不交往的社会交往方式。

一、交往行为与社区矫正对象的身份认同差异

（一）身份认同差异

身份认同不仅能使得自我获得明确的角色规定，同时还能够通过认同达到协调自我的各种角色。[2] 社区矫正对象的身份认同与社会交往互相作用与影响，正确的身份认同会帮助其建立良好的社会交往方式。同时，良好的交往方式在这其中也不断发挥作用帮助社区矫正对象逐步完善身份认同的认知。根据表 7－22 可知，延续性交往社区矫正对象身份认同均值为 51.52，拓展性交往社区矫正对象的身份认同均值为 49.11，收缩性交往社区矫正对象身份认同均值为 48.91。

经检验，在身份认同方面，延续性交往的社区矫正对象身份认同状况最好。且从单因素方差分析多重比较结果可知，在身份认同方面，延续性交往则分别与拓展性交往和收缩性交往存在显著差别，拓展与收缩性交往之间则不存在显著差别，见表 7－22。

---

①王毅杰、高燕：《社会经济地位、社会支持与流动农民身份意识》，《市场与人口分析》2004 年第 2 期。

②Alfred R. Lindesmith，*Anselm L. Strauss*，*Social Psychology*，Holt，Rinehart and Winston，1956.

表 7-22　不同社会交往类型社区矫正对象身份认同状况（N＝4034）

	延续性交往	拓展性交往	收缩性交往	F
	M±SD	M±SD	M±SD	
身份认同	51.52±4.68	49.11±5.12	48.91±4.53	5.78***
身份归属	20.58±2.34	19.50±2.39	19.47±2.41	5.29***
身份评估	14.00±2.81	15.01±2.57	13.95±2.48	3.56***
身份适应	16.03±2.25	15.75±2.57	15.33±2.10	5.15***

（二）身份归属差异

从身份归属的维度来看，根据表 7-22 可知，延续性交往社区矫正对象身份归属均值为 20.58，拓展性交往社区矫正对象的身份认同均值为 19.50，收缩性交往社区矫正对象身份归属均值为 19.47。延续性交往社区矫正对象的身份归属更明确。且从单因素方差分析多重比较结果可知，延续性交往与拓展性交往社区矫正对象身份归属没有差别，收缩性交往社区矫正对象的身份归属则与延续性交往和拓展性交往存在差别。可以认为收缩性交往的社区矫正对象无法正视自己身份的变化，存在心理上和认知上的逃避，从而使得身份归属不明确。

（三）身份评估差异

从身份评估的维度来看，根据表 7-22 可知，延续性交往社区矫正对象身份评估均值为 14.00，拓展性交往社区矫正对象的身份评估均值为 15.01，收缩性交往社区矫正对象身份评估均值为 13.95。且从单因素方差分析多重比较结果可知，三种交往方式身份评估之间都存在明显的差别，收缩性交往社区矫正对象身份评估偏差最大，延续性交往次之，拓展性交往社区矫正对象身份评估偏差最小。

（四）身份适应差异

从身份适应的维度来看，根据表 7-22 可知，延续性交往社区矫正对象身份适应均值为 16.03，拓展性交往社区矫正对象的身份适应均值为 15.75，收缩性交往社区矫正对象身份适应均值为 15.33。从单因素方差分析多重比较结果可知，延续性交往社区矫正对象与拓展性社区矫正对象的身份适应并无差别，收缩性交往社区矫正对象的身份适应比较差。

二、选择性交往对社区矫正对象身份认同的影响

社区矫正对象的双重身份在其面对不同的社会交往对象或身处不同圈层时，会出现不同的身份倾向。"社会成员"身份的凸显会帮助社区矫正对象减少额外的关注和隔绝异样的眼光，帮助其更舒适地生活，更从容地融入社会。基于这样的需求，社区矫正人员会选择凸显"社会成员"身份的交往对象或场合进行选择性交往。例如：和家人保持良好的交往关系，在没有熟人的陌生场域会感到更自在等；对于那些凸显"服刑人员"身份的交往场域或对象，社区矫正对象则会选择性疏离，避免和邻居、过去的朋友谈论起自己有关服刑的事情，和过去的同事断绝关系等。用这种方法来降低特殊身份给自己带来的异样目光和"看法"，从而建立安全感与舒适感。这种选择性交往的方式能够帮助社区矫正对象减少一部分外界的压力，帮助社区矫正对象培养自信心，增强归属感，与此同时缓解其身份认同的危机，促进其顺利回归社会。

社区矫正对象作为社会中的特殊群体，在社区中接受矫正，目的就是使他们不脱离社会，更好地再社会化，但是，在现实生活中他们很容易被贴上不良的标签，导致他们受到一定的社会排斥，这种排斥由自身的主观原因、社会观念、社会政策等多种因素相互交织导致。社区矫正对象因为在交往中受到的无形排斥，从而过度看重自己"服刑人员"的身份，为了避免"麻烦"不断将自己从主流社会中抽离，从而社会交往的圈子逐渐变小，社会交往减少，甚至最后不交往。① 这种减少交往甚至不交往的方式使得社区矫正对象的交往方式变单一，缺乏社会支持，身份认同危机也会更加严重，身份认同又进一步影响社会交往的方式，从而陷入恶性循环。

与此同时，还能发现无论是哪种交往方式的矫正对象，他们会与社工、司法行政人员、部分家人保持相对良好的社会交往。但是当社区矫正对象遇到生活和情感上的困难时，社区矫正对象却基本不会向社工或司法行政人员求助，而是向家人（父母/子女/兄弟姐妹）、亲戚、朋友进行求助。这从某种意义上表明，社区矫正对象在遇到麻烦时，最主要的支持系统还是在亲缘系统，他们与社工以及司法人员的接触更多是基于矫正制度的交往。由此可见，社区矫正在实施过程中还有很多方面值得改进和完善，如何提高矫正效果需要进一步反思。

---

①骆群：《社区矫正对象社会网络排斥的成因探析——以上海市为例》，《内蒙古社会科学》（汉文版）2010年第2期。

第五节　本章小结

　　本章对不同社会交往选择策略中社区矫正对象的身份紧张状况进行了分析。首先，对不同交往类型社区矫正对象的人口学特征分析发现：男性占绝大多数、青壮年居多、在婚的多、中等学历的多、缓刑较多，受雇者多且收入普遍偏低。其次，对不同交往类型社区矫正对象的身份认同状况进行描述性统计，以身份归属、身份评估、身份适应作为测量维度，发现延续性交往社区矫正对象的身份归属、身份评估、身份适应状况较好，拓展性交往次之，收缩性交往社区矫正对象的身份认同状况需特别关注。再次，探究不同交往类型与身份认同之间的相互作用，发现延续性交往社区矫正对象的社交回避、交往关系、人际信任与身份认同之间呈显著负相关，即社交回避越高、交往关系越差、人际信任越低，其身份认同程度越差，拓展与收缩性社区矫正对象的社交回避、交往关系、人际信任与身份认同状况同样呈显著负相关。最后，探究不同交往类型社区矫正对象身份认同差异以及不同交往方式对身份认同的影响。对延续性交往社区矫正对象来说，"服刑人员"身份隐匿化，家庭力量促进身份融入以及身份认同均衡是延续性交往的发生机制。对拓展与收缩性交往的社区矫正对象来说，社会排斥与社会归属感低是拓展与收缩性交往发生的原因。对不交往社区矫正对象来说，注重面子、自我认知边缘化以及重要他人不认可是社区矫正对象拒绝交往的重要归因。可见，这一群体的社会交往方式与他们的社会融入之间有着更为复杂的关系。

第八章　社会工作干预：
社区矫正对象身份均衡的路径

如前所述，社区矫正对象的身份具有明显的二重性，这种双重身份给他们带来较为明显的身份困惑、身份迷失、身份紧张和身份冲突。一方面，社区矫正对象对自身服刑人员的身份认识存在偏差，具体表现为对身份感知弱化，认罪服法态度有待加强，或是服刑人员身份意识过强，自我效能感低，表现为焦虑、敏感、烦躁等情绪障碍，这种对自我身份认知的两种偏差都不利于社区矫正对象进行有效的自我身份认同。另一方面，相关制度的实践运作也存在形式合理性与实质合理性的矛盾：它们使得社区矫正对象既要逐渐淡化其特殊身份以实现社会融入，又要在就业、社保、交往等领域被不断标识和区别对待，造成他们与普通社会成员的身份边界在逐渐"解构"的同时也被不断地"建构"。这进一步加剧了社区矫正对象的身份张力，影响了他们的身份认同和行为选择，不利于这一群体的社会融入，也不利于社会和谐与稳定发展。因而，需要进一步展开对社区矫正对象身份均衡的社会工作干预研究，使其在外界规训与自我调适中逐步实现身份的动态均衡。

第一节　社会工作干预的必要性与可行性

针对社区矫正对象的社会工作干预，既有助于解决社区矫正对象在矫正、就业、交往中的身份困惑问题，也是社会工作参与社区矫正制度及基层社会治理的必然要求。

一、社会工作干预的必要性

（一）制度逻辑下的身份二重性及内在冲突

对于社区矫正对象而言，进入社区生活首要面对的就是制度对其的约束和规范，而社区矫正制度的客观存在本就具有惩罚性与福利性的双重特征，形塑了社区矫正对象的双重身份。一方面，社区矫正制度作为现代社会的一项刑罚执行制度，对罪犯的部分权利和自由进行限制，对其行为进行惩戒、约束和监督，让其正视自己所犯的错误并为之付出一定的代价，从而让社会大众公平正义的诉求得到回应和满足，制度规定的严肃性和强制性建构了他们"服刑人员"的身份。另一方面，社区矫正作为一种不同于监禁刑罚的矫正方式，具有对违法犯罪人员的教育、帮扶、服务等功能，让其在接受特殊福利服务过程中矫正偏差心理和不良行为，最终顺利回归社区，开启新的生活篇章。在实践中，通过教育、心理咨询等服务让其学习并养成规范的思想道德观念和法制思维，消除其不良的心理困扰，保持心理健康；同时，对其在生活和工作中遇到的困难开展针对性的帮扶，缓解其后顾之忧。社区矫正的福利性有效地保障了社区矫正对象的合法权益，建构了他们作为"社会成员"的身份。

制度逻辑下社区矫正对象身份的双重性往往在实际生活中并未产生和谐统一的状态。他们时常感到自身徘徊在"服刑人员"身份和"社会成员"身份之间无所适从，通常表现为两种较为严重的身份偏差。一种是对"服刑人员"的身份感知弱化。具体表现为在社区矫正过程中，在认知上他们不认为自己的行为做法有过错，以及不认为曾经的行为对社会造成了危害，或对社区矫正的严肃性认识不足，认罪服法态度不够端正，在行为上出现不服从管理，不能严格按照社区矫正的相关规定行事。另一种是对"服刑人员"的身份意识过强。对自己的违法犯罪行为产生了深深的自责和懊悔，因此在社区生活中具有沉重的心理压力，同时担心自己的"服刑人员"身份会遭受社会歧视和排斥，在与社会成员交往时会不自觉地感到"不自在"或"低人一等"，总体表现为双重身份整合不足，自我效能感低，甚至产生较为严重的身份焦虑与情绪障碍等问题。

（二）市场空间中的就业壁垒与身份困惑

制度对身份的限定不仅体现在社区矫正场域中，在市场空间中社区矫正对象也遇到了同样的困境。虽然近几年政府专门出台了针对社区矫正对象等特殊群体的就业帮扶政策来促进该群体的就业，但多数企业及用工单位还是以公司赢利为目的，考虑到聘用社区矫正对象可能产生的风险，为了规避风险，便不会积极考虑这类人员的应聘申请。这使得社区矫正对象游离在劳动力市场之外，被社会排斥与边缘化，不利于其身份认同的均衡。就业市场的制度性区隔、社会大众的刻板印象和污名化，使得矫正对象的就业存在就业率低、就业质量差、自主创业难度大等诸多问题。[①]

市场空间中的就业壁垒使得矫正对象在职业发展中倾向于选择保守做法及身份回避，无形中加剧了偏差的身份认同，不利于社区矫正对象身份均衡发展。根据我国现行的法律，社区矫正对象在就业中需要如实向就业单位表明自己曾接受过刑罚处罚，开具"无犯罪记录证明"，这在一定程度上加剧了社区矫正对象的求职难度。他们在日常工作中表现出明显的身份困惑和身份焦虑，身份困惑体现在社区矫正对象难以理解社区矫正制度的规定。他们认为自己已经严格规范自身行为，积极主动参与社区活动，自食其力获取劳动报酬，不应该在他们找工作过程中再受到用人单位的歧视和评判。身份焦虑主要是因为"社区服刑人员"的身份会在他们工作生活的不同场景中带来诸多不确定性。这种不确定性可能发生在当一个工作单位或同事知道他们的特殊身份后的区别对待，也可能发生在他们的工作安排与社区矫正规定任务完成相冲突之时。作为服刑人员，他们应当认识到社区矫正制度要求的合理性，认识到自己的过错，认真学习法律知识，规范自身行为，杜绝越轨行为的再发生。作为社会成员，他们处在一个相对开放的社会环境中，面对现实社会，他们有权利抓住机遇发展自己。然而，在不同的社会情境中，这两种身份之间的界限相对模糊，他们很难准确把握界限感与分寸感，从而容易产生冲突和矛盾，使其面临两难选择，引发身份困惑。

（三）社交网络的区隔与身份焦虑

社区矫正对象的身份认同除了受到制度、市场空间的限制与排斥，在日常生活中与他人的交往互动也受到了影响，总体上呈现出社会关系网络狭窄化。个人处于社会关系网络之中，因此社区矫正对象在回归社会生活的过程中，不可避免地要与周围的邻居、同事、朋友等进行交往互动。他们当中有些人会表达关心关怀，生活上给予帮助；有些则会通过负面语言和肢体行为表达冷嘲热讽。对于社区矫正对象而言，在接收到这些语言和信号之后，会作出不同的理解与诠释。自我调适好的社区矫正对象会认为无足轻重，心理素质较差的则会在比较中感受到痛苦，表现出两种截然不同的心理状态和差异化的外在反应。在现实情境中社区矫正对象更多感受到的是社会的区隔化对待，他们的心理落差扩大，在比较中逐渐形成"我群"和"他群"的身份区分。

①杨彩云：《流动性体验与差序化认同：基于社区服刑人员的实证研究》，《社会科学》2018年第5期。

社区矫正对象对日常交往中的互动理解会影响其身份认同。当社区矫正对象回归家庭，家庭成员的支持和鼓励让其获得新的生命力量，使得他们弱化自己的"服刑人员"身份，强化"社区成员"身份，以一种积极向上的精神面貌迎接新生活。他们认为自己与其他人没什么差别，自己和过去也没什么不一样，这种家庭的包容性环境和密切的情感互动为其回归主流社会奠定良好的基石。另一方面，社会主流的刑罚观念并未得到改善，"罪有应得"的思想理念依旧被大多数社会成员所推崇，社区矫正对象做好的回归社会准备与社会包容度之间的落差使其社交行为出现不同程度的偏差。一些对象因此产生身份回避，主动远离社群，或找借口来回避社交活动；有些对象则受到社交现状的限制，延续其原来的不良社交，以此来获得人际尊重，这些非正常的社交类型不利于社区矫正对象的身份认同均衡发展。

二、社会工作干预的可行性

（一）《社区矫正法》的颁布与施行

社区矫正制度首先于 20 世纪 70 年代在欧美国家盛行，是一种将人道主义与刑罚相结合以改造违法犯罪者思想与行为的尝试。我国在 2003 年决定开展社区矫正试点工作，由公安部、最高人民检察院、最高人民法院以及司法部联合发出《关于开展社区矫正试点工作的通知》，开启在北京、上海、天津、江苏、浙江、山东六个省、直辖市开展我国的社区矫正试点工作。自这项工作开展以来，我国的社区矫正发展迅速，覆盖面不断扩大，在探索中取得了一定的实践成果，初步形成了具有本土特色的"上海模式""北京模式"等。在这些成功模式的指导下，我国社区矫正工作方兴未艾，社区矫正制度越来越健全、矫正管理越来越规范、矫正体系越来越完善，与此同时社会工作专业的蓬勃发展为社区矫正工作的专业化发展添砖加瓦。我国政府也逐渐认识到社会工作介入到社区矫正领域的重要性。

我国《社区矫正法》中明确了社会工作者作为社会力量参与到社区矫正工作中的作用，这可以进一步追溯到 2012 年 3 月开始实施的《社区矫正实施办法》[①]，其中第三条规定明确提出"社会工作者和志愿者在社区矫正机构的组织指导下参与到社区矫正工作"。如果说 2012 年的《社区矫正实

---

①最高人民法院最高人民检察院公安部司法部:《社区矫正实施办法》第三条,2012年1月10日。

施办法》是矫正社会工作介入我国社区矫正领域的初次法律确认，那么2019年通过的《中华人民共和国社区矫正法》（以下简称新法）① 无疑是矫正社会工作迈向更加专业化与制度化的新台阶。新法中的第十一条指出："社区矫正根据需要，组织有法律、教育、心理、社会工作等专业知识或者实践经验的社会工作者开展社区矫正相关工作。"相较于2012年的《社区矫正实施办法》（以下称旧法），新法更为突出社会工作学科的力量。旧法中提到的"社会工作者"在学界有不同的观点，有学者认为是一种统称，它囊括的职业种类丰富，不单指从事专业社会工作的人员；而新法中对社会工作者在专业知识、职业技能、价值理念、工作方法等方面进行了专业界定。

《社区矫正法》为社会工作者介入到社区矫正领域中提供了法理依据。从监督管理、教育矫正到适应性帮扶，社会工作者以自身专业的理论素养与实践能力为依托参与到三大任务之中。社会工作者的帮扶，更有利于社区矫正对象认识到自己的罪错，端正态度，提升能力，达到再社会化的目的。

（二）社会力量参与中的政府推动

为转变政府职能、推进公共服务社会化、促进社会组织能力建设，近年来，政府购买社会服务，引入社会力量提供公共服务成为社会治理的常态。

2014年8月，最高人民法院、最高人民检察院、公安部、司法部联合出台《关于全面推进社区矫正工作的意见》②，意见提出"各地要从各自实际出发，积极研究探索采取政府购买服务的方式，充实社区矫正机构工作人员，发展社会工作者和社会志愿者队伍，组织和引导企事业单位、社会团体、社会工作者和志愿者参与社区矫正工作"。由此可以看出我国政府对社区矫正的高度重视，对社会力量的高度期许，号召社会力量在社区矫正中发挥自身优势与能力，组建一支科学、高效、专业的社区矫正队伍，为构建社会主义和谐社会作出突出贡献。同年11月，司法部、中央综合办、教育部、民政部、财政部、人力资源社会保障部联合出台《关于组织

---

① 最高人民法院最高人民检察院公安部司法部：《中华人民共和国社区矫正法》第十一条，2019年12月28日。

② 最高人民法院最高人民检察院公安部司法部：《关于全面推进社区矫正工作的意见》，2014年8月28日。

社会力量参与社区矫正工作的意见》①，意见中明确提到"引导政府向社会力量购买社区矫正社会工作服务，公开择优向社会力量购买社区矫正社会工作服务，并保证服务数量、质量和效果"。文件不仅提出引导社会力量推进社区矫正工作，而且多次提到社会工作，明确了社会工作的职责、任务和方向，可见，政府通过购买服务推动社会工作介入社区矫正，也是促进社区矫正发展的又一次重大的突破。

（三）社区矫正与社会工作的契合性

社区矫正与社会工作本质上是相互联系、密不可分的，社会工作参与社区矫正也促进了我国社区矫正社会工作的发展。② 社会工作与社区矫正在发展过程中不断完善自身又彼此影响并表现出内在统一性：一是社会工作与社区矫正包含的理念具有同一性，二是社区矫正的功能与社会工作之间存在互补性，三是社会工作与社区矫正的服务过程具有一致性。

社会工作与社区矫正包含的理念具有同一性。社区矫正不仅体现了惩罚性，更重要的是体现了宽严相济的福利性，是人类社会文明进步的必然结果。社区矫正是一种以人为本，强调通过加强人文关怀以感化社区矫正对象，通过向他们宣传社会主流价值观，加强法律知识普及，为特殊对象提供情绪疏导、压力应对等帮扶，帮助矫正对象纠正错误思想和偏差行为，以达到减少再犯罪的目的。社区矫正有利于帮助那些对社会危害性较小的罪犯，使之在社区矫正的人文关怀氛围中净化心灵，感受社会的温暖，认识到自身的行为对社会及个人造成的伤害，并通过"认罪—悔罪—赎罪"重新积极主动融入社会，为建设社会主义和谐社会贡献力量。同样，社会工作立足于以人为本、尊重接纳个体差异的价值理念，相信个体具有自我改变、不断成长的能力与潜力。社会工作者在提供服务时注重科学使用专业的社会工作方法与理论以真正有效地帮助服务对象解决困境、激发潜能，提升个体与社会的适应度。因此，社会工作与社区矫正所包含的理念具有同一性，都是将帮助社区矫正对象以一种积极健康的状态融入社会作为目标。

社区矫正与社会工作在功能上具有互补性。③ 相较于恢复矫正对象的

---

① 最高人民法院最高人民检察院公安部司法部：《关于组织社会力量参与社区矫正工作的意见》，2014年11月14日。

② 康姣、董志峰：《社会工作参与社区矫正的关系结构》，《甘肃社会科学》2019年第5期。

③ 张昱：《论社区矫正中刑罚执行与社会工作的统一性》，《社会工作》2004年第5期。

社会功能，矫正对象执行相关矫正规定具有强制性，是依据刚性的手段来实现的，包括社区矫正对象严格的请假制度、定期的报告等。在这种强制要求下，社区矫正对象极易对恢复其社会功能和融入社会中自身能够发挥的主观能动性产生怀疑，进而陷入无助、无奈甚至抑郁焦虑的心理状态，不利于促进其顺利回归社会。对社区矫正对象进行及时的社工介入，通过针对性的心理辅导与康复，挖掘矫正对象潜能，提升其自我效能感，帮助他们重新点燃生活的希望，树立信心；并在恢复功能的基础上，提升个人的能力，鼓励其积极开展正常的社会生活，提升生活质量，促进社会融入，预防其再次犯罪。因此，辅之以社会工作的专业方法，能够使社区矫正对象降低不信任感，主动与社会互动，恢复受损的社会功能。

社会工作与社区矫正的服务过程具有统一性。社区矫正过程一般包括报到办理登记手续、接收建档，司法所为矫正对象建立社区矫正执行档案和社区矫正工作档案、设置矫正小组、制定个性化的矫正方案、解除矫正这一系列程序。这与社会工作的通用服务过程类似，即包括接案、预估、计划、介入到结案评估，因此也为社会工作介入社区矫正提供思路。

（四）社区矫正中社会工作的实践支持

社区矫正对象在融入社会的过程中会遭受社会交往、家庭、心理、认知等问题与困扰，这需要专业矫正社会工作者去进行干预。社会工作者秉持服务的理念，在实践中综合采用多种社会工作方法对社区矫正对象的心理、行为、认知进行调适。如通过个案工作帮助社区矫正对象及家庭减轻压力，增进福祉；通过小组工作帮助社区矫正对象分析和解答困惑，使其树立正确的认罪服法态度，在小组中分享成功经验、互助协助，学会适应和接纳自身身份；通过社区工作动员社区资源，为社区矫正对象的顺利回归社会助力；通过个案管理将社区矫正对象的特殊身份纳入干预之中，根据其犯因性需求的不同，对社区矫正对象采取一人一档管理，设计并实施个别化矫正方案，引导并化解社区矫正对象在社区生活中的难题，提升其获得感。

第二节　社会工作干预的目标及策略

针对社区矫正对象的身份认同干预，目标就是达到身份认同均衡，即在遵守法律及矫正规定的范围内弱化其服刑人员的身份意识，在服刑人员和社会成员的双重身份之间维持一种动态均衡，从而以积极、健康的心态和行为参与社会生活，实现社会融入。

一、制度遵从性的提升

（一）制度遵从的重要性及目标

社区矫正制度的二重性体现在惩罚性与福利性两方面。制度惩罚性的作用体现在通过限制社区矫正对象的行为、自由及部分权利，利用法律的威慑和严肃性使其认罪悔罪，促使其遵纪守法，预防重新犯罪。制度福利性的意义在于社区矫正对象接受教育及针对性帮扶后更顺利地融入社会，使其能够在法律允许的范围内合理使用自己的权利，有效预防犯罪，促进社会稳定。

社区矫正对象在开放的社区环境中服刑，要求其对自我身份带来的限制与权利产生认同，而后自觉接受教育矫正，规范和约束自己的行为，成为一名遵纪守法的公民。形成身份认同，首先要有一种自我归属感，不管对于自己是"服刑人员"还是"社会成员"这个身份，都需要明确自己所属群体的权利和义务。这是其进行合理自我定位，且在面对身份冲突时作出正确行为选择的内在依据。

（二）制度遵从性差的表现

"服刑人员"和"社会成员"的二元身份在社区矫正制度二重性背景下容易导致身份冲突，进而极易造成"形式化遵守"和"不同程度反抗"两种负面结果。

"形式化遵守"是指社区矫正对象虽然在外在行为表现上遵守矫正的相关规定，但内心并不认同矫正制度的规范和约束。究其原因，首先是社区矫正对象的身份归属出现偏差。社区矫正对象的身份归属划分为自我归属与社会归属两个方面，其出现"形式化遵守"主要归结为对自我归属没有清晰的认知，没有完全意识到"服刑人员"身份是自我身份很重要的一部分。其次是社区矫正对象对自我身份的接纳出现偏差。部分社区矫正对象认罪服法态度不明确，仍然认为对自身的司法判决是不公平的。"错判""误判"的想法使他们在社区矫正期间产生"受害者"的心理。例如有人会认为自己的犯罪性质并不严重，所谓的违法行为是行业中普遍存在的做法，自己只是运气不好才会被判刑，而且已经交了罚金，在经济上付出了代价就不应该再接受社区矫正。这种心态通过他们的外化行为表现出来，本着多一事不如少一事的态度，不希望因为自己的"倔强"重新被送进监狱，所以他们对日常汇报、会客、外出或其他的制度规定选择敷衍式的不得不接受，对社区矫正的管理要求"形式化配合"，认为只要完成相关任务即可，无所谓内心是否真正接受自己是"服刑人员"的身份。

"不同程度反抗"相较于"形式化遵守"是一种更为严重的后果。在社区矫正对象群体中存在不同程度的公开或隐匿的反抗行为，例如不积极配合社区矫正制度的要求而出现消极、不配合、迟到、早退等行为，进一步分析产生此类负面行为的原因有两方面。首先，社区矫正对象的身份双重性失衡，对于"服刑人员"和"社会成员"的优先次序认知不准确。部分社区矫正对象在社区生活中更加意识到他们作为"社会成员"这个身份，认为既然回到社区，那就应该拥有和其他社会成员同等程度的权利。其次，社区矫正对象的身份评估存在问题，对法律赋予的自由限度认识性不足，存在一种侥幸心理。他们对社区矫正规定的严肃性认知不到位，认为自己和其他社会成员拥有相同的自由，可以通过一些或大或小的反抗来打破限制。

（三）提升制度遵从性的策略

"形式化遵守"隐藏着越轨的风险。首先，社区矫正对象对自我归属感不明确，需要在社工干预中加强对制度规定的宣传和学习，使成员明白现阶段自身的限制与权利，让其意识到遵守社区矫正规定是利己又利他的行为。其次针对社区矫正对象对自己"服刑人员"身份不接纳而呈现表面的守法行为，需要在实践中加强对社区矫正对象的风险评估。依据犯罪类型、认罪服法态度、行为表现等对其开展重新犯罪风险综合分析，确定其风险等级，同时在矫正过程中定期评估，了解其心理、行为可能变化的趋向。在评估中发现社区矫正对象存在的问题，需从问题视角出发，探究和阐释问题及偏差行为产生的原因，提供有针对性的风险干预。如通过以案释法让社区矫正对象接受判决，消除非理性认知，并真正接受社区矫正的相关规定，立足当下，展望未来。

针对"不同程度的反抗"，首先需要对矫正对象强化社区矫正制度具有强制性的观念，让其明确自己有义务且必须接受监督管理、教育矫正所提出的要求，且知晓违反规定者将受到相应的惩罚，如记过、警告、取消假释或重新收监服刑等。刚性管理有助于增强矫正对象的在刑意识。在此基础上，社工应进一步引导和教授矫正对象接纳自己的特殊身份，并在工作生活中通过合理安排或取舍，更好地调适不同身份带来的冲突。如教授其运用身份分离法，在不同场合做与自己主要身份相符的行为。其次，需要关注社区矫正对象的侥幸心理，不仅让矫正对象明白这是一种不健康有风险的心理状态和情绪，也要使其意识到违背制度的成本之高。矫正社工可以通过理性情绪治疗或其他心理治疗手段，矫正其偏差心理与行为恶习。

二、良性交往网络的构建

（一）构建良性交往网络的重要性及目标

社会交往既是社会理论研究的主要议题，也是社区矫正对象在回归主流社会时面临的重要问题。[①] 社会交往对于维持社区矫正对象的正常生活发挥着重要作用，是个体的社会支持系统。当交往网络体系发生"阻隔"和失衡时，社区矫正对象会对二元身份产生认同困惑，出现身份焦虑。具体表现为服刑人员身份感知弱化与强化的双重偏差。对"服刑人员"的身份感知弱化，表现为在刑意识不强，对法律道德缺乏尊重与敬畏，并对社区矫正的制度规定与要求呈现出公开的抵抗；而"服刑人员"的身份意识过强，则是对自己的违法犯罪行为产生深深的自责和懊悔，背负沉重的心理压力，同时担心自己的社区服刑人员身份被更多人知晓，由此遭受外界污名与排斥，自我效能感低。研究表明社会融入压力中人际交往压力对个体精神健康有显著影响。[②] 人际交往压力来自于两方面，一方面来自社区客观存在的排斥及他们主观感知到的社会歧视，另一方面则来自人际冲突，尤其是与重要他人之间的关系冲突。

社会工作强调"人在情境中"，因此可以认为社区矫正对象的身份也是在各种各样的情境中与他人的动态互动过程中构建形成的。[③] 社区矫正对象对自身身份的认知偏差也会反作用在其与社会他人的互动之中，从而引起身份焦虑。常见的包括"主动回避型社交""被动不社交"以及"延续不良社交"。三种亚健康的社交形式源自社区矫正对象对自己身份没有清楚的认知，同时也以一种无形的破坏力加速社区矫正对象社交网络的断裂。如何将"主动回避型社交"转变为"主动型社交"，将"被动不社交"转换为"选择性社交"，以及用"拓展新社交"来代替"延续不良社交"需要专业社会工作者进行干预。通过干预促进社区矫正对象的抗逆力提升，掌握社交技巧，提升其应对能力。

（二）交往网络失衡的表现

"主动回避型社交"主要是指社区矫正对象在面对重要他人时选择主

---

①张昱：《矫正社会工作》，高等教育出版社 2008 年版，第 205 页。

②杨彩云：《流动性体验与差序化认同：基于社区服刑人员的实证研究》，《社会科学》2018 年第 5 期。

③洪佩、邓泉洋：《特殊群体的情感治理策略——基于社区服刑人员社会互动情境的审视》，《社会工作与管理》2019 年第 3 期。

动疏离与回避。具体表现在不会积极与他人进行互动、交流，不想他人过多关注自己的"犯罪事件"，担心他人揭露自己的"伤疤"，这类群体往往将更多的社交放在家庭成员间的互动中，即使在职场中遇到不可避免的社交，他们也会在生理和心理上出现不同程度的适应问题。具体产生的原因可以从两方面进行分析：首先，"服刑人员"的身份标签使得他们在社会交往中产生自卑心理，认为自己没有能力与条件去重新发展社交。即使他们克服顾虑走出家门，也会因为在人际互动中感受到社会大众的异样眼光而退缩回去。在行动上愿意花费更多的时间来陪伴自己的家人，尽可能减少社交，因此社区矫正对象的社交圈子越来越窄，不利于其回归正常生活。其次，社区矫正对象的身份体验感较差，他们在开展社交活动前就主观上认为会与其他社会成员产生交流上的困难和不适。最后，社区矫正对象亲密交往圈的频繁互动也会在一定程度上削弱其开展社交的动力，家庭成员和其他重要他人给予社区矫正对象在入矫前更多的关注和注意，他们试图弥补社会大众对其的歧视和偏见，这让矫正对象感受到温暖，认为自己已经拥有足够多的关怀，因此，社区矫正对象不愿再去建立新的社交网络。

"被动不社交"反映出社区矫正对象群体一种无奈的情感体验。这类成员对自己的特殊身份有清晰的认识，知道在社会交往中该如何扮演不同的角色，但交往对象的歧视和区隔或矫正制度的限制使得他们常常很难融入其中，出现不同程度的身份焦虑与身份紧张。他们会认为与其他社会成员交往时社交主动权不在自己手里，比如在矫正期矫正对象无法外出探亲等。社交不再是让人身心愉悦的双向互动，而是附加了很多有形或无形的枷锁。

"延续不良交往"意为社区矫正对象在矫正前后社交圈并没有发生改变，他们保持着原来的交往关系，甚至一些交往关系在服刑人员接受社区矫正后更加紧密。这个圈子的互动仅仅局限于同自己一样犯过罪错、受过罪罚的人员。矫正对象在社区矫正阶段继续隐匿重复着犯罪前的生活状态，保持着原有的社交习惯。通常这类成员没有形成正确的身份评估，往往存在着两种极端的身份认同。首先是"服刑人员"身份感知过强，认为自己被区隔在社区之外，无法获得社区认同，迫于现实需要继续同原社交圈互动来获得安全感和归属感；其次是"服刑人员"身份感知弱化，他们并不觉得自己在重蹈覆辙，相反，如果让他们退出原有的社交圈，他们会认为自己没有担当，不顾"兄弟义气"，甚者会产生对原有圈子的一种愧疚感和负罪感，从而会选择其他方式来尽可能弥补，极力维持现状。后者相较于前者社区矫正对象更容易重新犯罪，重犯的风险系数较高。最后，社区矫正对象受到多种主观和客观因素的影响，他们没有形成正确的交友原则和观念，这也是其选择延续不良社交的重要原因。

（三）构建良性交往网络的策略

恢复"主动回避型社交"人员的人际关系网络，首先需要该群体从内心放下"服刑人员"身份带来的身份焦虑感，提高自信。意识到自己是社区的一员，能够参与社区活动和社区建设，在社区事务中贡献自己的一份力量。社会工作者可以社区为平台，举办形式多样的社区活动，邀请社区矫正对象和社区居民共同参与，在参与过程中，鼓励双方积极对话，既让矫正对象感知到社区居民的热情，收获友情和快乐，也让社区居民看到社区矫正对象的改变，消解因不了解而产生的污名和偏见。在就业过程中的社交困扰，社工在服务过程中需要将就业与社交整合，就业技能与社交准备、心态调适综合运用在小组中，让矫正对象即便在无法避免的职场社交中也能应对自如。其次，改变社区矫正对象的心态，引导其感受社区其他成员的善意和友好，将自身优势与社区需要相结合，发展健康良性的交往关系。最后，肯定家庭支持给社区矫正对象带来的积极作用，同时也指出单一的社交网络会带来负面的效果，不利于其健全自我认同的形成和维持，引导家庭成员给予社区矫正对象足够的空间和准备发展自己的社交网络。

社会工作者在介入"被动不社交"这类群体时，更要关注的是该群体的心理状态，要肯定他们的社交能力，让其明白目前的社交状态只是暂时的。通过优势视角，将社交赋予意义，让其看到自身存在着巨大的能量，鼓励其表达社交想法和态度，以及为了能够融入其他的社交圈自己可以做哪些努力，变被动为主动，扩大交往网络，提高交往质量。

针对"延续不良交往"这类群体，社会工作者需要在预估阶段仔细甄别，深入了解社区矫正对象择友的原则及原因，有针对性地进行矫正干预。开展矫正小组时将身份感知强化和弱化的社区矫正对象进行分类干预。服刑人员身份感知过强的小组成员需要增强其"社会成员"身份归属，鼓励其在遵守矫正规定的前提下积极开展正常的社会生活；而服刑人员身份感知弱化的小组成员需要对其加强风险评估，矫正其偏差的社交观念，使其意识到原有的社交圈存在不合理的地方。最后，改善社区矫正对象不理性的交友观念，分析产生偏差交友观念的原因及类型，让社区矫正对象了解同原罪错圈子成员交往的不确定性以及这种不理性交友观念对其产生的负面影响，使其主动规避风险，巩固良性的人际关系，重新拓展积极健康的社交网络。

三、合理的职业选择和发展

（一）职业选择和发展的重要性及目标

稳定的职业和经济收入对社区矫正对象回归社会具有重要意义。就业为民生之本，于社区矫正对象而言，拥有作为公民的就业权利与职业选择。在其掌握就业能力的前提下，通过就业获得相对稳定的劳动报酬，改变原有的生活方式，提高对生活的满意度，提升其面对困难的信心。另一方面，个人价值在就业中得到实现。社区矫正对象回归社会后，他们渴望通过个人努力去恢复自己的形象，获得他人的认可与接纳，尤其强烈希望回馈家庭成员为其提供的动力与支撑。就业对矫正对象及其家庭来说是至关重要的。就业使其积极融入社会，恢复社会功能的同时，也对其家庭功能的重塑有着重要的作用。经济收入不仅能够为家人提供生活保障，而且家庭责任感将激发社区矫正对象正向的自我认知和身份适应，使其承担起作为"社会成员"的使命，从而在适应身份的基础上不断提升自身能力，降低重新犯罪的可能性，促进社会的长期稳定。

（二）不合理的职业选择与发展

社区矫正对象的就业状况也受该群体对其自我身份认同的影响。不同程度身份认同整合的社区矫正对象所产生的就业意愿和需求也不同。主要分为三类：一是有就业能力但面对可能遭受的就业歧视而选择不就业；二是选择就业，但当工作与矫正规定发生冲突时选择不遵守相关矫正规定；第三类则是有强烈的就业意愿和需求，但是一直无法实现就业。

选择不就业的社区矫正对象，首先有一部分成员是对自己没有清晰的身份评估，没有准确把握到自由的限度。他们认为自己虽然在开放的社区中生活，但仍然受到诸多限制，无法拥有和其他社会成员同等的自由。刚性的社区矫正规定于他们而言是一种牵绊，每当他们鼓足勇气踏出家门选择应聘时，总是有各式各样的矫正任务作为就业路上的"拦路虎"，一次次地提醒他们属于"服刑人员"。因而他们认为既然自己是服刑人员，那就先不就业，等矫正结束再开始重新就业。其次，部分成员选择不就业是因为存在畏惧心理，担心自己的"服刑人员"身份暴露在职场中，进而不得不面对来自同事和客户异样的眼光。因此对他们而言，即使拥有就业能力和机会，但与社会大众给予的负面标签相比，他们的就业意愿也就变得不那么强烈。

就业与矫正规定的冲突是一种常见的现象，部分社区矫正对象在这两者冲突中选择前者，忽视或以敷衍态度对待后者。造成此类现象的原因有两方面：首先，多数社区矫正对象在重新进入就业市场后获得的工作具有非正规性和低稳定性。为了保住来之不易的工作机会，他们常常需要在工作上投入更多的精力和努力，因而容易忽略繁杂的社区矫正规定。虽然在认知上他们接受要为自己的罪错付出代价，但在实际生活中矫正对象常常对自身的双重身份产生困惑。他们认为其已经通过就业自食其力，为何这些社区矫正规定不能对他们宽容一些，还要影响他们的工作，这些体验使得他们对社区矫正的满意度降低。其次，对于这类社区矫正对象而言，"社会成员"是其在就业过程中的主要角色。作为社会公民、家庭的一分子，养家糊口是其责任，这是无法忽视与逃避的。但往往多数社区矫正对象很难获得自己较为满意的工作，而且即便是这类工作他们一旦放弃就很难再找到别的工作。因此，承受着生活压力与经济重担的对象在矫正规定面前更容易发生选择困境。

第三种情况也普遍存在于社区矫正对象中间，即矫正对象做好了在社区重新生活的准备，希望能用"社会成员"身份消除"服刑人员"给其带来的消极影响，希望通过就业来获得身份认同和社会尊重，但来自社会的排斥使他们无法找到一份满意的工作，甚至始终无法实现再就业，使其对自身的双重身份产生质疑，自信心受损，不利于他们社会功能的恢复。

（三）职业选择与发展合理化的促进策略

社会工作干预"选择不就业"的社区矫正对象。首先，社区矫正对象对自身有着清楚的自我定位和身份评估，在进行职业选择时应该深入了解现阶段的就业形势，分析当前就业市场，选择与自身身份定位相匹配的职业。其次，更多将重点放在如何激发和维持该群体的就业意愿，让矫正对象认知到当前所处的就业形势，分析不就业带来的利弊，在未就业期间调整好自身的失衡心理。同时，积极收集就业信息，参与就业技能培训，为重新就业做好充分准备。最后，缓解其二次就业带来的心理问题和困扰，采用理性情绪疗法帮助其营造健康的职场心态，使其做好应对职场压力的心理准备。

针对第二种就业与矫正规定冲突的社会工作干预。首先，关注到社区矫正对象的情绪，在帮助他们进行情绪宣泄的基础上，让矫正对象认识到社区矫正规定的合理性，消除自身的非理性认知，同时在不违背法律法规的前提下，探索可能的实现自我价值的路径，也可利用角色分离法，使矫正对象在不同情境中分清主次角色，适时分离，明白社区矫正制度并不是针对个别人的规定，让对象认识到社区矫正虽不完美，但相较于监狱矫正其具有更多的优势与自由。其次，社工需要链接资源，从外部支持入手，帮助社区矫正对象缓解在就业中面临的困难，及时了解当前的就业政策和相关福利政策，在一定程度上缓解经济压力，使其在就业和社区矫正规定遵从之间减少冲突，避免造成重新收监的后果。

针对第三种有强烈就业意愿和需求但始终无法就业的社区矫正对象，增能赋权是一种有效的社会工作干预视角。社区矫正对象在焦虑中搜寻工作机会，他们的心态容易在不确定性中逐渐失衡。因此，在社会工作介入过程中要注重降低矫正对象的无力感，通过探寻更加积极的生命意义和潜能实现其自我尊严的获得。通过叙事治疗等专业手法，帮助矫正对象疏解负向情绪，改变非理性认知，营造乐观豁达、积极进取的生活态度。

第三节　本章小结

本章对社会工作干预并促进社区矫正对象身份均衡的路径进行了探索。首先，对社会工作干预的必要性与可行性进行分析。必要性体现在三方面：其一，制度逻辑下社区矫正对象身份具有双重性并存在内在冲突；其二，市场空间中的就业壁垒导致社区矫正对象存在身份困惑；其三，社交网络的区隔致使社区矫正对象产生身份焦虑。干预的可行性体现在：其一，《社区矫正法》的颁布与施行；其二，政府推动社会力量参与其中；其三，社区矫正与社会工作具有契合性；其四，社区矫正中已有的社会工作的实践支持。其次，针对社区矫正对象的干预目标在于促进其身份均衡，即在遵守法律及矫正规定的范围内弱化其服刑人员的身份意识，在服刑人员和社会成员的双重身份之间维持一种动态均衡，从而以积极、健康的心态和行为参与社会生活，实现社会融入。具体表现为提升社区矫正对象制度遵从性，推动其良性交往网络的构建，以及促进其合理的职业选择和发展。

第九章 社区矫正对象制度遵从性
提升的社会工作干预实践

　　纠正社区矫正对象偏差的认罪服法态度，提升其对社区矫正制度的遵从性是降低再犯风险以及帮助他们顺利度过矫正期的重要基础。"认罪服法"通常是指罪犯承认自己的犯罪事实，接受并服从人民法院的判决、裁定对于自己的定罪量刑。① 对于社区矫正对象来说，认罪态度的转变一方面体现于社区矫正对象对犯罪、判刑和服刑的理性认知，同时也体现于行为方面的转变，能够积极主动地遵守社区矫正规定，而不是被动遵从和消极对抗。本章将对认罪服法态度和制度遵从性欠佳的这类社区矫正对象开展小组工作干预。

第一节　组员确定与需求评估

　　在小组成员的招募方面，本研究选取上海市 X 区的社区矫正对象。小组开展前期采用一线社工推荐与结构式访谈相结合的方法选取适合参与此类干预的成员。访谈的内容包括被访者基本情况、犯罪史、倾向犯罪态度等，共筛选出 7 名认罪服法态度欠佳的社区矫正对象作为小组成员，为保护小组成员的隐私，所有组员均采用匿名化处理，7 名社区矫正对象的基本信息如下（表 9—1）。

表 9—1　小组成员基本信息表

组员	性别	年龄	案由	矫正期限	认罪服法情况
马某	女	37	诈骗罪	3 年	认为判决不公

――――――――――

① 郑振远、董卡加：《罪犯申诉权与减刑权研究》，《犯罪与改造研究》2005 年第 11 期。

组员	性别	年龄	案由	矫正期限	认罪服法情况
王某	男	45	非法吸收公共存款	2 年	认为矫正措施不当
谭某	男	31	开设赌场	3 年 4 个月	认为矫正措施不当
张某	女	47	生产、销售假药	1 年	认为自己运气不好倒霉
罗某	男	41	非法吸收公共存款	3 年	认为可以通过违法犯罪的方式解决纠纷或其他问题
杨某	女	38	危险驾驶罪	5 个月	认为矫正措施不当
徐某	女	43	妨碍公务罪	8 个月	认为司法判决不公

　　在 7 名小组成员中有两人认为司法判决不公正，三人认为矫正措施不当，一人认为是自己运气不好，还有一人认为可以通过违法犯罪的方式解决纠纷或其他问题。在小组活动前的走访、访谈和评估中，社工发现组员出现偏差认罪服法态度的原因主要集中在三个方面：

　　第一类组员性格较为偏激，没有正确了解解决纠纷和维护自身权益的合法途径和技巧，认为在某种情况下只能通过违法方式解决问题或维护自身权益。如关于案由罗某谈到"在当下那一刻，我认为我采取的行为是最为有效的"。第二类组员对司法判决抱有冤屈情绪，无法认同司法判决的公正和合理性。如关于判决马某提到"我看其他人跟我差不多，可是我比他要多受几个月的罪，我就感觉心里不舒服"，即她认罪服法态度不明确，身份接纳出现偏差。第三类组员缺乏正确的自我认同，难以适应社区成员和服刑人员的双重身份。如对矫正措施的看法，杨某说道："我承认我的确做得不对，但是我现在还在工作，我又要每周三去报到，请假又扣全勤奖，我感觉一些规定有点不近人情。"

　　基于对组员认罪服法态度的了解与分析，得到组员的主要需求有：一通过了解司法判决程序和学习相关法律法规，进行正确的犯罪归因，同时认识法律、法规及社会习俗文化存在的价值和意义；二通过了解社区矫正对象应承担的责任和义务，明确自身的限制与权利，形成新的自我认同；三学习处理负面情绪、解决问题和维护自身权益的技巧和正确途径，顺利实现再社会化。

第二节　理论基础

本次干预主要采用的治疗方法为叙事疗法。叙事治疗是由澳大利亚的迈克·怀特（Michael White）及新西兰的大卫·爱普斯顿（David Epston）于 20 世纪 80 年代提出，是一种后现代主义心理治疗方式，是基于社会建构论而发展出来的社会工作实践模式[①]，是帮助受助者将自身问题外化、去标签化，并以一种全新的视角和叙述方式看待自身事件的过程。研究表明，叙事疗法在改变受助者认知，增强其身份认同，帮助其适应社会生活方面有显著成效。[②] 在我国，叙事疗法作为一种艺术心理疗法已被应用于老年小组、特殊青少年小组以及戒毒群体的相关服务等多个领域。叙事治疗的问题解构、问题外化、见证等概念元素与社区矫正对象的认罪服法态度改善具有契合性。社区矫正对象存在的大多数问题很大程度是由于其对自我没有清晰地认知，对自身的罪错和判刑没有深刻地反思，对各项社区矫正规定的合理性没有完全地接受，从而使得成员产生偏差心理和消极情绪。因此，此类社会工作干预实践，将借助叙事疗法对组员一直以来的困惑进行解构与外化，将问题与组员自身分离，使原本被认为存在于组员内部难以改变的性质变得可能，唤醒组员对自我的认知以及改变的意识，变消极反抗为主动遵守，接受社区矫正。

第三节　干预目标及计划

一、干预目标

本小组的总目标是帮助社区矫正对象树立正确的认罪服法态度，学会适应和接纳自身身份，更好地遵从社区矫正规定，顺利度过矫正期。具体目标如下：

[①]何雪松：《叙事治疗：社会工作实践的新范式》，《华东理工大学学报（社会科学版）》2006 年第 3 期。

[②]颜如雪：《叙事治疗模式在老年社会工作中的应用》，首都经济贸易大学 2015 年硕士学位论文。

第一节：治疗师与组员、各组员之间建立信任关系；采用叙事治疗，引导组员重新认识自我，了解自我。

第二节：了解司法审判的程序，正视自身判决结果和矫正措施，明确法律的存在价值。

第三节：正确认识法律所规定的自由限度与权利义务，强化社区矫正制度的强制性和严肃性，形成新的自我认同。

第四节：帮助组员识别自身的非理性信念，挑战自己的非理性情绪，消除社区矫正过程中出现的侥幸心理，形成正确的身份评估。

第五节：回顾、巩固整个活动过程中的收获；树立对未来美好生活的信心。

二、干预计划

小组计划由治疗师和矫正社工围绕阶段性目标共同设置完成，并在实施过程中，根据组员的表现和反馈作出及时的调整。每节活动时长为一个小时，中间有十分钟的休息调整时间。具体实施情况见表9—2。

表9—2　小组工作干预计划表

节次主题	小组目标	具体内容
认识自己	建立关系，订立小组规范，介绍叙事理念。	• 暖场活动：画手，组员之间彼此认识； • 介绍告知：所有工作人员、成员自我介绍，告知整体活动的目的、内容和时间； • 小组规范：拟定契约书，达成共识； • 叙事思维：讲解叙事思维对人们生活的意义； • 我的自传：书写"我的自传"并分享自己故事。
模拟法庭	了解司法审判程序，正视自身判决结果。	• 暖场活动：OH卡牌游戏； • 观看视频：组织观看有关法院审判的纪录片； • 模拟法院：社工组织剧本研读，组员自由选择扮演角色并进行演绎； • 分享：剧场结束后成员审视自己的判决结果，思考其判决的合理性及法律的价值。

续　表

节次主题	小组目标	具体内容
矫正规定大家守	了解社区矫正的各项规定，认识到社区矫正规定的严肃性。	·暖场活动：大树与松鼠； ·头脑风暴：成员依次列举矫正规定内容，力求穷尽； ·分享：成员分享哪项规定给自己带来困扰，尝试哪些改变，是如何克服的，是否存在难以完成的情况； ·案例分享：通过分享典型案例，让成员进一步认识不遵守社区矫正规定的后果。
情绪主人	挑战非理性信念，消除侥幸心理。	·暖场活动："解开绳子"； ·理性情绪治疗：教授理性情绪 ABC 原理，识别和梳理各自的非理性信念，与不合理信念辩论； ·头脑风暴：成员分享有效的情绪调节方法； ·布置行为作业：在生活中运用情绪调适方法。
生命森林	回顾、巩固整个活动过程中的收获；树立对未来美好生活的信心。	·暖场活动：带领成员进行树的冥想，并分享自己意象中的树； ·生命树：引导完成生命树的绘画； ·生命森林：绘画集中组成生命森林，邀请每位成员分享； ·生命见证：每位成员分享后，见证团队采用见证技术回应，成员分享活动感受与收获。

第四节　干预过程

一、第一节活动

第一节活动主要应用了叙事治疗中所强调的故事塑造的观点，即叙事关注点在于故事与意义而非事实和原因，组员将了解到自己对于其生命事件意义的解释和认知可能受到外在客观环境与内在身份认同、人生体验等的双重影响。先通过破冰游戏——画手来让组员之间互相了解与认识，为后续的小组活动奠定基础。其次，破冰活动结束后，组员在治疗师的带领下了解叙事治疗基本理念，并书写、分享自己的生命历程，而社会工作者则引导组员讨论对自身罪错的看法及归因。本次活动的主要目的是了解组员对自身犯罪归因的解释和对现阶段生活状态的认识。在此过程中工作者介绍了几种可能的犯罪因素，如冲动引发犯罪、侥幸心理等。治疗师引导组员从多角度看待自身的生命事件。

二、第二节活动

本节活动的目的是让他们探索自己对司法判决的看法以及产生的原因，并帮助他们正视自己的罪错。治疗师通过模拟剧场的方式，让组员以虚拟的身份体验社会标签的负面影响，引导他们重新审视自己的身份，正确看待别人看法和主流价值观对自身生命历程的正向或负向的作用。社会工作者通过模拟法庭带领组员了解司法判决程序，并体验不同的身份如法官、受害者、被告人、律师及各方家属可能对司法判决产生的看法和感受，希望他们了解不同身份的角色，以及诸多不同角色拥有的权利和需要履行的义务，从多角度看待这段经历带给他们的影响。此外，通过典型司法判决案例分享让组员了解认知和行为之间的关系，引导他们改变对自身身份、犯罪和社区矫正的错误认知。

三、第三节活动

这一节主要应用了叙事理念中的"问题外化"的叙事技巧，强调每个人都是自身问题的专家，即认为个人与问题是分开的，而个人在成长过程中遇到了诸多问题，却仍能成为今天的自己是靠某些资源支撑和帮助的，而叙事治疗师的目的是引导个体将问题外化，并调用蕴藏在生活中的资源，战胜问题。社工带领组员参与头脑风暴，引导组员积极参与抢答和分享，保证小组成员们能够清楚了解每一项社区矫正规定，不至于有意或无形中给自己带来麻烦。

四、第四节活动

本节主要应用了理性情绪治疗的相关技巧，帮助个体正确认识到侥幸心理是一种非理性信念，并利用相关技巧消除侥幸心理。通过暖场活动——解开绳子，成员彼此合作解开错综复杂绕在一起的细绳，在解开绳子过程中观察每位成员的状态与性格特点，并作记录。然后，通过教授"引发事件－信念系统－情绪后果"间的关系原理，使每位成员意识到理性信念的重要性。社工鼓励组员分享自己的非理性信念，以及通过组员间互助征集日常生活中有效的情绪调节方式。鼓励组员在今后的生活中通过有意识的训练强化这些合理信念，调节自身情绪，做情绪的主人。

五、第五节活动

这一节治疗师带领组员重述并分享生命历程，每位成员选择用不同的树种代表自己，讲述选择的原因与意义，在讲述的过程中觉察组员的变化；社会工作者给予每位组员相应的反馈，并回顾总结前几次的内容。组员间互赠祝福，展望未来。

每次活动结束后，组员填写满意度评价表。小组观察员需要记录每位组员的具体表现、变化过程及程度。此外，治疗师和社会工作者及志愿者在活动过程中通过观察的方式了解个体改变产生的可能机制，社工也会从其他工作人员处侧面了解组员在矫正期间生活情况及行为上的变化。

第五节　成效评估

活动效果的评估主要来自三方面：观察员的反馈、活动后的结构式访谈结果、组员满意度调查和自我评价。本研究将从总体目标达成情况和服务对象的成长两个方面进行评估。

一、目标达成情况

活动结束后，社会工作者对组员再次进行半结构式访谈，主要围绕认罪服法态度和活动收获两方面问题展开，即：你认为是否可以通过违法犯罪的方式解决纠纷或其他问题？你觉得司法判决是否公正？你觉得对你的矫正措施是否合理？参加本次活动的收获有哪些？访谈结果表明，组员们的认罪服法态度得到了较好的改善，对矫正规定也更能接受。

此外，观察员的反馈及对观察记录表的分析更能体现出总体目标，即改变偏差的认罪态度的实现情况：

首先，模拟剧场和问题解构帮助组员了解司法判决程序，从不同角度看待犯罪经历和司法判决的结果。在模拟法庭环节小组成员徐某分享道："我因妨碍公务罪而进行社区矫正，以前我觉得很委屈，觉得不公平。现在了解了法院的工作和法律的严谨，我认识到自己的错误，当初不应该听信他人。"

其次，问题外化和头脑风暴帮助组员认识不遵守社区矫正规定的后果和风险。在分享典型案例环节后，成员罗某分享道："这个案例我认为和我的经历很像，但是我们有着不同的结局，我现在觉得很幸运能走上了一条正确的路，不像故事里的那个人又再次回到监狱。"

再次，重述人生帮助组员正视服刑经历，适应"双重身份"。小组成员张某在最后一次活动中的"绘画生命树"这一环节中分享道："我发现生命中其实还有很多美好的经历和有趣的事，犯罪的经历不会让我的人生一直处于黑暗。"

最后，小组成员间的认证、鼓励分享帮助他们建立自我认同，学习处理负面情绪的方式，了解解决问题的多种途径。王某分享道："我属于急脾气，经常发生一点小事我就比较躁，现在我学会控制情绪的一些技巧，对于社区矫正的规定我现在也能心平气和地完成。"

由此得知，活动结束后小组成员基本上能在态度上认罪悔罪，接受判决结果和认同矫正措施的正当性，行为上体现于在矫正过程中更加积极地参与小组活动和其他社区矫正活动，正视自己所犯的错误，不再逃避自己应承担的后果。

二、服务对象成长情况

通过对比小组成员在活动初期与后期的变化发现：整体上，叙事治疗小组能够帮助他们重新审视犯罪经历，更深入了解法律和司法判决程序，意识到自身存在的非理性信念，逐步接纳自我的双重身份和司法判决结果。同时，大多数组员能从根本上反思自己犯罪行为的前因后果，并在活动后表达改过自新的决心和对未来美好生活的信心（表9—3）。

表9—3　小组服务对象成长情况评估表

小组成员	小组初期	小组后期
马某	参与度很高，非常想要倾诉自己的内心，对自己在看守所的经历耿耿于怀，情绪一度比较激动。最初阶段认为司法判决不公，矫正措施不当。	能够倾听其他组员的分享，并表达自己的理性观点。在活动中提到，每个人都应该对自己的行为负责，他愿意接受惩罚，为了支持自己的家人和朋友会更加努力地生活，不让他们担心。
王某	活动开始阶段融入速度较慢。	积极参与小组活动，在模拟法庭环节参与剧本改编及完善。

小组成员	小组初期	小组后期
谭某	对活动参与度不高，有时候会私下玩手机或注意力不集中。	能够和成员一起参与活动讨论和分享，尤其在头脑风暴环节，参与积极。
张某	第一次小组活动缺席，表达出对参与小组活动的顾虑与担忧。	在小组后期该对象积极参与互动，重回小组过程中也没有陌生和疏离，在重述人生环节中提到自己能够正视这段经历，不应该让这段人生不愉快的插曲危害未来的生活，表示要努力过好未来的生活，改过自新。
罗某	性格张扬，对小组活动的参与度和配合度较低。	对待法律案例能从自身、社会的角度发言，认识到不应用违法的方式解决生活中的问题，只要愿意寻求帮助，身边有许多能够利用的资源。
杨某	比较保守，不愿意表达过往经历与困扰。	对于感兴趣的案例会参与讨论，不感兴趣的话题也直接说出自己的想法。
徐某	最初分享态度比较敷衍。	打开自己，最后提到"我现在才体会到我身边有这么多善良的人陪我一起改变，我很开心"。最后表达对社会工作者和治疗师的感谢，认为自己在活动中收获良多。

第六节　总结与反思

一、小组互动帮助社区矫正对象适应"双重身份"

部分社区矫正对象对司法判决和社区矫正活动难以接受，出现逃避、对抗等行为，其主要原因是他们不能及时适应双重身份。一方面不清楚作为服刑人员应履行的义务和应遵守的规定，也不明确作为社区成员具有的权利；另一方面难以承受"服刑人员"身份给他们带来的负面影响。如在活动开始前，部分组员对司法判决持有冤屈情绪，认为包括矫正社工在内的全部司法工作人员都跟自己作对，而自己是"罪人"。但在活动中，治疗师和社会工作者平等、接纳的待人方式，让他们感到被接纳、被理解，愿意吐露心声，抒发负面情绪。在此基础上，社工向他们介绍司法判决程序，引导他们以不同的身份看待判决结果和矫正措施。如有些组员能平心静气地站在被害者的角度看待整个事件，明确自身行为不只为自己的生活带来困扰，也让他人受到伤害，从而愿意对自身行为负责，真正接受判决结果。

二、问题外化帮助社区矫正对象"去标签化"

叙事治疗小组中的问题外化环节，有效地帮助他们去标签化，通过泥塑、绘画等载体把自身经历的困难具象化，将问题与自身分离开来，在发泄负面情绪的同时寻找到可能战胜它们的力量。在此过程中，他们寻找生命中积极事件和资源，明确不同的应对方式可能导致的后果。如部分组员认识到家人才是一直支持、帮助自己战争各种困难的力量，即使在社会主流价值观体系下他们是罪人，但在家人面前他们不是"无用之人"，是支持彼此的力量，因此他们开始对自己生命负责，对自己的行为负责，愿意承担责任的同时积极维护自身权利。

三、模拟剧场帮助社区矫正对象再社会化

小组开展前，部分组员认为可以违背社会习俗或可以通过违法的方式解决问题和纠纷。他们对社会道德、习俗甚至法律难以接受，究其原因是他们在社会化过程中没能够适应社会主流价值观下的各种规则。在叙事小组的活动中，治疗师、社工及组员之间多次通过编排，模拟不同的事件发生的场景和扮演不同的角色（如模拟法庭及法庭中的角色）来分享解决问题、应对负面情绪和紧急状况的方法。在此过程中，组员不但能从他人的经历中汲取经验，另一方面他们明确社会规则、主流价值观和法律对每个人的约束力和要求是同样的，个体不能脱离整个社会而存在，也就不能摆脱规则和法律的约束，他们逐渐认识到个人在社会规则和法律面前是平等的。因此，帮助他们适应社会文化，了解法律的过程是帮助他们矫正认罪态度的过程，也是帮助他们再社会化的基础。

四、叙述生命事件帮助社区矫正对象重拾"生命意义"

对问题的叙事贯穿小组活动的整个进程，应用于各个环节。首先，首节小组活动和最后一节小组活动都设置抒写生命历程的环节，组员通过抒写、分享生命中具有重大意义的事件来简要概括自己的一生，这需要组员

不断思考、审视生命事件并赋予他们不同的意义。在此过程中组员明确某一事件不是人生的全部，不能决定一个人的成败和自身存在的价值。如部分组员认为服刑身份和服刑经历是他们一生难以摆脱的耻辱，甚至为至亲、至爱之人带来负面影响，但通过不断回顾、思考生命历程，他们逐渐发现这一时期的经历只是生命的一部分，甚至可以以此为戒，总结经验教训，成为今后积极努力生活的推动力。其次，小组中多次出现让组员合作编排完整的故事或用橡皮泥等道具叙说、说明自身生命事件的环节，他们有机会思考并分享自身生命事件中的积极力量和处理问题的资源，这让他们对战胜未来生活中的困难充满信心，有勇气正视自己犯下的错误，也有勇气过好未来的人生。

第十章　社区矫正对象交往网络重构的社会工作干预实践

社会交往是人类生活中必不可少的，是人的本质的内在要求。[①] 对于社区矫正对象来说，社会交往更是尤为重要，积极健康的交往有利于其更好地回归社会、融入社会。然而由于身份的特殊性，社区矫正对象面临着认同危机、就业困难、家庭关系紧张、朋友疏离、信任崩塌等各种危机，这极易使其出现自卑、焦虑、抑郁等各种心理问题，在行动上表现出社会交往障碍。本章将对存在社会交往问题的这类社区矫正对象开展小组工作干预。

第一节　组员确定与需求评估

在小组成员的招募方面，本研究选取上海市 T 区的社区矫正对象。小组开展前期采用一线社工推荐与半结构式访谈相结合的方法选取适合参与此类干预的成员。访谈的内容包括被访者基本情况、目前的休闲活动和交友情况、社会支持状况、社交回避状况及原因等，共筛选出 6 名社会交往障碍的社区矫正对象作为小组成员，为保护小组成员的隐私，所有组员均采用匿名化处理，6 名社区矫正对象的基本信息如下（表 10—1）。

表 10—1　小组成员基本信息表

姓名	年龄	性别	案由	心理状况	社会支持	家庭支持
梁某	34	女	非法吸收公共存款	自卑、逃避	与原有社交圈隔绝，切断联系，回避社交	父母和丈夫都表示体谅

[①] 王武召：《社会交往论》，北京大学出版社 2002 年版，第 1—3 页。

姓名	年龄	性别	案由	心理状况	社会支持	家庭支持
何某	28	女	诈骗	较为偏激，性格急躁。	社交圈变窄，亲密朋友提供更多关怀	父母过于紧张组员的情绪
张某	41	男	盗窃	无所适从，茫然	原有社交网络遭到阻隔，社会支持力度小	家庭成员表示谅解，并保持良好关系
赵某	39	男	寻衅滋事	落差大，感觉没有面子	与原来其所属的"兄弟"圈子关系紧密	离异，父母提供支持
黄某	44	男	参与开设赌场	平静淡定	与一同参与犯罪的朋友保持联络，并获得较多支持	父母和弟弟表示支持，但妻子拒绝其见儿子
陈某	31	女	诈骗	无奈、失望	职场中的社交是其社会支持的主要来源	与母亲关系亲密，与父亲、妹妹关系紧张

在小组活动前的走访、访谈和评估中，社工发现组员存在的社交障碍主要集中在三个方面：

一是组员主动回避社交，在自己与社会之间竖起屏障，把自己隔离于家庭中，不愿开展过多的社会生活。例如梁某直言："我有关心我的父母和丈夫，这已足够，我也不想再去发展一段友谊或关系，劳心劳神。"二是组员无法自主选择自己的社交网络，继续被迫置于原有的社交圈。例如张某说："虽然我家里人都很支持我，鼓励我出门，但是我周围人都知道我的事，有时候我觉得就跟防贼一样防着我的感觉，我就感觉挺难过的，没办法，确实我以前做过这种事情，也不怪他们。"三是组员同原来不良的社交圈继续保持联络，更有甚者出现重新犯罪的倾向。例如在访谈中，黄某无意中透露："我那帮兄弟真的讲义气，让我断掉和他们的关系，那是几乎不可能的。"

基于对组员社交问题的了解与分析，得到组员的主要需求有：一厘清目前自身面临的交往困境及原因，如有的对象存在错误的交友观，延续着不良交往，有的对象与家人的关系紧张等；二改变负向的自我评价及非理性的交友观，建立积极的交往认知和心理状态；三学习有益的交往技能，坦然面对真实的社交情境，重塑健康的交往网络。

第二节　理论基础

本次实践中运用了阅读疗法进行干预。阅读治疗是一种认知性治疗方法，通过指导患者或当事人阅读指定的文学材料，协助其改变错误认知，纠正不良情绪，坚定意志，培养良好人格，塑造适应性健康行为。[①] 阅读治疗促进人类健康的作用机理主要包括：一是第二信号的刺激，即语言这种表达世界信号的信号，人是按照语言的引导在生活，好的文学作品给人们提供了一个精神渴求的表象世界和高尚的生活图景；二是示范与模仿，文学故事中的人物对读者来说具有示范的效应，能够产生某种内隐的正强化的效应，会对读者的认知方式、意志行为和性格等产生潜移默化的深刻影响；三是移情与共情，借助阅读读者将自己的一些心理问题的"情结"置换到书中的人物，进而实现一些积压情绪的宣泄；四是借景物发现自我和存在之思。艺术借用形象更容易让人看到自己的内心世界，并在欣赏文学作品中，让人深受启迪和感染。[②] 在交往网络重构小组活动的中期，社会工作者主要运用了阅读疗法对社区矫正对象的交往认知调适进行介入。社工通过引导组员阅读一些关于与人交往的文学作品，如贾平凹的《朋友》、杨绛的《老王》及鲁迅的《藤野先生》，并在活动过程中进行分享，借助阅读帮助组员改变错误的交往认知，树立正确的交往态度。

第三节　干预目标及计划

一、干预目标

总目标是通过小组活动，使组员坦然面对自己，能够厘清目前自身面临的社交困境及原因，建立交往情境中正向的交往认知和心理状态，正确看待和处理自己的人际交往问题，塑造健康的交往行为，从而更积极地融

---

①邱鸿钟：《艺术心理治疗的理论与实践》，暨南大学出版社 2010 年版，第 4 页。

②邱鸿钟：《文学心理与文学治疗》，广东高等教育出版社 2017 年版，第 106—113 页。

入社会。具体目标如下：

第一节：小组成员相互认识并建立信任关系，了解各自的社交状况。

第二节：自我探索，厘清组员面临的交往困境及原因。

第三节：建立积极的交往认知，释放组员心理压力。

第四节：学习有益的交往沟通技能，坦然面对真实的社交情境。

第五节：总结和回顾，重新规划自己的交往圈，获得更多有益支持。

二、干预计划

根据服务对象的需求，从交往困境厘清、交往认知调适和交往行为改进三个层面展开介入。再增加第一次的破冰活动和最后一次的离别活动，设计了五次小组活动。具体干预计划见表10－2。

表10－2　小组工作干预计划表

节次主题	小组目标	小组内容
破冰之旅	组员初识，建立信任关系，了解各自的社交状况和休闲活动安排，认识交友与合理休闲活动的重要性。	·破冰游戏：串名字、信任进步行； ·建立小组契约； ·澄清小组目标； ·组员分享自己日常的生活安排与社交情况。
探索自我	厘清组员面临的交往困境及其原因，缓解紧张、焦虑情绪，分享经验与解惑。	·暖场活动：站报纸； ·绘制"人际关系图"； ·基于人际关系图反思现有的社交圈对其产生了哪些影响，包括支持关系和紧张关系，以全方位了解自己社交网络中的支持来源与社交问题； ·组员互助讨论如何解决以上社交问题； ·布置家庭作业。
认知调适	培养社会交往中的信任，树立正确交往态度，明确交友观，建立积极的交往认知。	·暖场活动：你是我的眼； ·阅读片段分享心得与感受； ·反思与觉察健康社交与休闲活动的重要性； ·总结朋友圈小社会大影响。

节次主题	小组目标	小组内容
交往升级	学习促进人际关系改善的技巧与方法，坦然面对真实的社交情境。	·暖场：你说我猜； ·分享家庭成员间的沟通模式，思考促进人际关系改善的方法； ·学习"爱的五种语言"，了解更多处理人际关系的方法； ·家庭作业：尝试在人际交往中运用新的方法。
奔跑向未来	总结和回顾，重新规划自己的交往圈，构建良性的社会支持网络。	·分享家庭作业，体悟良好的人际关系需要用心经营； ·重新审视自我的社交圈，延续良性交往，摒弃不良交往； ·写给未来的自己——规划新的交往原则和目标； ·总结回顾小组内容，梳理重点理念方法； ·互道祝福，告别小组。

第四节　干预过程

一、第一节活动

帮助组员之间相互了解，熟悉小组的目标等。社会工作者运用尊重、鼓励、同理等专业技巧，营造出自由、安全的小组氛围，使组员在小组中获得安全感，并得到小组成员的信任，以便顺利开展后续的小组活动。此后，社会工作者通过"串名字"游戏活跃小组气氛，鼓励组员使用越短的时间记住越多其他组员的名字；接着通过"信任进步行"建立成员之间的信任，随机两两组队，每队发放一个眼罩，自行商定由一人戴上眼罩，在另一名成员言语指导下从起点出发，穿过障碍物，顺利走向终点，完成挑战后互换角色进行再体验。最后鼓励组员分享参与此活动的感受以及自己日常的生活安排和社交情况，为下一节活动的开展奠定基础。

二、第二节活动

首先，社会工作者组织开展了"站报纸"游戏，通过游戏促进组员之间的交流与合作，以增进组员间的联结感。其次，社会工作者回顾总结了第一节活动中组员分享的日常生活安排与社交情况，同时让组员绘制自己的人际关系图。通过人际关系图，社工不仅能够了解组员人际交往圈的状况，还可以知晓组员对自己人际交往的一些看法。每个人生活的环境不同，因此个人的人际交往圈不尽相同。了解组员的人际关系是帮助组员解决交往问题的重要前提，但是现实环境中，因为各种因素，组员对自己的人际关系存在认识不清或隐藏真实的人际关系情况等各种问题。而通过绘制"人际关系图"的形式，不仅能够在一定程度上减少隐藏信息的可能，还能够引导组员思考现有的交往圈对其产生了哪些影响，包括支持关系和紧张关系，以进一步深入了解组员的社交问题。最后，社会工作者邀请组员讨论如何化解服刑人员身份带来的交往紧张问题。小组结束后通过布置家庭作业以改善组员的人际关系。

三、第三节活动

第三节活动伊始，社工通过引导组员完成"你是我的眼"的互动活动，培养组员在交往中对他人的信任度，提升交往信任关系；然后以阅读治疗的方式，通过引导组员阅读选取的贾平凹散文《朋友》、杨绛的作品《老王》以及鲁迅的著作《藤野先生》等和交往相关的文学作品。借助阅读的方式，从文学作品中学习和思考自身的交往态度和交往认知。帮助组员树立正确的交往态度，改变错误的交往认知，明确交友的价值观。为了给予组员充足的阅读思考时间，社工在上节活动结束前以家庭作业的形式布置给组员阅读作品的内容，并事先准备好纸质版阅读材料。梁某分享说："我喜欢《朋友》这篇文章里，作者的一些关于朋友的观点，比如里面说的'朋友不一定是知己，知己不一定是朋友，知己也不一定总是人'，还有'朋友的圈子其实就是你的人生世界，你的为名为利的奋斗历程就是朋友的好与恶的历史'，'你最大的不幸就是不会交友'，我感觉这几个观点说得太对了，我们生活中的朋友不一定是你的朋友，你看有的朋友甚至背后捅刀子，可能我们在座的甚至不幸遭（遇）到这样的朋友，这就是我们最大的不幸，没有交对朋友。"组员黄某从《老王》中得到了启发，"金钱不能衡量感情，要善于接受别人善意的帮助，有时候也不要钻牛角尖觉得接受了别人的帮助就是欠了人情"。恰当时候的坦然接受帮助，未尝不是加强交往的一种方式。大家不仅从书中得到了启发，而且对于交友有了自己内心的态度、想法和认知，并且愿意为之付诸行动，积极地交朋友，健康地处朋友。

四、第四节活动

社工在第四节活动的实施过程中，首先是通过"你说我猜"的互动，建立组员间的默契，增强组员间的感情，进而提升小组动力。然后，社工带领组员回顾了上一节活动的主题主要是围绕交友，接着引出本节活动讨论的焦点是家庭关系。社工向组员们抛出问题"在家庭中，最核心的关系是什么"，让组员依次展开分享。随后，社工又问："在家庭中，为了营造良好的家庭氛围，维持好稳定的家庭关系（包括夫妻、父母、亲子关系），需要哪些技巧？"在此基础上，社工引出"爱的五种语言"。组员张某在活动开始后主动帮助社工布置活动现场，在家庭核心关系的表述中，他提到自己的家庭比较庞大，家庭中因为母亲而变得团结，一旦母亲从关系中退出，自己就变成家庭关系中的核心，对如何处理好家庭关系自己感到迷茫。在活动过程中，张某表现出了较明显的离别情绪，对小组表达了感谢。组员梁某的家庭总体来说是很和睦的，在她看来家庭里孩子是主心骨，丈夫、父母和她之间的交流大多与孩子有关，并表述今后会在生活中更多对其他家庭成员表达爱和关心。

五、第五节活动

最后一节小组活动的目标是通过社工的总结与回顾，带领组员重新规划自己的交往圈，鼓励组员尝试运用在小组中学到的方法和理念，改善人际关系，从中获得更多良性的社会支持，提升应对困境的能力。社工首先对上节小组活动进行简单回顾，了解组员在生活中对"爱的五种语言"的使用情况及其效果，并总结出"良好的人际关系需要经营"的道理。接下来社工让组员们重新审视和梳理自己的社交圈，并写下对未来自己的期许，重新规划新的交往原则和目标。最后社会工作者和组员一起回顾整个小组的过程，鼓励组员分享自己在小组过程中的收获和感受，分享自己在参与小组前后在思想、行为及生活上的变化，以及对未来的生活计划。

第五节　成效评估

小组结束后通过小组互动情况评估、服务对象成长情况评估两个方面来呈现小组介入社区矫正对象交往网络重构的成效。

一、小组互动情况

组员在第一节小组活动开展前是一种紧张无措的状态，彼此并不熟悉。一些组员进入活动室后直接落座，和周围组员之间没有互动问好。在经过破冰之旅的游戏后，组员之间达到基本熟悉的地步，初步建立信任关系，为后续合作和团体游戏奠定基础。接下来几节小组活动，社工带领组员探索自我，厘清自身存在的交往问题和错误认知，学习人际交往技巧等活动，组员在小组中积极表达自己的想法和态度，梳理自身的社交网络，倾听其他小组成员的分享与经验，反思自己的不足，最终重塑健康的交往网络。随着小组的进行，组员之间的互动明显增多。从活动前后组员间的交流、活动中组员的分享以及相互调侃开玩笑等都能看出组员之间建立了比较好的关系。

二、服务对象成长情况

通过对比小组成员在活动初期到后期的变化发现：总体上，组员们存在的社交困扰得到了极大的改善，主动回避社交的成员能够借助家庭成员支持勇敢迈出社交步伐，突破自己；被动社交成员也能看到自身优势，在社交中放松心态，顺其自然；延续不良社交的组员在服务中也明白要建立积极健康的交友观念与交友原则，避免因为交了不好的朋友而重新犯罪（表10—3）。

表10—3　小组服务对象成长情况评估表

小组成员	小组初期	小组后期
梁某	回避组员和社工的目光，活动过程中不时看时间，结束后径直回家。	体会到来自其他小组成员的热情与温暖，该组员分享道："在这里感觉到大家的平等对待，每个人的善良也使我反思自己的社交圈层。"

续 表

小组成员	小组初期	小组后期
何某	开始表现出极不耐烦的态度,认为游戏设计幼稚。	认识到自己与父母关系不和的原因,通过人际沟通技巧的学习,尝试与父母和解。何某分享道:"以前总是仰仗父母的宠爱做事很少考虑后果,现在通过家庭互动交流,与父母进行平等对话,他们也渐渐放心和期待我开展新生活。"
张某	参与小组活动时经常手足无措,不知道该怎么做,也不愿意与组员讨论。	深入思考内心真实感受,主动分享自身困惑并和大家讨论,认真倾听组员的合理建议,在最后的小组活动中表现积极,主动与其他成员拥抱合影。
赵某	抱着无所谓的态度来参与。	清楚列出自己的人际关系图,并分析了支持资源和社交问题,在社工引导下正确认识不良社会交往的消极影响。
黄某	敷衍,不愿意表达。	认识到自己偏差的交友观念,同原来不良的社交圈保持了安全的距离。
陈某	比较活跃,过于表达自己的职场社交状态。	通过资源探索与讨论,该成员能积极看到和肯定自己的社交能力,但同时也意识到了自己在社交中存在一些负面情绪,并有着积极改变的行为,在活动中也能逐渐倾听组员的分享。

第六节 总结与反思

一、负向自我评价是社区矫正对象交往问题的主要原因

缘于身份的特殊性,社区矫正对象常常将自己与他人有所区分,尤其在对自我的认知和评价方面更多趋向于负向,认为"我是罪犯,低人一等""别人会看不起我",对自己缺乏信心。这些负向的自我评价使得社区矫正对象在正常的交往情境中,更多地感受到紧张、不安、焦虑、恐惧等不良情绪,担心别人对自己评头论足,进而产生交往焦虑,出现交往回避的行为。尤其在"出事"后,社区矫正对象由于主动远离或被动脱离之前

的交往圈，使其社交圈收缩。他们倾向远离人群，待在自己认为比较"安全"的地方，使自己不被他人关注，主动回避社交应酬。

二、阅读疗法帮助社区矫正对象树立积极的交往认知

在阅读治疗过程中，小组成员通过阅读文学作品，无形中降低了心理防御机制，并有效整合了个人内心的资源，将内心的一些交往情绪情感进行转移，使得自身的交往焦虑情绪得到发泄和疏解，建立了积极的交往认知。同时，小组成员在阅读治疗中，经历了六个阶段的治疗历程：第一，投入。小组成员对社工提供的有关交往的文学作品开始阅读，逐渐被内容所吸引，投入其中；第二，认同。当小组成员跟随作品中角色的遭遇和情感反应依据个人的知识、经验进行理解，产生认知或认同；第三，投射。小组成员将自己的想法和情感投入到作品主角的行为和遭遇，甚至与作品中的角色合二为一，投射到自身；第四，净化。小组成员暂时忘记自己的身份，进入作品角色的世界，共享作品角色的情绪发展和人际关系，然后再回到现实的世界中，进行自我觉察；第五，领悟。小组成员将自身和作品角色进行比较，对自己的观念进行调适，重新领悟并建构新的观念；第六，应用。小组成员形成新的观念之后，获得适合自己问题的解决方式，在真实的情境中采取行动，将领悟到的新观念付诸实践，减轻交往问题。

第十一章　社区矫正对象职业发展能力提升的社会工作干预实践

　　就业乃民生之本。获得相对稳定的工作及收入有助于社区矫正对象社会地位的提升及生活方式的改变，进而促使其心理认知转变及社会归属感的增加，实现社会融入。然而社区矫正对象自身的人力资本、就业认知、就业选择不尽相同，加之其所具有的犯罪经历和服刑者身份使得社会地位贬损，信任资本匮乏，社会关系网络弱化或断裂，这些因素加剧了他们在市场竞争中的经济分化及弱势地位。[①] 本章将对就业能力及职业发展不足的这类社区矫正对象开展小组工作干预。

第一节　组员确定与需求评估

　　在小组成员的招募方面，本文选取上海市 X 区的社区矫正对象。小组开展前期采用一线社工推荐与结构式访谈相结合的方法选取适合参与此类干预的成员。访谈的内容包括被访者基本情况等，共筛选出 6 名就业能力与职业发展不足的社区矫正对象作为小组成员，为保护小组成员的隐私，所有组员均采用匿名化处理，6 名社区矫正对象的基本信息如下(表 11－1)。

表 11－1　小组成员基本信息表

姓名	年龄	性别	案由	文化程度	就业情况	心理状况
陈某	35	女	非法吸收公共存款	大专	待业	畏惧，压力大
郭某	29	男	诈骗	高中	待业	心态较为平静

---

　　①杨彩云：《规训与调适：社区服刑人员的社会融入研究》，华东理工大学出版社 2018 年版。

续　表

姓名	年龄	性别	案由	文化程度	就业情况	心理状况
金某	47	男	盗窃	初中	经营流动早点铺	生活工作压力大
潘某	43	女	职务侵占	本科	保险公司业务员	就业落差大，心态失衡
胡某	31	女	诈骗	大专	待业	自责、悔恨、自卑
李某	34	男	寻衅滋事	高中肄业	待业	迷茫、无助

在小组活动前的走访、访谈和评估中，社工发现组员在就业及职业发展过程中主要面临三方面的问题：

一是组员拥有就业能力却因畏惧心理或现实规制而放弃就业。如组员郭某表示："我要两年不能出远门，我还想着去北京找我哥儿们，但是现在这情况，我哪也去不了，还不如在家老实待着，等解除了，我朋友的店也成熟了，到时候直接过去和他一起干。"二是已就业的组员无法平衡家庭生活和就业之间的冲突，心态起伏较大。如组员潘某分享道："以前我工作稳定，一周双休，还有时间照顾到家里老人和孩子，现在在保险公司上班，我感觉到心力交瘁，开始阶段时常培训，现在几乎每天都在跑业务，联系客户，几乎没有自己的时间，加上社区报到，提交思想汇报等，我真恨不得把时间掰开用，有时间会怨恨自己为啥当初犯这事。"三是组员拥有强烈的就业意愿，却遭受就业市场和社会大众的排斥，无法实现就业。例如组员胡某分享道："我现在认识到这件事给我带来诸多不便，我去销售公司应聘，人家一看我简历，虽然没有明说，但是我能感受到他们的表情和态度，那种情况下我感觉到羞愧。"

基于对组员就业情况及职业发展问题的分析与归纳，得到组员的主要需求有：一通过增进自我了解，调整就业心态和就业观念；二通过职业技能培训，提升就业能力；三通过情境模拟，学习职场压力应对方式，提升职业适应能力，促进社会融入。

第二节　理论基础

本次实践采用心理剧疗法进行干预。心理剧的理念由其创始人雅各·

李维·莫雷诺（Jacob Levy Moreno）提出。心理剧的基本要素包括舞台、主角、导演、辅角和观众，每一部分都相辅相成、不可或缺。通过角色扮演，使参与者从此前遭遇的困境中找到另外一种路径，并重构对事物的看法。同时观众能够从剧中体会真实生活的全貌，从而看到自己未曾探索和思考过的盲区，并通过分享激发成员对新视角的认知。[1]

心理剧疗法会采用一些独特的技术来推动治疗过程，并启发组员转换思维。常用的技术包括角色交换（role reversal）、替身（doubling）、镜照（mirror）。首先，替身技术是通过一个或多个辅角站在主角身后，与主角同台表演甚至替主角说话，从而引导主角与另一个真实的自己进行对话，帮助其探索自己内心深处的情感；其次，镜照技术是指通过观察别人演出的自己，从而可以像别人那样来看待自己，使其得以跳出自设的僵局，再回到场景时能够有新的反应；第三，角色转换技术包括主角与其他角色的交换以及主角与自身的某个角色或客体的角色交换，两种形式都旨在修正、补充或拓展心理剧的内容，推动治疗的进行并帮助参与者进行新的思考、获取新的经验与认知。[2] 心理剧疗法通过剧本编排和模拟就业等充分调动组员参与热情，使之运用剧场角色取代身份压力帮助组员精准识别就业形势，练习应聘结构化面试，做好就业上岗准备，树立顺利就业的信心。

第三节　干预目标及计划

一、干预目标

本小组的总体目标是帮助社区矫正对象增进自我了解和自我接纳，树立正确的就业观，提升就业能力和职业发展规划，从而更好地实现职业融入，促进回归社会的进程。具体目标如下：

第一节：自我探索，澄清就业认知与障碍，建立小组信任关系。

第二节：用剧场角色取代身份压力，利用重新赋予的角色名称让组员暂时放下"服刑人员"身份以及身份带来的角色困惑，了解当前就业形势

---

①Blatner，A.（1988）*Foundations of Psychodrama：History，Theory and Practice*. New York：Springer.

②黄艳：《心理剧治疗的理论与实践》，鲁东大学 2006 年硕士学位论文。

与就业政策，提升职场危机应对技能。

第三节：模拟就业场景，组员掌握就业过程中的面试技巧、就业能力，学会处理就业带来的冲突，弥补自身的劣势，放大自身的优势，合理定位自己的职业方向。

第四节：增能赋权，降低组员的就业无力感，营造乐观豁达、正向积极的就业观念和生活态度。

二、干预计划

首先在小组初期，设计小组成员在"服刑人员"与其他社会成员身份之间的"自我探索"场景，帮助小组成员从多方面厘清自身在就业方面的问题与障碍，并培养小组中真诚对话的氛围，初步形成小组成员之间的信任感。其次在小组中期，结合小组成员在就业方面所面临的问题与资源，为小组链接各方资源，同时设计正视职场危机和提升职场应对能力的剧场，运用角色交换、镜照等心理剧技巧，将问题展现出来，同时群策群力，共同应对过往就业经历中的挫折与困境；最后在小组后期，设置处理小组成员离别情绪与总结小组中学习到的经验，协助小组成员带着新的思考与处事方式面向未来（表11－2）。

表11－2　小组工作干预计划表

节次主题	小组目标	小组内容
自我探索	自我探索，澄清就业认知与障碍，建立小组信任关系。	·破冰活动：名字接龙； ·故事分享：成员分享就业经历，了解自身的就业状态和障碍； ·探索自我：澄清"我是谁"。
剧场编排	剧场角色取代身份压力，明晰当前就业形势及政策，提升职场危机应对技能。	·学习：就业政策解读； ·讲座：职业技能培训咨询会，把握当前就业市场大方向； ·心理剧：编排职场危机剧场，促进组员自我觉察，积极应对。

续　表

节次主题	小组目标	小组内容
模拟就业	掌握就业过程中的面试技巧等就业能力，学会处理就业带来的冲突。	·暖场活动：递水杯； ·面试：成员互相分享成功或失败的面试经历； ·角色扮演：社工和志愿者模拟面试的错误示范，引导成员发现并讨论改善方案； ·实务操练：邀请企业人事经理作为面试官，帮助组员掌握面试技巧。
相信自己	降低成员就业无力感，营造乐观豁达、正向积极的就业观念和生活态度。	·热身：一分钟挑战； ·分享：分享就业中突破自己而获得成就感的事件或总结前几次小组活动对自己就业带来的帮助； ·资源库：列出自己拥有的资源并分享自己是如何建立并拥有重要资源的； ·临别赠言，展望未来。

第四节　干预过程

一、第一节活动

通过破冰游戏"名字接龙"，让组员开始对彼此有个初步印象，互相认识是建立信任关系的前提。工作者引导组员们放下自己的身份，用新的名字在小组中活动。在本环节中，工作者以取名为契机，引导组员发掘自身带有希望和力量的部分，气氛转向组员间的互动，活跃小组氛围。接着，社工带领组员开展就业探索，小组成员随机抽取并回答一些与就业相关的问题，例如针对"我的第一份工作""最想从事的职业""目前就业的障碍""工作中的快乐瞬间"等让组员分享自己在就业方面的经历；对于在小组中不愿意吐露过往就业经历的或者是因职业犯罪而排斥分享的组员，社会工作者会格外关注，适时鼓励并引导组员面向未来，过往的就业经历并不代表未来没有改变的可能。

随后，心理治疗师带领组员进行自我探索。首先是认清外在的自己，"我"是谁、"我"有哪些身份；其次是内在的自己，用一个词来形容自己，写下联想到这个词的一件事及自己表现出来的品质。通过这些探索，成员们初步地重新认识了自己。在活动过程中，其中一位成员郭某在谈到自己的就业和服刑经历时情绪比较激动，多次落泪，可以看出其并没有走出服刑经历的黑暗记忆中。因此，治疗师以郭某为主角，其他组员为配角，协助其厘清不利的环境（看守所的记忆、一些人的歧视等）和滋养的环境（父母的支持、司法所工作人员的帮助等），并找到如何从不利的环境走到滋养环境中。在这个过程中，虽然剧场中诉说的是别人的故事，但结合自己的相似经验，组员们纷纷沉静下来，从观众和辅角的视角与自己所处的环境联系起来，反思自己的受挫经历。在成员的彼此分享中，不仅加深了组员间的相互了解，还带动组员自我反思，自我觉察。

二、第二节活动

第二节活动时部分组员已经感到有些熟悉，会提前到达活动地点进行交流。在第一节组员分享就业经历与需求后，社会工作者首先在第二节活动中提供了一些与组员相关的就业政策，如"大龄就业补贴""失业金领取""创业扶持政策"等，帮助组员进一步了解当前的就业政策与形势。组员们认为内容十分接地气，活动过程中时常向工作人员询问更多信息，而个别组员办理过相关政策事项的，也能够积极分享办理过程，气氛非常活跃。其次，开展技能培训讲座和专题讨论会。社会工作者邀请职业技能培训专家为大家介绍了技能培训的种类、培训后的去向、当下的形势等，更讲解了如何办理技能培训补贴等相关事宜，提供给组员一个提升自我的平台。工作者引导组员发挥主观能动性，主动查找和联系所在区的行政服务中心培训项目。

随后，编排职场危机心理剧场。心理治疗师邀请组员就各自曾经或现在在职场中遇到的困难进行分享并排演心理剧。成员可以自愿组队，在新的队伍中每位成员参与剧本的制作及参演，保证每位成员的参与投入。组员李某主动成为第一位导演，叙述一位大学生在快餐店打工与客人发生争执的场景，并邀请几位组员演出剧情，在其中体会作为客人、打工者、老板等不同角色的不同视角和立场，从而反思自己在职场中面临挫折时的应对方式。适应心理剧模式后，在第二个剧场中，组员们跃跃欲试。成员郭某作为导演指导几名组员演出了"一名 DJ 在婚礼上上桌吃饭被扣光工资"的场景。在此环节，由于相似的挫折经历，成员们能以自己的经验丰富小组的智慧。如潘某提出，进入一行要懂得一行的行规；陈某认为在职场中要学会看他人眼色做事；金某则建议应培养自己的人际交往能力，使身边的同事愿意提醒自己的错误。可以看出，在剧场的体验中，成员们将自己的职场生活与剧场联系起来，而作为观众也可以从整体视角去审视自己在职场中的不足之处。同时，在团体的智慧下，组员可以学习到自己曾经没有注意到的职场技巧，加入到自己的"生命书"中，丰富自己的就业经验。

三、第三节活动

第三节活动首先以暖场游戏——递水杯开始，通过游戏提高组员参与热情，也让组员体会到合作的重要性。接下来成员分享自己在以往就业中所经历的成功或失败的面试经历，让组员意识到面试是一种不确定性较高的实践体验，面试失败并不能完全体现工作能力的大小。然后通过角色扮演，社工和志愿者通过错误示范促使组员思考并指出不合理的地方，提出改进措施。最后小组活动进入到就业中的面试环节，邀请公司人事经理为组员带来就业面试技能培训，帮助大家通过换位思考学习面试技巧，并为组员在就业心态上进行了一些疏导。接下来开展剧场模拟，成员以角色扮演的形式体验公司组织的管理模式，并思考做一名员工需要具备的能力，如沟通、业务、学习和危机处理能力等。

四、第四节活动

第四节活动以热身小游戏——一分钟挑战开始，即一分钟高抬腿、一分钟背诵五个电话号码、报数游戏。游戏开始前让组员预测自己可以做到的程度，再对比一分钟以后自己的表现，看到自己的付出与自身蕴含的潜能。接下来是组员依次分享一件在就业中突破自己并获得成就感的事件或者分享前几节小组活动对自己就业带来的帮助，并鼓励其表达背后的原因和支持来源。

随后，工作者带领组员列出自己的资源库，特别是对就业有益的资源。在此过程中社工给出几个引导性方向，比如人际支持、处理问题的经验、学习能力、工作经验、人品素质、语言表达能力、组织能力、固定资产、移动资产等，分享自己认为最重要的资源，以及自己是怎样建立和拥有这样的资源的。最后，治疗师带领组员进行音乐冥想，在冥想中回忆过往人生中的成功与挫折，展望未来的路上会有哪些人的支持和哪些美好的风景。结束后，组员们选择了一些带有颜色的丝巾和写有词语的卡片，代表着自己在冥想中看到的过往、当下或未来。如郭某选择的"放下""前进"，表达着自己面向未来的信心；陈某选择了"改变"，回忆到自己这段时间的生活变化不禁落泪；金某选择了"陪伴"，在冥想中看到了一直陪伴在自己身边的家人等。活动在彼此祝福、畅想未来中结束。

第五节　成效评估

小组结束后通过小组互动情况评估、服务对象成长情况、小组满意度评估以及小组后期跟进评估四个方面来呈现小组介入社区矫正对象职业能力提升的成效。

一、小组互动情况

活动开始时，组员们由于彼此陌生，比较拘谨，自我介绍也相对简单，组员对彼此的初步印象较为模糊。通过暖身游戏、引导分享等环节，组员们会相互交流，特别是在剧场表演之后，能够主动分享自己的看法、经验和收获，同时在每节小组前的交流和回顾阶段，能够主动把自己在日常生活中实践的经验与大家分享。四次小组活动下来，组员们打破了最初彼此之间的冷淡与疏离，转而能够主动关心其他组员，为对方的问题解决出谋划策，并在模拟就业中积极合作，发挥团队优势完成任务。这不仅提升了组员们的就业能力与抗逆力，而且也通过服务使组员间建立了密切的支持关系，拓展了社交圈。

二、服务对象成长情况

通过对比小组成员在活动初期与后期的变化发现：总体上，组员们都有着不同程度的改变，对自我的了解更加全面客观，就业心态得到调整，职场中的危机应对能力得到提升，而且更加明确了身边可以利用的就业资源，生活和就业态度更为乐观豁达（表11—3）。

表11—3　小组服务对象成长情况评估表

小组成员	小组初期	小组后期
陈某	不愿意表达，行为表现较为拘谨。	在暖场活动中逐渐放开自己，尤其在模拟就业环节，积极扮演被面试者。

小组成员	小组初期	小组后期
郭某	性格散漫，描述过往就业经历存在敷衍，对自己就业状态过于自信。	编排职业剧场和模拟面试错误示范后，该组员认识到自己在就业中的不足和需要改进的方面。
金某	对小组认同程度不高。	能够充分感受到小组活动给其带来的改变，在模拟就业环节，在成员中表现出突出的领导能力。
潘某	比较保守，偶尔私下里回复客户信息，偶有迟到早退现象。	在分享环节，该组员能主动分享自己面试保险公司的成功经历，并在面试模拟中较为活跃，获得面试老师的称赞。
胡某	情绪比较低落，常以微笑来代替讨论和互动。	在社会工作者的引导和面试老师的鼓励下，主动从容谈及过往失败的面试经历，也在活动中看到自己的优势，该组员分享说："失败这么多次，我现在能总结出一点失败的经验了，这对我来说也是一种收获，而且从其他朋友的分享中我也能吸取一些经验，我现在比较期待接下来的生活。"
李某	活动缺席，融入较慢。	能够清晰列出自己在就业过程中存在的资源，并分享了未来的职业规划。

三、小组满意度评估

首先在小组内容方面，所有成员都认为本次小组活动"非常好"，且一致认为受益最大的环节是政策解读与技能培训的环节，纷纷表示这一环节"接地气""收获大"等；而从组员间关系来看，一位组员选择了"好"，剩下五位组员都选择了"非常好"，在访谈过程中也发现大多数组员对彼此的交流互动印象深刻且非常感动，可以看出组员关系非常和谐；但也有组员建议可以增加实际的就业技能训练的内容，还有组员认为小组活动时间过长，这也是工作者需要反思的地方。

其次在心理剧方面，从剧场内容上看，有三位组员认为"模拟面试"剧场受益最大，还有两位组员选择了"应对职场危机"剧场，而剩下一位选择了"自我探索"剧场，可以看出组员们对各剧场比较满意；而从剧场收获上来看，组员们纷纷认为在心理剧中"体验到心灵的交流""体会到不同的角色和立场""学会了换位思考"，感触较深。

四、小组后期跟进评估

小组结束后，成员们在促进就业方面进行了不同程度的实践。在政策应用上，有一位组员通过招聘网站寻找到工作，有一位组员办理了低保和失业临时补贴；在技能培训上，有两位组员已经参与了"瑜伽师"的培训项目；郭某虽然后续没有寻找工作，但其对自己也严格要求，与其自主创业朋友保持联络，学习有关经营策略，报名计算机软件课程，提升职业能力。

第六节　总结与反思

一、以剧场新角色缓解身份压力

在社会工作服务过程中，社会工作者对矫正对象始终秉持尊重、接纳的态度。在心理剧中，为了消除服务对象的顾虑与不安，工作者引导组员为自己定义新的名字、塑造新的角色，他们可以暂时放下自己作为服刑人员的身份压力，在较为轻松的环境下交流与互动。在本研究中，组员们非常高兴地为自己取新名字，如"旭日东升""小燕子""红军""海浪""SKY"等。在小组里，他们能以一个崭新的身份去面对彼此，这不仅提高了组员参与的积极性，而且也让组员们体会到了被尊重和保护，拉近了彼此间的心理距离，为后续活动的开展奠定了良好基础。

二、以"自我探索"催生改变动力

社区矫正对象由于身份的特殊性，在回归社会的过程之中会面临诸多挫折，这极易导致他们产生负向的自我评价。如果没有及时调整，很可能陷入"破罐子破摔"的状态。在小组开始阶段，一些组员在表达自我的过程中情绪比较激动，特别是在谈到被捕经历或在狱中的回忆时常常流泪。这些表现能够看出矫正对象虽是在社区内服刑，没有了监禁的束缚，但仍旧难以从黑暗的记忆中走出来。在这种情况下，直接开展服务是难以保证效果和参与度的。在心理剧疗法中，为了帮助服务对象进入角色表演，在暖身阶段，组员需要经过自我探索，以便能够更加全面客观地看待自己、定位自己，获得积极的自我评价，唤起其回归社会的信心和希望。这一步对矫正对象的社会功能恢复至关重要。在第一节小组中的自我探索环节，关于"我是谁"的问题，组员们一开始只能回答上自己的名字，但在治疗师的引导下他们认识到，"我是我父母的儿子""我是我小孩的母亲""我是××大学的学生"等等。由此将组员们的视角拓宽，使其不会仅仅想到自己是服刑人员，而是看到自己作为儿子时的被保护、作为母亲时的伟大和作为一名高材生的聪慧等等，使矫正对象看到自己的优势和能力。这不仅能够使组员产生共鸣、提升对小组的信任，从而放下戒备、参与活动，更重要的是能够帮助矫正对象正确认识自我，而不是停留在过去对人生的失望或对命运的不满中，树立面向未来的信心。

三、以模拟场景锻炼应对能力

传统社区矫正中的教育学习多采用"集中教育"的模式，指针对社区矫正对象法制意识淡薄、社会适应性不足等普遍存在的问题而开展入矫教育、法制教育、道德认知教育、形势政策教育以及心理健康教育等，通过相关知识的学习增强对违法犯罪行为及刑罚后果的认知。这些形式虽然一定程度上能够增强社区矫正对象的法制意识，但他们是在开放的社会环境下接受矫正，除了需要提升守法意识，还要面对生活的压力、社会的歧视等问题。若没有切实有效的应对方法，单一的教育学习对他们来说难以获得较好的矫正成效。心理剧作为一种体验式的治疗方法，能够契合社区矫正对象的需要，帮助其在模拟真实的社会场景下，以体验和感受的方式来学习如何适应社会、如何化解危机等。在活动中，组员通过心理剧学习如何应对职场危机、体验面试场景中的不同角色及应聘技能，这些场景模拟和应对技能的学习为日后真实生活中的表现积累了经验。

四、以团体合作促进互动支持

社区矫正对象是特殊的弱势人群，他们身处社会，却常常感到缺少支持。在小组中，不少组员都表达了自己的无助感，如"新工作得不到父母的理解""身边的朋友在我出狱后都没了联系""我这个身份很多公司都不愿意要"等。心理剧治疗作为团体治疗性技巧中的一种，能够将团体中的组员形成一股合力，通过表演过程及组员之间的互动和经验分享，帮助组员改善社会功能。对于社区矫正对象来说，心理剧的形式能够使组员体会到他人对自己的鼓励与支持，感受到在与他人合作交流中共同成长的喜悦，并且与自己有相似经历的组员感同身受，能够体会到更深的理解与关怀。同时，运用镜照、角色交换等治疗技巧，小组成员可以跳出狭隘的"自我"视角而从"他者"视角来观察场景中的"自己"，看到自己在面临困境时未能关注到的问题，引发自我觉察与思考。最后通过群策群力找到更有效的解决办法。

第十二章　结论与讨论

本研究关注社区矫正对象的身份均衡何以可能这一重要问题。具体而言，社区矫正对象的身份具有显著的双重性：相对于一般民众，他们是受到刑事处罚的"服刑人员"；相对于监狱服刑人员，他们又是拥有更多自由的"社会成员"。这种双重身份给社区矫正对象带来较为明显的身份困惑，甚至是身份紧张和身份冲突。这两种身份之间的张力和冲突导致了他们的身份认同危机和行为选择矛盾。本研究在剖析其身份张力乃至身份冲突的形成过程与发生机制后，进一步探索相应的社会工作干预方法与路径，以逐步实现其身份的动态均衡，促进社区矫正目标的顺利达成。

第一节　研究发现

本文的研究发现主要在于如下几点：

（一）社区矫正对象身份认同的整体表现与内在差异

在我国，《社区矫正法》将社区矫正适用对象明确划分为四类，即判处管制、宣告缓刑、假释和暂予监外执行这四种类型的罪犯。首先，本次调查研究发现社区矫正对象的人口学特征是：男性占绝大多数，青壮年居多，中等文化水平居多，缓刑较多，已婚较多，有工作较多，工资水平大多较低。同时，其在认罪服法意识、社交状况、心理矫治等方面均存在相应问题，这为了解其身份认同状况提供了背景信息。其次，对社区矫正对象身份认同的三个不同维度身份归属、身份评估、身份适应分别进行统计分析，发现其身份认同均值总体处于中等水平，还有进一步提升的空间。再次，从身份认同的差异性方面，发现他们在性别、年龄、文化程度、户籍状况、社交、就业、制度遵从性等方面均存在一定的差异。例如，在社区矫正对象中，女性身份认同度低于男性，中年人更容易产生身份认同危机，文化程度越低的身份适应越差，本市户籍的身份认同度更低，社交圈子变大的身份认同高于社交圈子变小的，失业的身份认同低于半失业和有工作的人，制度遵从性好的身份认同高于制度遵从性差的人。最后，对社区矫正对象的身份认同与主要变量进行相关分析，发现其身份认同及其各维度与社会支持、歧视知觉、应对方式、生活满意度及自尊感都有显著相关性。其中，歧视知觉、消极应对与身份认同呈负相关，社会支持、积极应对、生活满意度、自尊感与身份认同呈正相关。这有利于从整体上把握社区矫正对象的身份认同状况，为本研究关于其身份认同的过程与机制、社会工作干预等方面的分析奠定了基础。

（二）多维空间结构与社区矫正对象的身份张力

从监禁机构到社区空间的转变，既是这些违法犯罪对象面临的矫正场域的变化，也促进了他们向"社区服刑人员"身份的转变。在监禁空间中，通过制度安排下的身份赋予，罪错者对其"服刑人员"的身份表现出拒斥、适应、顺应等不同的身份认同状态。在开放的社区空间中，空间的转向给予了矫正对象多元的身份体验，使他们在制度空间和生活空间中既产生了对"社区服刑人员"的身份认同，也导致了他们的身份困惑和身份紧张。这表明，社区矫正对象的身份认同是多元的，其身份建构机制是复杂的，是多因素相互作用的结果。本研究进一步聚焦于制度空间、市场空间以及社会交往空间，具体分析他们在这三种空间中的身份认同状况及其形成机理。

第一，在制度空间，社区矫正制度的运作实践与内在矛盾催生了社区矫正对象的身份焦虑。社区矫正制度主要分为监督管理、教育矫正和适应性帮扶。监督管理制度主要对社区矫正对象的社会及个人行为作出规定与约束。教育矫正制度一方面对社区矫正对象进行管理和教育，另一方面又对其进行服务。适应性帮扶制度则是尽可能地为社区矫正对象提供一些必要的帮助与服务。社区矫正制度在这三个方面既有监管也有服务，当监管和服务之间产生张力与矛盾时，难免会使社区矫正对象产生角色冲突，使他们的"社会成员""服刑人员"双重身份有时被强化，有时又被弱化。这使得社区矫正对象往往难以在这两种身份之间进行调适，进而产生身份焦虑。

第二，在市场空间，就业壁垒的存在加剧了社区矫正对象的身份困惑。问卷调查发现，大多数社区矫正对象有稳定工作和收入来源，但依然存在部分没有工作及收入的情况。在就业的这部分对象中，正式就业的超过一半，非正式就业的接近两成，剩余的则是个体户和企业主各占一半。"服刑人员"的身份使他们容易遭遇制度与公众给予的就业制度壁垒与身份区隔，他们在就业市场中容易被忽视、被歧视、被排斥。他们在想要就业和希望就业时不断遭遇各种障碍，往往他们付出与其他公民等同的劳动与努力却不能得到平等的肯定与信任，这加剧了社区矫正对象在进入社区空间后的身份困惑。

第三，在社会交往空间，社会交往的策略选择强化了社区矫正对象的身份紧张。本研究根据研究对象"出事后"交往圈子的变化，将其社会交往分为三类：延续性交往、拓展或收缩性交往、不交往。从身份认同状况来看：延续性交往类社区矫正对象的身份归属、身份评估、身份适应状况较好，拓展性交往次之，收缩性交往及不交往群体的身份认同状况需特别关注。从交往类型与身份认同之间的相互作用来看：延续性交往对象的社交回避、交往关系、人际信任与身份认同之间呈显著负相关；收缩性社区服刑人员的社交回避、交往关系、人际信任与身份认同状况同样呈显著负相关。不交往的社区服刑人员往往缺乏对周边环境的正确认知，为了维护自己的"面子"，他们大多会在一定程度上隔绝社交圈，这进一步加剧了他们的身份紧张。

（三）社区矫正对象身份认同的作用机制与行为选择

社区矫正对象身份认同的核心是他们如何看待"社区服刑人员"身份，如何反思性地看待自我、理解自我，进而采取积极抑或消极的行为策略，这需要进一步厘清其身份认同的作用机制。在矫正制度中，当监管与服务产生矛盾和张力时，就会造成社区矫正对象的身份焦虑。这在一定程度上源于社区矫正制度兼具惩罚性与福利性的二重性特征。福利性特征使制度规定更多强化其"社会成员"身份而弱化"服刑人员"身份，而惩罚性特征则会更多强化其"服刑人员"的身份而弱化"社会成员"的身份。当社区矫正制度的惩罚性和福利性特征发生交互作用时，往往会给社区矫正对象带来不同的身份体验，进而造成他们的身份焦虑。此外，社区矫正对象自身也是引发身份焦虑的一个重要原因，这主要是指他们的个体转化能力不足，对身份平衡难以掌握，以及入矫后的心理落差和心理冲击。

在就业市场中，对正式就业社区矫正对象来说，法律制度的限制性规定、"服刑人员"身份的标签化、性别差异化是影响其身份认同状况的重要因素。对非正式就业社区矫正对象来说，经济压力大、"面子"问题是造成他们身份紧张的重要因素。对失业或不就业社区矫正对象来说，性别差异与身体健康状况也会影响其身份认同。在社会交往中，对延续性交往社区矫正对象来说，"服刑人员"身份隐匿化，家庭力量促进身份融入，社会排斥低，以及身份认同均衡等是其延续性交往的发生机制。对收缩性交往的社区矫正对象来说，社会排斥与社会归属感低是交往收缩发生的主要原因。对不交往社区矫正对象来说，注重面子、自我认知边缘化以及重要他人不认可是其拒绝交往的重要原因。

（四）社会工作干预与社区矫正对象的身份均衡

社区矫正对象的双重身份给他们带来了较为明显的身份张力，使他们在制度空间、市场空间、社会交往空间等方面均存在身份困惑、身份迷失乃至身份紧张和身份冲突，这不仅影响了他们的身份认同和行为选择，不利于这一群体的社会融入，也不利于社会的和谐与稳定发展。要加强对社区矫正对象身份认同的干预，促进其身份均衡，即使之在遵守法律及矫正规定的范围内，弱化其服刑人员的身份意识，在"服刑人员"和"社会成员"的双重身份之间维持一种动态均衡，从而以积极、健康的心态和行为参与社会生活，逐步实现社会融入。干预的主要目标在于，提升社区矫正对象制度遵从性，推动其良性交往网络的构建，促进其合理的职业选择和发展。

在具体介入实践方面，本研究以小组工作方法为主要依托，分别从小组工作介入认罪服法态度的改造、小组工作介入职业发展能力的提升、小组工作介入交往网络的重构等三方面具体展开。在实践探索中，主要通过组员筛选，加强对组员的分析，分析归纳组员的问题，使其认识到自身身份认同存在的偏差。并主要基于叙事治疗模式、心理剧疗法、理性情绪治疗法等相关理论与方法，进行小组干预目标及计划的制定，开展小组活动，并对干预之后的总体目标达成情况、服务对象成长情况等进行评估。从结果上看，大多数社区矫正对象逐步接纳自身双重身份和司法判决结果，能从根本上反思自己犯罪行为。其就业心态得到调整，就业中的冲突及相应的应对方式也得到了调适。其存在的社交困扰也得到了较大改善，主动回避社交的、被动社交的以及延续不良社交的社区矫正对象均掌握和巩固了社会交往的方法和技巧，有效避免了不良交往带来的问题。

第二节　研究不足

本文的研究不足主要在于如下两点：

（一）对社区矫正对象的内部分化及比较研究不足

如前所述，在我国，《社区矫正法》第二条对社区矫正对象进行了明确的限定："对被判处管制、宣告缓刑、假释和暂予监外执行的罪犯，依法实行社区矫正。"而且，在实际调查中发现，其中的缓刑人员在所有社区矫正对象中占到了绝大部分，约为94%。这就使得本研究中的社区矫正对象也主要是缓刑人员，而对假释、管制、监外执行等三类人员的关注相对较少。可以在后续研究中加强对缓刑人员与假释、管制、监外执行人员这三类群体身份认同的比较研究，分析他们之间的共性和差异。同时，本研究的问卷调查也发现，社区矫正对象中男性比例约为女性的三倍，因此，从性别视角出发对不同性别社区矫正对象的身份认同展开比较研究也有待加强，传统的研究中从性别视角的分析还比较薄弱，尤其是对女性社区矫正对象的关注还需加强，从而能更加全面、细致地认识社区矫正对象的身份认同状况。

（二）实证资料的分析有待加强

本研究虽然对社区矫正对象、矫正社会工作者进行了问卷调查和深度访谈来收集相关数据、资料，但对这些实证资料尤其是调查数据、访谈资料的分析有待加强。特别是运用 Spss 软件，进一步分析社区矫正对象身份认同的动力机制以及其身份认同与社会融入之间的作用路径与深层影响等。而且，可以运用 Nvivo 软件，进一步加强对社区矫正对象身份认同方面的访谈资料等定性资料的处理和分析，从而为这方面的研究提供更为丰富的资料支撑。

第三节　研究展望

后续相关研究可以在如下方面进一步展开：

（一）注重从社区治理层面加强对社区矫正及社区矫正对象的研究

社区矫正制度的根本目的在于将服刑人员从封闭的监禁空间转移到相对开放的社区空间，利用社区空间的资源提升这一群体改造效果。但是，社区矫正实际运行中长期存在社区主体参与不足的现实性问题。社区矫正要从注重空间上"在社区内矫正"转变为实际矫正中"依靠社区的矫正"，这样才契合社区矫正的真正含义和价值追求。在当前加强社区治理的大背景下，需要进一步寻找到基层社区治理和社区矫正之间的真正契合点。应通过社区项目的设计、社区需求的开发、社区资源的动员和社区多元主体的有效参与，形成社区矫正对象管理与发展并进的社区环境和氛围，从而将社区矫正对象的自我治理和社区治理有机结合起来，切实提升社区矫正的实际效果。

（二）加强对社区矫正中新方法、新技术的总结与提炼

在当前的社区矫正实践中，除了传统的社区矫正方法和技术之外，各

地区也在不断探索和实践新的矫正方法和技术，如"艺术治疗"在教育矫正中的广泛运用。艺术治疗主要通过绘画、音乐、舞蹈、雕塑、摄影、电影、书法、戏剧、阅读等多种表达性艺术形式，展开对服务对象的心理诊断与行为治疗。而且各地区逐渐形成了不同的实践模式。如上海市 X 区采用"社工＋艺术工作者"的模式，在艺术治疗中，社工只是组织协调和跟进，在把握矫正对象需求之后，主要依靠专业艺术治疗专家进行服务。S 区则是让服务对象在作画过程中呈现出教育矫正的内容，其中的社工兼具艺术工作者的身份与角色，根据作画的色彩内容等来了解对象的内心。J 区则利用当地的非遗文化，委托专业机构开展具体服务，社工在其中起到的作用相对有限。除此之外，其他地区还有众多的实践探索，需要进一步加强对这些社区矫正新方法、新技术的总结和剖析，从而为社区矫正对象的身份均衡探寻更多元的方法与路径。

附　录

附录 1：调查问卷

社区矫正对象调查问卷

亲爱的朋友，您好！

本次问卷调查的目的是通过进一步了解社区矫正对象的相关情况，为探索更有针对性的社区矫正社会工作服务提供指引。调查采取无记名方式，调查结果仅供研究之用，我们将会严格保密。所有答案都没有对错，只须按自己的真实情况，选出最合适或最接近的答案，您的回答对我们非常重要。感谢您的配合与支持！

上海师范大学课题组

A 卷：基本情况

1. 您是＿＿＿＿＿＿＿区＿＿＿＿＿＿＿＿＿＿＿街道的社区矫正对象

A. 普陀　B. 宝山　C. 虹口　D. 静安　E. 青浦

F. 黄浦　G. 徐汇　H. 闵行　I. 崇明　J. 杨浦

K. 长宁　L. 嘉定　M. 金山（浦东、松江、奉贤未做①）

2. 您的年龄：＿＿＿＿＿＿＿周岁

3. 您的性别：A. 男　　B. 女

4. 您的文化程度：

A. 小学及以下　B. 初中　C. 高中或中专　D. 大专　E. 本科及以上

5. 您目前的婚姻状况是：

A. 未婚　B. 已婚（有配偶）C. 离婚　D. 丧偶

6. 您现在的住房情况是：

---

① 上海市共有 16 个区，但其中 13 个区社区矫正对象的日常管理服务由同一家社会组织承接，本研究的数据是通过该机构进行普查收集的。

A. 有稳定住所   B. 没有稳定住所（一年内变更 3 次及以上）

7. 您的户籍情况：

A. 本市非农户口   B. 本市农业户口   C. 外地非农户口

D. 外地农业户口

8. 您的社区矫正类型是：

A. 缓刑   B. 假释   C. 管制   D. 暂予监外执行

9. 您的身体健康状态如何：

A. 非常健康   B. 比较健康   D. 一般   D. 不太健康   E. 非常不健康

10. 您现在的工作情况是：

A. 有工作   B. 无工作

B 卷：身份认同

请仔细阅读下列描述，选出符合您的实际身份认同情况的选项

	非常 不符合	不符合	中立	符合	非常 符合
1. 我诚心接受社区矫正。	1	2	3	4	5
2. 我既是服刑人员，又是社区成员。	1	2	3	4	5
3. 社区服刑人员是我身份的一部分。	1	2	3	4	5
4. 我很清楚在什么场合我是什么身份，要做 什么。	1	2	3	4	5
5. 虽然我是服刑人员，但是仍可以和其他社会 成员一样，开展很多正常的工作和生活。	1	2	3	4	5
6. 当别人说对自己不利的闲话时，我会一笑 而过。	1	2	3	4	5
7. 在遵守矫正规定的前提下我会积极地开展工 作与生活。	1	2	3	4	5
8. 我感觉自己徘徊在服刑人员身份和社区成员 身份之间，无所适从	1	2	3	4	5
9. 我觉得和其他社会成员交往很有困难。	1	2	3	4	5
10. 与其他人相比，我们这些服刑人员会失去很 多机会。	1	2	3	4	5
11. 虽然我在开放的社区中生活，但我仍然感觉 自己受到很多限制。	1	2	3	4	5

续　表

	非常 不符合	不符合	中立	符合	非常 符合
12. 我感觉自己的服刑人员身份与社区成员身份之间是有冲突的。	1	2	3	4	5
13. 当遵守矫正规定与其他工作/生活冲突时，我很迷茫不知道怎么处理。	1	2	3	4	5

C 卷：认罪服法与社区矫正情况

1. 您这次出事的主要原因是：（可多选）

A. 经济利益驱使　B. 受大环境不良风气的影响且存侥幸心理

C. 人情面子抹不开　D. 无知不懂法　E. 寻求刺激或好奇心

F. 打击报复　G. 其他_____

2. 出事前您是否知道自己的这类行为是违法的？

A. 完全不清楚　B. 不太清楚　C. 比较清楚　D. 十分清楚

3. 您认为是否可以通过违法犯罪的方式解决纠纷或者其他问题？

A. 可以　B. 视情况而定　C. 不可以

4. 您觉得遵守法律是一种束缚吗？

A. 非常同意　B. 比较同意　C. 不太同意　D. 不同意

5. 您觉得被判刑是自己运气不好吗？

A. 非常同意　B. 比较同意　C. 不太同意　D. 不同意

6. 您觉得司法判决是否公正？

A. 非常公正　B. 比较公正　C. 不太公正　D. 不公正

7. 您对社区矫正规定和要求的熟悉程度：

A. 非常熟悉　B. 比较熟悉　C. 不太熟悉　D. 很不熟悉

8. 您认为集中教育的内容对您有无帮助？

A. 完全没有帮助　B. 不太有帮助　C. 比较有帮助　D. 非常有帮助

9. 您认为公益劳动（社区服务）的经历对您有无帮助？

A. 完全没有帮助　B. 不太有帮助　C. 比较有帮助　D. 非常有帮助

10. 您认为写思想汇报对您有无帮助？

A. 完全没有帮助　B. 不太有帮助　C. 比较有帮助　D. 非常有帮助

11. 总体上，社工和司法行政工作人员（公务员）对您的态度是否有差别？

A. 没差别，都比较严厉

B. 没差别，都比较温和/亲和

C. 有差别，社工比司法行政工作人员更温和/亲和

D. 有差别，社工比司法行政工作人员更严厉

12.（只需 11 题选 "有差别" 的作答）社工和司法行政工作人员对您的不同态度是否对您产生困扰？

A. 常常有困扰，不知道该跟他们保持怎样的关系

B. 偶尔有困扰，有时不知道该跟他们保持怎样的关系

C. 完全没困扰，知道该跟他们保持怎样的关系

13. 您接受过社工提供的哪些形式的服务？（可多选）

A. 个别谈话类　B. 心理测评类　C. 讲座类　D. 小组互动类

E. 沙龙体验类　F. 外出参观类　G. 其他_____

14. 对这些服务形式，您最愿意参加的三种形式依次是：第一_____；第二_____；第三_____。

A. 个别谈话类　B. 心理测评类　C. 讲座类　D. 小组互动类

E. 沙龙体验类　F. 外出参观类　G. 其他_____

15. 您接受过社工提供的哪些内容的服务？（可多选）

A. 法律教育类　B. 心理辅导类　C. 政策宣讲类　D. 社交技巧类

E. 就业培训类　F. 家庭教育类　G. 思想观念类　H. 陶冶情操类

I. 其他_____

16. 对这些服务内容，您最需要的三项内容依次是：第一_____；第二_____；第三_____。

A. 法律教育类　B. 心理辅导类　C. 政策宣讲类　D. 社交技巧类

E. 就业培训类　F. 家庭教育类　G. 思想观念类　H. 陶冶情操类

I. 其他_____

17. 社工提供的服务多大程度上符合（满足）您的需要？

A. 完全不符合　B. 部分不符合　C. 比较符合　D. 非常符合

18. 您对社工组织的活动的参与程度是：

A. 积极主动参与　B. 经常参与　C. 偶尔参与　D. 从不参与

D 卷：就业生计

1. 您目前个人的平均月收入范围是：

A. 1160 元及以下　B. 1161 元到 2480 元　C. 2481 元到 6504 元

E. 6505 元到 10000 元　F. 10001 元到 15000 元　G. 15000 元以上

2. 您在经济方面的压力如何：

A. 压力非常大　　B. 压力比较大　　C. 压力不太大　　D. 没有压力

3. 您现在的工作情况是：

A. 失业　　　B. 半失业（打零工）　　C. 有工作

D. 退休或无劳动能力

注：此题选择 A 选项直接跳至第 7 题；选择 D 选项直接跳至 D 卷。

4. 您的工作性质是：

A. 正规就业（签劳动合同的受雇者）

B. 非正规就业（没签劳动合同的受雇者）

C. 个体户（自己开店）

D. 企业主（自己开公司）

5. 您的工作投入如何：

A. 工作很努力　　B. 比较努力　　C. 一般　　D. 偶尔迟到早退

6. 总体上，您对现在工作的满意程度是：

A. 非常满意　　B. 比较满意　　C. 一般　　D. 不太满意　　E. 非常不满意

7. 您有无能够帮助就业的技术或专长：

A. 没有　　B. 有一般的技术专长

C. 有较高水平的技术专长（证书或丰富经验）

8. 您的就业意愿如何：

A. 非常想工作　　B. 比较想工作　　C. 不太想工作　　D. 不想工作

9. 您获得工作的难易程度如何：

A. 非常容易　　B. 比较容易　　C. 比较困难　　D. 非常困难

10. 您认为现在找工作主要的困难是什么？（可多选）

A. 年纪偏大　　B. 身体不好　　C. 没有技术或专长　　D. 没有文凭

E. 没有就业信息和机会　　F. 没有熟人/朋友介绍

G. 服刑人员的身份受到歧视　　H. 矫正的相关规定要求与上班相冲突

I. 工资太低　　J. 工作太辛苦　　K. 其他_____（请注明）

11. 您在就业方面需要哪些帮助：（可多选）

A. 职业规划辅导　　B. 求职心理支持　　C. 求职材料准备

D. 求职技巧培训　　E. 职业技能培训或培训资源整合

F. 提供就业信息　　G. 就业推荐或陪同求职　　H. 相关政策咨询

J. 提供资金支持　　K. 其他_____

E 卷：社会交往与社会支持

1. 出事后，您的交往圈子有什么变化？

A. 交往圈子变大了　　B. 几乎没有变化　　C. 交往圈子变小了

2. 在您认识的人里面有多少正在做违法事情或曾经有过违法行为的人？

	1 非常多 （≥10）	2 比较多 （7—9）	3 一般 （4—6）	4 比较少 （1—3）	5 没有
（1）熟人					
（2）朋友					
（3）家人					

3. 在您认识的人里是否有反对违法犯罪的人？

	1 没有一个反对	2 很少有反对	3 大部分反对	4 全都反对
（1）熟人				
（2）朋友				
（3）家人				

4. 您最近的闲暇时间利用得如何？

A. 利用得很好，很充实　B. 利用得比较好，比较充实

C. 利用得不太好，不够充实　D. 利用得很不好，不充实

5. 请仔细阅读下列描述，选出符合您的实际社交情况的选项。

	1 很不 符合	2 不太 符合	3 一般	4 比较 符合	5 非常 符合
（1）我尽量避免迫使我参加交际应酬的情形					
（2）在与异性交谈时，我通常感觉放松					
（3）同陌生人在一起的时候我很容易放松					
（4）我并不特别想去回避他人					
（5）我尽量避免同别人讲话，除非特别熟					
（6）我与别人在一起时常感到焦虑，除非与他们很熟					
（7）我经常想离开人群					
（8）初次遇见某些人时，我通常是放松的					

	1 很不 符合	2 不太 符合	3 一般	4 比较 符合	5 非常 符合
(9) 当领导想同我谈话时，我会很乐意与他谈话					
(10) 当与一群人在一起时，我通常感到忐忑不安					
(11) 在晚会或社交聚会上与他人交谈对我不成问题					
(12) 我经常想出一些借口来回避社交活动					

6. 请仔细阅读下列描述，如实选出符合您的支持感受的选项。

	1 极不 同意	2 很不 同意	3 稍不 同意	4 中立	5 稍同意	6 很同意	7 极同意
(1) 在我遇到问题时，有些人（领导、亲戚、同学等他人）会出现在我身旁。							
(2) 我能够与有些人（领导、亲戚、同学等他人）共享快乐与忧伤。							
(3) 我的家庭能够切实具体地给我帮助。							
(4) 在需要时，我能够从家庭获得感情上的帮助和支持。							
(5) 在发生困难时，我可以依靠我的朋友们。							
(6) 我能与自己的家庭谈论我的难题。							
(7) 我的朋友们能与我分享快乐和忧伤。							

	1 极不同意	2 很不同意	3 稍不同意	4 中立	5 稍同意	6 很同意	7 极同意
(8) 在我的生活中，有些人（领导、亲戚、同学等他人）关心着我的感情。							
(9) 我能与朋友们讨论自己的难题。							

7. 目前，您和以下人员的关系如何？

	1 非常好	2 较好	3 一般	4 较紧张	5 很紧张	6 不适用
（1）配偶、男/女朋友						
（2）父母						
（3）子女						
（4）兄弟姐妹						
（5）其他亲属						
（6）朋友						
（7）同学/同事						
（8）邻居						
（9）社工						
（10）司法行政人员						

8. 下列人员，您认为在多大程度上可以信任？

	1 完全可信	2 大多可信	3 一般	4 大多不可信	5 完全不可信	6 不适用
（1）配偶、男/女朋友						
（2）父母						
（3）子女						
（4）兄弟姐妹						

	1 完全可信	2 大多可信	3 一般	4 大多不可信	5 完全不可信	6 不适用
（5）其他亲属						
（6）朋友						
（7）同学/同事						
（8）邻居						
（9）社工						
（10）司法行政人员						

9. 当您遇到生活（住房/经济收入/工作等）具体困难时，您会寻求帮助的前三位是：第一_____；第二_____；第三_____。

A. 家人（父母/子女/兄弟姐妹）　B. 亲戚　C. 朋友　D. 同学/同事

E. 邻居　F. 社工　G. 司法行政人员　H. 不知道向谁寻求帮助

I. 不想寻求别人帮助

10. 当您遇到情绪（情感）方面的困难时，您会寻求帮助的前三位是：第一_____；第二_____；第三_____。

A. 家人（父母/子女/兄弟姐妹）　B. 亲戚　C. 朋友　D. 同学/同事

E. 邻居　F. 社工　H. 司法行政人员　I. 不知道向谁寻求帮助

G. 不想寻求别人帮助

F 卷：心理感受与应对方式

1. 请仔细阅读下列描述，如实选出符合您进入矫正以来的情绪状况选项。

	1 几乎没有	2 比较少	3 中等程度	4 比较多	5 极其多
（1）感兴趣的					
（2）心烦的					
（3）热情的					
（4）劲头足的					
（5）内疚的					
（6）恐惧的					

续　表

	1 几乎没有	2 比较少	3 中等程度	4 比较多	5 极其多
（7）敌意的					
（8）自豪的					
（9）易怒的					
（10）警觉性高的					
（11）备受鼓舞的					
（12）紧张的					
（13）意志坚定的					
（14）注意力集中的					

2. 请仔细阅读下列描述，如实选出符合您进入矫正以来的知觉感受选项。

	0 非常不符合	1 不太符合	2 比较符合	3 非常符合
（1）周围人和我说话的口气让我不愉快				
（2）周围人看我的眼神让我不舒服				
（3）请周围人帮忙时，他们显得不耐烦				
（4）在社会生活中，周围人对我不友好				
（5）有时候会受到周围人的嘲笑/辱骂				
（6）用人单位或学校以不合理理由拒绝我的就业或入学申请				
（7）出去玩或购物时，朋友不愿意叫上我				
（8）参加活动时，周围人疏远我，躲着我				
（9）总体上，我们这群人会被人看不起				
（10）与其他人相比，我们这些人会失去一些机会				

	0 非常不符合	1 不太符合	2 比较符合	3 非常符合
(11) 不论多努力，有服刑经历的人永远不会有跟其他人一样的机会				

3. 请仔细阅读下列描述，如实选出符合您进入矫正以来的自尊感受选项。

	1 很不符合	2 不太符合	3 一般	4 比较符合	5 很符合
(1) 我感到我是一个有价值的人，至少与其他人在同一水平上					
(2) 我感到我有许多好的品质					
(3) 归根结底，我倾向于觉得自己是一个失败者					
(4) 我感到自己值得自豪的地方不多					
(5) 总的来说，我对自己是满意的					
(6) 我希望我能为自己赢得更多尊重					

4. 请仔细阅读下列描述，如实选出符合您进入矫正以来的隐瞒情况选项。

	1 很不符合	2 不太符合	3 一般	4 比较符合	5 非常符合
(1) 当一些不好的事发生在我头上时，我一般不会告诉别人					
(2) 如果我把所有的秘密讲给我朋友听，他们就不会那么喜欢我					

	1 很不符合	2 不太符合	3 一般	4 比较符合	5 非常符合
（3）我自己的一些秘密真的令我感到痛苦					
（4）我有一个很隐秘的秘密，如果别人问起我，我会撒谎					
（5）我对自己有一些负面的想法，这些我不会同任何人讲					

5. 请仔细阅读下列描述，如实选出符合您进入矫正以来的孤独感受选项。

	1 很不符合	2 不太符合	3 一般	4 比较符合	5 非常符合
（1）我常感到缺少伙伴					
（2）我常感到没有人可以信赖					
（3）我常感到与周围认识的人都不亲密					
（4）我常感到自己很难与人来往、结交朋友					
（5）我常感到被人冷落					
（6）我认为其实自己与别人来往没有多少意义					
（7）我常感到没有人很了解我					
（8）我常感到与别人隔离了					

6. 出事以后，您是否经常采用以下各种方式去减轻自己的精神压力？

	3 经常采用	2 有时采用	1 偶尔采用	0 不采用
（1）通过工作学习或其他文化娱乐活动来排解烦恼				
（2）与人交谈，倾诉内心烦恼				

	3 经常采用	2 有时采用	1 偶尔采用	0 不采用
(3) 尽量看到事物好的一面				
(4) 改变想法，重新发现自己的生活重心				
(5) 努力争取自己想得到的东西				
(6) 找出几种不同的解决问题的方法				
(7) 向亲戚朋友等他人寻求建议				
(8) 改变自己原来的一些做法				
(9) 尽量克制自己的悔恨、悲伤和愤怒情绪				
(10) 试图休息或休假，暂时抛开烦恼				
(11) 通过吸烟、喝酒、服药和吃东西来解除烦恼				
(12) 认为时间会改变现状，唯一要做的便是等待				
(13) 依靠别人解决问题				
(14) 接受现实，因为没有其他办法				
(15) 幻想可能会发生某种奇迹改变现状				

7. 请仔细阅读下列描述，如实选出符合您的心理品质的选项。

	1 很不符合	2 不太符合	3 一般	4 比较符合	5 非常符合
(1) 我每天都在思考如何让工作生活变得更好					
(2) 我喜欢给自己不断设定更高的目标					
(3) 我会尽最大努力将事情做好					
(4) 哪怕再苦再累，我相信自己都可以熬过去					

	1 很不符合	2 不太符合	3 一般	4 比较符合	5 非常符合
(5) 越是身处困境，我越是坚强					
(6) 发生了不愉快的事，我很快就能把自己的情绪调整好					
(7) 对于不确定的结果，我总是往好的方向想					
(8) 我对自己的工作能力充满自信					
(9) 我会抓住机会表现自己的才能					
(10) 当别人说对自己不利的闲话时，我会一笑而过					
(11) 与自己性格反差很大的人，我也能合作得很好					
(12) 遇到不懂的问题，我会虚心向别人求助					
(13) 没有十足把握的事，我不会承诺别人					
(14) 我会时常想起以前帮助过自己的人					
(15) 我觉得人生的价值在于奉献					
(16) 我最欣赏的人是彬彬有礼的君子					
(17) 对于年长的同志，我觉得要格外敬重					
(18) 我要为家庭承担起一份责任，做我力所能及的工作					
(19) 我明白家庭对自己的要求，做事要考虑后果					

续　表

	1 很不符合	2 不太符合	3 一般	4 比较符合	5 非常符合
(20) 做出对家人有益的行为会使我感到很愉快					

8. 以下是有关您对目前生活满意程度的描述，请根据实际感受如实作答。

	1 很不符合	2 不太符合	3 一般	4 比较符合	5 非常符合
(1) 我目前的生活很多方面都接近我的理想					
(2) 我目前的生活状况非常好					
(3) 我对自己目前的生活感到满意					
(4) 到目前为止，我已拥有我想得到的重要东西					
(5) 如果我能重来一次，我不用做任何改变					

G卷：总体情况

1. 总体上，您在生活中面临的主要困难和问题有：（可多选）

A. 矫正规定遵守困难　B. 经济困难　C. 就业困难　D. 住房问题

E. 人际交往问题　F. 子女教育问题　G. 家庭关系问题

H. 受到歧视问题　I. 心理压力　J. 情绪管理问题

K. 思想观念问题　L. 休闲娱乐问题　M. 其他_____

2. 总体上，您希望社工提供哪些方面的服务：（可多选）

A. 政策法规解读　B. 协助解决生计问题　C. 就业指导与推荐

D. 协助解决住房　E. 帮助改善人际关系　F. 子女教育辅导

G. 改善家庭关系　H. 消除歧视　I. 缓解心理压力

J. 学习情绪管理方法　K. 丰富闲暇生活　L. 法律援助

M. 提升思想境界　N. 其他_____

访问结束，再次感谢您的配合！

附录2：访谈提纲

1. 社区矫正对象的基本情况（性别、年龄、文化程度、矫正类型、犯罪类型、进入社区矫正的时长）。

2. 你认为从监狱或拘留所回到社会中接受矫正有什么不同？这些不同对你的日常生活有什么实质性的影响？你对这些不同最大的感受是什么？

3. 在进入社区矫正后，你有没有哪一刻感到自己与其他社会成员是相同的或者不同的？这一感受是在什么情况下发生的？你当时的想法是什么？有没有对你之后的思想观念和行为产生影响？

4. 你是如何看待或理解"社区服刑人员"这一身份的？对于这样的身份你的感受或困惑是什么？给你的日常生活带来了哪些改变或影响？你能接受或适应这样的身份以及随之而来的改变吗？什么导致你不能接受这样的身份（你是如何适应这样的身份的）？

5. 司法所对你们提出了哪些规定或要求？这些要求你都能做到吗？有没有影响到你的工作或生活？当二者发生冲突时，你是如何解决或平衡的（消极对抗或积极配合）？在处理这些冲突的过程中你的心情和感受是怎样的？

6. 在社区矫正执行过程中，你对社区矫正规定形成了怎样的看法或认知？和你想象中的社区矫正一样吗？相较于矫正初期，你对"社区服刑人员"身份的感受和认识发生了哪些改变？

7. 你现在经常跟谁来往？家人、亲戚、朋友等有哪些？是谁主动的？为什么是与这些人来往？他们给你提供了哪些帮助？这些人有哪些是你新认识的？你们是怎么认识的？你们平时在一起都做些什么？如何维持你们的关系？出狱/矫正前后你的交往对象有没有变化（交往对象、交往规模、交往内容、实质作用）？在与他们的交往过程中，你感觉到自己与他们一样吗？社区服刑人员的身份是否对您的社会交往产生了影响？

8. 接受社区矫正后，你在与他人的交往过程中遇到过哪些歧视、排斥或不顺利的情况？他们当时的行为或态度是怎样的？你当时的感受是什么？之后你采取了什么样的行为应对这种情况？这有没有影响到你之后的社会交往选择？

9. "社区服刑人员"的身份对你的就业选择或当前工作带来了哪些影响？具体表现在哪些方面（如歧视、不信任或质疑）？他们在语言、态度上有什么表现？面对这种情况当时你最大的感受是什么？你采取了哪些行为去应对这些影响？

　　10. 在社会交往、就业过程中遇到问题和困难时，社会工作者为你提供了哪些帮助和服务？您对社工的服务有何看法？

　　11. 你认为在社区矫正过程中，社会工作者可以提供些什么方面的服务对你有帮助？

附录3：访谈对象基本情况一览表

A. 社区矫正对象被访者基本情况

序号	性别	年龄	文化程度	矫正类型	犯罪类型
01	男	37	本科	假释	虚开增值税发票
02	男	50	小学	缓刑	故意伤害罪
03	男	51	高中	缓刑	偷税漏税
04	男	40	高中	缓刑	故意伤害罪
05	男	35	初中	缓刑	盗窃罪
06	男	23	初中	缓刑	盗窃罪
07	男	29	初中	缓刑	盗窃罪
08	男	43	小学	缓刑	故意伤害罪
09	男	30	中专	缓刑	贩毒中介
10	女	37	高中	缓刑	诈骗罪
11	男	24	高中	缓刑	故意伤害罪
12	男	46	初中	缓刑	故意伤害罪
13	男	51	高中	缓刑	合同诈骗罪
14	男	18	初中肄业	缓刑	偷窃罪
15	男	26	初中	缓刑	寻衅滋事罪
16	男	50	初中	缓刑	故意伤害罪
17	男	28	初中	缓刑	故意伤害罪
18	女	40	高中	缓刑	非法集资
19	女	45	初中	缓刑	非吸
20	男	51	高中	缓刑	合同诈骗
21	女	46	专科	假释	职务侵占罪

序号	性别	年龄	文化程度	矫正类型	犯罪类型
22	男	39	职高	缓刑	寻衅滋事
23	男	34	职高	缓刑	故意伤害
24	男	18	初中肄业	缓刑	偷盗
25	女	33	职高	缓刑	贩毒
26	男	49	职专	缓刑	诈骗罪
27	女	38	大专	缓刑	非法集资
28	女	38	初中	缓刑	诈骗罪
29	女	77	小学	缓刑	盗窃罪
30	女	28	本科	缓刑	生产、销售假药罪
31	女	36	初中	缓刑	非吸
32	男	30	初中	缓刑	寻衅滋事罪
33	男	33	本科	缓刑	非法制造、买卖、运输、邮寄、储存枪支、弹药、爆炸物罪
34	男	43	本科	缓刑	非国家人员受贿罪

B. 矫正社会工作者被访者基本情况

序号	性别	年龄	文化程度	社工工作年限
01	女	33	本科	七年
02	男	50	中专	十年
03	男	32	本科	九年

参考文献

一、著作类

[1]［德］阿克塞尔·霍耐特.为承认而斗争［M］.胡继华，译.上海：上海世纪出版集团，2005.

[2]［美］阿列克斯·英克尔斯，戴维·H.史密斯.从传统人到现代人［M］.顾昕，译.北京：中国人民大学出版社，1992.

[3]［美］查尔斯·霍顿·库利.人类本性与社会秩序［M］.包凡一，王媛，译.北京：华夏出版社，1999.

[4]陈仲庚，张雨新.人格心理学［M］.上海：上海古籍出版社，1986.

[5]侯钧生.西方社会学理论教程（第二版）［M］.天津：南开大学出版社，2006.

[6]黄光国，胡先缙，等.面子中国人的权力游戏［M］.北京：中国人民大学出版社，2004.

[7]骆群.弱势的镜像：社区矫正对象社会排斥研究［M］.北京：中国法制出版社，2012.

[8]夏建中.社区工作（第三版）[M].北京：中国人民大学出版社，2015.

[9]张昱.矫正社会工作［M］.北京：高等教育出版社，2008.

[10]郑杭生，等.当代中国城市社会结构：现状与趋势［M］.北京：中国人民大学出版社，2004.

[11] Erikson,E.H..*Identity：youth and crisis*.New York：Norton,1968.

[12] Kahn,W.A.*Adjusting self－in－role：influences on personal engagement and disagement at work*.Yale University,1987.

[13] Shin,D.C.&Johnson,D.M..*Avowed happiness as an overall assessment of the quality of life*.Social Indicators Research,1978.

二、论文类

[1]包寒吴霜，蔡华俭，罗宇.身份认同动机：概念、测量与心理效应［J］.心理科学，2019（4）.

[2] 卜清平. 时间——空间宰制视角下服刑人员的监狱适应性研究 [J]. 河北学刊，2019（3）.

[3] 戴艳玲. 社区服刑人员分类管理标准探析 [J]. 犯罪与改造研究，2018（6）.

[4] 邓睿. 身份的就业效应—"城市人"身份认同影响农民工就业质量的经验考察 [J]. 经济社会体制比较，2019（5）.

[5] 邓远平，黄仁辉，陈莉，等. 农民工社会认同威胁的量表编制与现状分析 [J]. 西南交通大学学报（社会科学版），2017（6）.

[6] 董兴彬，吴满意. 网络思想政治教育中的自我认同研究 [J]. 学校党建与思想教育，2021（7）.

[7] 房圆圆. 论优势视角理论在社区矫正中的应用 [J]. 齐齐哈尔大学学报（哲学社会科学版），2016（8）.

[8] 冯佳琪. 社区服刑人员的社会融入研究—以昆明市 C 区为例 [J]. 统计与管理，2018（12）.

[9] 冯建军. 监狱本质新论—以监狱本质层次论为视角 [J]. 中国监狱学刊，2007（6）.

[10] 淦未宇，刘伟，徐细雄. 组织支持感对新生代农民工离职意愿的影响效应研究 [J]. 管理学报，2015（11）.

[11] 耿甜甜. 非正式就业者身份认同的社会学解读—基于 4 名劳动者的深度访谈 [J]. 郑州航空工业管理学院学报（社会科学版），2019（4）.

[12] 贡太雷，苏春景. 服刑未成年人教育矫正与人权保障 [J]. 中国特殊教育，2019（10）.

[13] 顾琴轩，王莉红. 人力资本与社会资本对创新行为的影响—基于科研人员个体的实证研究 [J]. 科学学研究，2009（10）.

[14] 郭颖. 论我国刑罚执行监督制度的完善 [D]. 北京：中国政法大学，2010.

[15] 郝丽琼. 社区矫正对象就业问题研究 [D]. 上海：华东理工大学，2008.

[16] 何显兵，廖斌. 论社区矫正分级处遇机制的完善 [J]. 法学杂志，2018（5）.

[17] 洪佩，费梅苹. 本土社会工作实践中社区矫正对象的身份建构机制 [J]. 中国青年研究，2018（1）.

[18] 刘崇亮. 本体与属性：监狱惩罚的新界定 [J]. 法律科学：西北政法学院学报，2012（6）.

［19］刘方冰. 囚犯亚文化：抵抗与收编［J］. 中国监狱学刊，2011（2）.

［20］刘辉，陈梦倩，陈梦筱. 组织支持下的农民工工人身份认同与工作投入［J］. 经济论坛，2019（1）.

［21］刘辉，陈梦筱. 农民工双重身份认同对工作投入的影响研究—组织支持感的中介作用［J］. 当代经济管理，2016（5）.

［22］刘柳. 监狱中的"关系"—女犯人和狱警的相处之道［J］. 青年研究，2015（2）.

［23］谭江蓉，徐茂. 城市融入背景下流动人口消费行为的影响因素—以重庆市为例［J］. 城市问题，2016（1）.

［24］天津市北辰区司法局课题组. 社区矫正心理矫治工作的探索与实践［J］. 中国司法，2018（12）.

［25］田帆. 财富积累对身份认同影响的研究［J］. 中央财经大学学报，2019（1）.

［26］田丰. 逆成长：农民工社会经济地位的十年变化（2006－2015）［J］. 社会学研究，2017（3）.

［27］田国秀. 社会工作个案方法在社区矫正中的意义与运用［J］. 首都师范大学学报（社会科学版），2004（5）.

［28］汪峰. 当前我国社区矫正制度面临的问题及完善建议［D］. 重庆：西南政法大学，2012.

［29］王春林. 心理因素对社区矫正对象重新犯罪的影响［J］. 武汉公安干部学院学报，2010（4）.

［30］吴翠萍. 身份认同及其社会生成机制［D］. 南京：南京大学，2013.

［31］杨梦暄. 社会工作介入女性社区服刑人员的社区矫正研究［D］. 保定：河北大学，2019.

［32］叶继红. 失地农民职业发展状况、影响因素与支持体系建构［J］. 浙江社会科学，2014（8）.

［33］尹宝云. 社区矫正对象的社会排斥问题研究［D］. 济南：山东大学，2016.

［34］于晗，于唯德. 消费如何塑造个体身份认同［J］. 人民论坛，2020（16）.

［35］禹红梅. 关于女性社区服刑人员社区矫正现状的调查与研究［J］. 公共管理，2016（2）.

［36］袁爱华，林怀满. 论社区矫正的理念及其实现［J］. 云南大学学报（法学版），2015（1）.

［37］岳建景. 试论对就业困难群体的职业指导—关于刑释解教、社区矫正人员就业援助的思考［J］. 中国就业，2006（12）.

［38］岳颂华，经伟，屈春芳. 心理矫治在社区矫正中的作用［J］. 苏州教育学院学报，2012（3）.

［39］展素贤，薛齐琦. 我国高校英语教师身份认同构建：自我感知与情境塑造［J］. 扬州大学学报（高教研究版），2021（2）.

［40］张德军，邢占军. 恢复与惩罚：社区矫正功能的双重定位及实现路径［J］. 理论学刊，2013（12）.

［41］张德军. 从机构监禁到社区矫正—关于一种短期自由刑的改革构想［J］. 山东社会科学，2014（7）.

［42］张红. 社区矫正对象就业问题实证研究［D］. 上海：华东理工大学，2011.

［43］张华初，楚鹏飞，陶利杰. 中国流动人口社会融入的内部结构［J］. 华南师范大学学报（社会科学版），2019（5）.

［44］张淑华，李海莹，刘芳. 身份认同研究综述［J］. 心理研究，2012（1）.

［45］张雄. 农民工身份认同的影响因素研究—基于 2006 年珠三角农民工调查数据［D］. 上海：复旦大学，2010.

［46］张旭，胡泽卿，杨曦等. 男性青少年违法犯罪者社会支持与心理健康的研究［J］. 神经疾病和精神卫生，2007（5）.

［47］张昱. 论社区矫正中刑罚执行和社会工作的统一性［J］. 社会工作，2004（5）.

［48］赵芳. "新生代"一个难以界定的概念［J］. 社会学研究，2003（6）.

［49］赵明仁. 教师教育者的身份内涵、困境与建构路径［J］. 教育研究，2017（6）.

［50］赵巍. 从留守儿童到三和青年—新生代农民工的社会化与自我认同［J］. 求索，2021（2）.

［51］赵晔琴. 身份建构逻辑与群体性差异的表征—基于巴黎东北新移民的实证调查［J］. 社会学研究，2013（6）.

［52］赵迎军. 从身份漂移到市民定位：农民工城市身份认同研究［J］. 浙江社会科学，2018（4）.

［53］赵宇. 米德自我理论视角下罪犯"监狱自我"研究［D］. 保定：河北大学，2013.

［54］赵志裕，温静，谭俭邦. 社会认同的基本心理历程—香港回归中国的研究范例［J］. 社会学研究，2005（5）.

［55］郑友富，俞国良. 流动儿童身份认同与人格特征研究［J］. 教育研究，2009（5）.

［56］郑振远，董卡加. 罪犯申诉权与减刑权研究［J］. 犯罪与改造研究，2005（11）.

［57］周嘉倪. 单位制背景下失业工人身份认同重构研究［D］. 重庆：西南大学，2017.

［58］周兰. 高校艺术类教师的身份认同困境与破解路径［J］. 高教探索，2021（4）.

［59］周梦哲. 论我国社区矫正制度的完善［D］. 南宁：广西大学，2018.

［60］周明宝. 城市滞留型青年农民工的文化适应与身份认同［J］. 社会，2004（5）.

［61］朱力. 准市民的身份定位［J］. 南京大学学报（哲学·人文科学·社会科学），2000（6）.

［62］邹静，陈杰，王洪卫. 社会融合如何影响流动人口的居住选择—基于2014全国流动人口监测数据的研究［J］. 上海财经大学学报，2017（10）.

［63］左雅. 个体的身份认同与其职业的匹配度影响工作投入水平［J］. 社会心理科学，2011（1）.

［64］Andrea，C.，Jeff，M. & Melinda，D. S.. What About Nonprogrammatic Factors? Women's Perceptions of Staff and Resident Relationships in a Community Corrections Setting，Journal of Offender Rehabilitation，2014，53（1）：35—56.

［65］Benet-Martínez，V.. The Bicultural Identity Integration Scale—Version 1（BIIS—1）：Development and psychometric properties. Technical Report，Department of Psychology，University of California at Riverside，2003.

［66］Dinkelman，T.. *Forming a Teacher Educator Identity：Uncertain Standards，Practice and Relationships*. Journal of Education for Teaching，2011（3）.

［67］George B.. *The influence of religious personal identity on the re-*

lationships among religious dissimilarity,value dissimilarity and job satisfaction.Soc Just Res,2010(23):60—76.

[68] Ha,Phan Le..*Australian—trained Vietnamese Teachers of English:Culture and Identity Formation.*Journal of Language,Culture and Curriculum,2007(1):20—35.

[69] Hiller,M.L.,Knight,K.,Leukefeld,C.&Simpson,D.D..*Motivation as a predictor of therapeutic engagement in mandated residential substance abuse treatment.*Criminal Justice Behavior,2002(29):56—75.

[70] Isis H..*Use of an intersectional framework to understand black women's racial and gender identities.*Sex Roles,2006(54):589—601.

[71] Marcia,J.E..*Development and validation of ego identity status.*Journal of Personality and Social Psychology,1966(3):215—223.

[72] Phinney,S..*Stages of ethnic identity development in minority group adolescents* Journal of Early Adolescence,1989,9(1—2):34—49.

[73] Rosenberg,M..*Society and the adolescent self—image.*Princeton,1965,3(2):1780—1790.

[74] Watson,D.,Clark,L.A.&Tellegen,A..*Development and Validation of Brief Measures of Positive and Negative Affect:The PANAS Scales.*Journal of Personality and Social Psychology,1988,54(6):1063—1070.

三、其他类

[1] 最高人民法院最高人民检察院公安部司法部:《关于全面推进社区矫正工作的意见》,2014年8月28日。

[2] 最高人民法院最高人民检察院公安部司法部:《关于组织社会力量参与社区矫正工作的意见》,2014年11月14日。

[3] 最高人民法院最高人民检察院公安部司法部:《中华人民共和国社区矫正法》,2019年12月28日。

[4] 最高人民法院最高人民检察院公安部司法部:《社区矫正实施办法》,2020年6月18日。

后　记

社区矫正是将符合条件的罪犯置于社区内矫正的非监禁刑罚制度，是创新社会治理、推进社会治理现代化的重要实践。目前我国社区矫正对象包括被判处管制、缓刑、假释、暂予监外执行等四类人员。社区矫正对象的身份具有明显的二重性：相对于普通民众，他们是受到刑事处罚的"服刑人员"；相对于监狱服刑人员，他们又是在开放环境中服刑的"社会成员"。这种双重身份给社区矫正对象带来较为明显的身份困惑、身份迷失、身份紧张和身份冲突。

一方面，社区矫正对象普遍存在身份认知偏差。他们有的对服刑人员身份感知弱化，在刑意识薄弱，规范遵从性差，或是身份意识过强，自我效能感低，表现为焦虑、敏感、烦躁、抑郁等情绪障碍，从而经常在认知与行为中呈现出主动与被动、开放与封闭、进取与保守的两难选择。另一方面，相关制度的实践运作也存在形式合理性与实质合理性的矛盾，使得社区矫正对象既要逐渐淡化其特殊身份以实现社会融入，又要在就业、社保、交往等领域被不断标识和区别对待，造成他们与普通社会成员的身份边界在逐渐"解构"的同时也被不断地"建构"。这进一步加剧了社区矫正对象的身份张力，影响了他们的自我认同和行为选择，不利于这一群体的社会融入，也给社会的和谐与稳定带来隐患。

因而，本研究展开对社区矫正对象的身份均衡与社会工作干预的研究，使其在外界规训与自我调适中逐步实现身份的动态平衡，即在遵守法律及矫正规定的范围内弱化其服刑人员的身份意识，在服刑人员和社会成员的双重身份之间维持一种动态均衡，从而以积极、健康的心态和行为参与社会生活，实现社会融入。

本书是作者在 2016 年获得立项的国家社科基金青年项目"城市社区服刑人员的身份均衡及社会工作干预研究"（16CSH066）的基础上完成的研究成果。感谢国家社科基金对本研究的资助。

该研究前后历时 5 年多，研究过程经历了理论与文献的准备、研究对象的访谈、身份认同整合量表的编制、研究对象的问卷调查、社会工作干预实践等几个阶段。在此过程中，得到了上海市新航社区服务机构的大力支持。感谢新航、矫正社工以及所有调查对象们给予我的帮助，没有你们的信任与支持，本研究是不可能完成的。

本书的完成，还要感谢我的学生们的参与和贡献。金鑫月、陈海佳、林俞甫、王璐、张晓宇、单欣雨、顾胜花、李梦竹、苏祺彦君、何宇西、李雪慧等在研究资料收集、整理分析和社工干预实施等方面做出了不同程度的贡献，在此一并感谢。

由于研究环境的制约，也受研究团队能力的局限，本书只是社区矫正对象身份均衡与社会工作干预的探索性研究成果，当中仍存在诸多不足，敬请读者批评指正。

杨彩云

2022 年 7 月于上海